INFERÊNCIA ESTATÍSTICA

Série Werkema
de Excelência Empresarial

CRISTINA WERKEMA

INFERÊNCIA ESTATÍSTICA

© 2014, Elsevier Editora Ltda.

Todos os direitos reservados e protegidos pela Lei nº 9.610, de 19/02/98.

Nenhuma parte deste livro, sem autorização prévia escrita da editora, poderá ser reproduzida ou transmitida sejam quais forem os meios empregados: eletrônicos, mecânicos, fotográficos, gravação ou quaisquer outros.

Copidesque: Cristine Akemi Sakô
Editoração Eletrônica: Luargraf Serviços Gráficos Ltda. ME
Revisão: Maya Indra Souarthes, Adriana Takimoto, Laura Souza

Elsevier Editora Ltda.
Conhecimento sem Fronteiras
Rua Sete de Setembro, 111 – 16º andar
20050-006 – Centro – Rio de Janeiro – RJ – Brasil

Rua Quintana 753 – 8º andar
04596-011 – Brooklin – São Paulo – SP

Serviço de Atendimento ao Cliente
0800-0265340
sac@elsevier.com.br

ISBN: 978-85-352-5431-0
ISBN (versão eletrônica): 978-85-352-5432-7

Nota: Muito zelo e técnica foram empregados na edição desta obra. No entanto, podem ocorrer erros de digitação, impressão ou dúvida conceitual. Em qualquer das hipóteses, solicitamos a comunicação à nossa Central de Atendimento, para que possamos esclarecer ou encaminhar a questão. Nem a editora nem o autor assumem qualquer responsabilidade por eventuais danos ou perdas a pessoas ou bens, originados do uso desta publicação.

CIP-Brasil. Catalogação-na-fonte.
Sindicato Nacional dos Editores de livros, RJ

W521i

Werkema, Cristina
 Inferência estatística : como estabelecer conclusões com confiança no giro do PDCA e
 DMAIC / Cristina Werkema. - Rio de Janeiro : Elsevier, 2014 : il. ; 28 cm.
 (Werkema de excelência empresarial)

Inclui bibliografia
ISBN 978-85-352-5431-0

 1. Engenharia de produção. 2. Administração da produção. 3. Controle de processos.
4. Controle de qualidade. 5. Administração da qualidade. I. Título. II. Série.

| 12-7288. | CDD: 658.5 |
| | CDU: 658.5 |

05.10.12   19.10.12   039671

sobre a autora

Cristina Werkema, a consultora pioneira em Seis Sigma no Brasil, coordenou a implantação do Seis Sigma em diversas empresas brasileiras, como Multibrás e Embraco (Whirlpool), AmBev, Belgo-Mineira e Aços Finos Piratini, durante o período em que atuou como co-ordenadora técnica do programa na Fundação de Desenvolvimento Gerencial (FDG), na década de 1990.

Cristina é autora das obras *Criando a Cultura Lean Seis Sigma; DFLSS – Design for Lean Six Sigma: Ferramentas Básicas Usadas nas Etapas D e M do DMADV; Lean Seis Sigma: Introdução às Ferramentas do Lean Manufacturing; Avaliação de Sistemas de Medição* e *Perguntas e Respostas Sobre o Lean Seis Sigma*, além de oito livros sobre estatística aplicada à gestão empresarial, área na qual atua há 20 anos.

É proprietária e diretora do Grupo Werkema, empresa especializada na implantação do Lean Seis Sigma e do Lean Manufacturing, bem como na aplicação de outras iniciativas para obtenção de resultados nas organizações, tais como metodologias para o desenvolvimento humano e para a comunicação estratégica. Sua carteira de clientes inclui empresas como Aços Villares, AGCO, América Latina Logística (ALL), Atento, Banco HSBC, Banco Real ABN AMRO, Behr, Cebrace, CNH, Companhia Siderúrgica Nacional (CSN), Contax, CST (atual ArcelorMittal), Embraer, Esab, Fiat Automóveis, Fleury Medicina e Saúde, Grupo Société Générale, Harsco, Hermes Pardini, Invensys, Johnson & Johnson, Karcher, Kraft Foods, Lojas Americanas, MRS Logística, MWM International Motores, Nestlé, Nokia, Novelis, Novo Nordisk, Raízen, Rolls-Royce, Sadia, Samarco, Schaeffler, Stora Enso, TAM, Technip, Tetra Pak, ThyssenKrupp, Tintas Coral, Tupy Fundições, Villares Metals, Votorantim Cimentos e Votorantim Metais, entre outras.

agradecimentos

Ao Universo, pela infinita benevolência.

"You are at the front line of this battle: light against dark, new energy against old. And you have gotten the most impressive power – for the first time Gaia is cooperating with you – for this is what you have created in these last years and will continue to work with for at least 18 years more. This is the information we have given, because we are speaking to a group that has the ability to understand it: old souls, who have come to a meeting about DNA. You´re the first of many, to start to grasp something that is so different from anything you´ve ever been thought: all centered in the love of God. Change this planet! I have been in places before, as Kryon at other planets, so long ago you can´t even phantom it. I´ve sat in front of old souls, I´ve given them this information and I´ve watched them over the years graduate and create a planet of splendor, beauty, consciousness shifts that you can´t imagine: no more war, no more hunger – wisdom that came to solve problems seen as unsolvable. The solutions to all of the issues that you see today on this planet Earth are available with enhanced human wisdom – and you are at the beginning of that."

Kryon

Live Kryon Channelling – Santiago, Chile – November 19, 2011 – As channelled by Lee Carroll for Kryon (www.kryon.com)

Sumário

capítulo 1

1 Introdução

2   1.1 Uso das técnicas de estimação e testes de parâmetros de processos no giro do Ciclo PDCA

7   1.2 Um exemplo

10   1.3 Conceitos básicos da inferência estatística

capítulo 2

25 Estimação de parâmetros de processos

26   2.1 Estimação pontual

32   2.2 Estimação por intervalo

capítulo 3

71 Testes de hipóteses sobre parâmetros de processos

72   3.1 Conceitos básicos

94   3.2 Testes de hipóteses para médias – grandes amostras

112   3.3 Testes de hipóteses para médias – pequenas amostras

121   3.4 Testes de hipóteses para a variância de uma população

133   3.5 Testes de hipóteses para o índice de capacidade C_p

137   3.6 Testes de hipóteses para a proporção p

143   3.7 Sumário das equações para a realização de testes de hipóteses

capítulo 4

145 Comparação de parâmetros de processos: o caso de duas populações

146   4.1 Introdução

147   4.2 Comparação de duas médias – amostras independentes

187   4.3 Comparação de duas médias – amostras emparelhadas

197   4.4 Resumo do procedimento para a realização de testes de hipóteses para comparação de duas médias populacionais

197 4.5 Comparação de duas variâncias

209 4.6 Comparação de duas proporções

214 4.7 Sumário das equações para a realização de testes de hipóteses
e construção de intervalos de confiança

anexo A

219 Tabelas

anexo B

**239 Intervalos de confiança para a proporção no caso de pequenas
amostras**

anexo C

241 Curvas características de operação

anexo D

261 O método DMAIC e sua correspondência com o Ciclo PDCA

anexo E

275 Comentários e referências

prefácio

"Whatever you do, you need courage. Whatever course you decide upon, there is always someone to tell you that you are wrong. There are always difficulties arising that tempt you to believe your critics are right. To map out a course of action and follow it to an end requires some of the same courage that a soldier needs. Peace has its victories, but it takes brave men and women to win them."

Ralph Waldo Emerson

Este texto, que é uma nova publicação do livro "Como Estabelecer Conclusões com Confiança: Entendendo Inferência Estatística", escrito pela autora em 1996, apresenta importantes ferramentas estatísticas que podem ser utilizadas para reduzir e controlar a incerteza envolvida nas situações de tomada de decisão que surgem na prática dos métodos gerenciais PDCA (**P**lan, **D**o, **C**heck, **A**ction) e DMAIC (**D**efine, **M**easure, **A**nalyze, **I**mprove, **C**ontrol), usados para o alcance de metas de melhoria dos resultados empresariais. Vale destacar que o método DMAIC é a abordagem padrão para a condução dos projetos **Lean Seis Sigma** de melhoria de desempenho de produtos e processos.

A área do conhecimento denominada inferência estatística consiste em um conjunto de procedimentos por meio dos quais as informações obtidas com base em dados amostrais são utilizadas para o estabelecimento de conclusões e a tomada de decisões sobre a população (ou processo) da qual a amostra foi extraída. Esses procedimentos permitem que seja mantido um controle dos erros que podem ser cometidos no estabelecimento das conclusões sobre os temas que estão sendo avaliados.

Neste livro é fornecido um roteiro simples que orienta o leitor sobre a forma de integração das ferramentas de inferência estatística (intervalos de confiança e testes de hipóteses) às diversas etapas dos Ciclos PDCA para manter e melhorar resultados, ou seja, é ensinado como utilizar as ferramentas dentro do PDCA. A partir da correspondência entre o PDCA e o DMAIC mostrada no texto, o roteiro fica então estendido para o método DMAIC.

As diversas ferramentas de inferência estatística apresentadas no livro são introduzidas no contexto de um exemplo de aplicação prática dentro do método gerencial, com ênfase na função de cada ferramenta e na interpretação dos resultados obtidos por meio de sua utilização. O objetivo é expor o tema de modo claro e objetivo, por meio de um texto didático e de fácil compreensão. Visto que os tópicos tratados são totalmente novos para a maioria dos leitores, essa característica do livro é fundamental.

Após o estudo do presente texto, o leitor interessado em examinar outras ferramentas analíticas utilizadas no Lean Seis Sigma (o que inclui as técnicas do Lean Manufacturing) poderá aprofundar seus conhecimentos lendo os demais volumes da Série Werkema de Excelência Empresarial.

.Capítulo 1
Introdução

"An eye for an eye only ends up making the whole world blind."
Mahatma Gandhi

1.1 Uso das técnicas de estimação e testes de parâmetros de processos no giro do Ciclo PDCA

Neste texto apresentaremos as ideias básicas sobre estimação e testes de parâmetros de processos – importantes ferramentas estatísticas que podem ser empregadas para uma realização mais eficiente das atividades de gerenciamento de uma empresa. Essas ferramentas pertencem a uma área da Estatística conhecida como *Inferência Estatística*, a qual consiste em um conjunto de procedimentos por meio dos quais as informações obtidas com base em dados amostrais são utilizadas para o estabelecimento de conclusões e a tomada de decisões sobre a população (processo) da qual a amostra foi extraída. Esses procedimentos permitem que seja mantido um controle dos erros que podem ser cometidos no estabelecimento das conclusões sobre os temas que estão sendo avaliados. Em outras palavras, **as ferramentas estatísticas discutidas neste livro podem ser utilizadas para reduzir e controlar a incerteza envolvida nas situações de tomada de decisões**.

As técnicas de estimação e testes de parâmetros de processos (intervalos de confiança e testes de hipóteses) são ferramentas especialmente eficazes nas seguintes etapas do Ciclo PDCA utilizado para o alcance das metas de melhoria (**Tabela 1.1** e **Figura 1.1**):

♦ **Identificação do problema**

O problema identificado na fase 1 da etapa P do PDCA para melhorar resultados é gerado a partir de uma meta de melhoria. As técnicas de estimação e testes de parâmetros de um processo, quando utilizadas a partir do emprego de dados históricos, dispõem e processam as informações de forma que seja possível perceber, por exemplo, a existência de uma falta de capacidade do processo em gerar produtos que atendam às especificações. Essa falta de capacidade do processo pode dar origem a uma meta de melhoria, que gera, então, o problema a ser resolvido por meio do giro do Ciclo PDCA.

♦ **Análise do fenômeno**

Na fase de análise do fenômeno da etapa P do Ciclo PDCA para melhorar resultados, deve ser feita uma análise do problema, para que suas características possam ser reconhecidas. A análise do fenômeno consiste na investigação das características específicas do problema com uma visão ampla, com base na estratificação das informações sob vários

Forma de integração das ferramentas analíticas às etapas dos Ciclos PDCA para manter e melhorar os resultados de um processo

TABELA 1.1

Ciclos PDCA para manter (SDCA) e melhorar

Ferramentas da Qualidade

Fases do PDCA/SDCA	Sete Ferramentas da Qualidade							Sete Ferramentas do Planejamento							Outras Ferramentas Estatísticas										Análise de Falhas
	Estratificação	Folha de Verificação	Gráfico de Pareto	Diagrama de Causa e Efeito	Histograma, Medidas de Loc. e Var.	Diagrama de Dispersão	Gráfico de Controle	Diagrama de Afinidades	Diagrama de Relações	Diagrama de Árvore	Diagrama de Matriz	Diagrama de Priorização	Diagrama de Processo Decisório	Diagrama de Setas	Índices de Capacidade de Processos	Repetibilidade e Reprodutibilidade	Amostragem	Int. Conf. Testes Hip. Anova	Análise de Regressão	Planej. Experimentos	Otimização de Processos	Análise Multivariada	Inspeção por Amostragem	Confiabilidade	FMEA/FTA
Identificação do problema																									
Análise do fenômeno																									
Análise do processo																									
Plano de ação																									
Execução																									
Verificação																									
Padronização																									
Conclusão																									
Meta padrão																									
Procedimento operacional padrão																									
Execução																									
Verificação																									
Ação corretiva																									

Ciclos PDCA para manter (SDCA) e melhorar

Diretrizes anuais da alta administração → Metas anuais → (P D C A)

Problemas crônicos prioritários — Revisão periódica dos problemas crônicos

Padronização → Produtos — (S D C A) — Ação corretiva

Melhora — Mantêm

Legenda: estágio da capacidade de gerenciamento (alcance de metas) da empresa

□ Inicial   ○ Intermediário   △ Avançado

★ Ferramenta efetiva   ● Ferramenta muito efetiva

Ciclo PDCA utilizado para o alcance das metas de melhoria, segundo Campos VF[1].

FIGURA 1.1

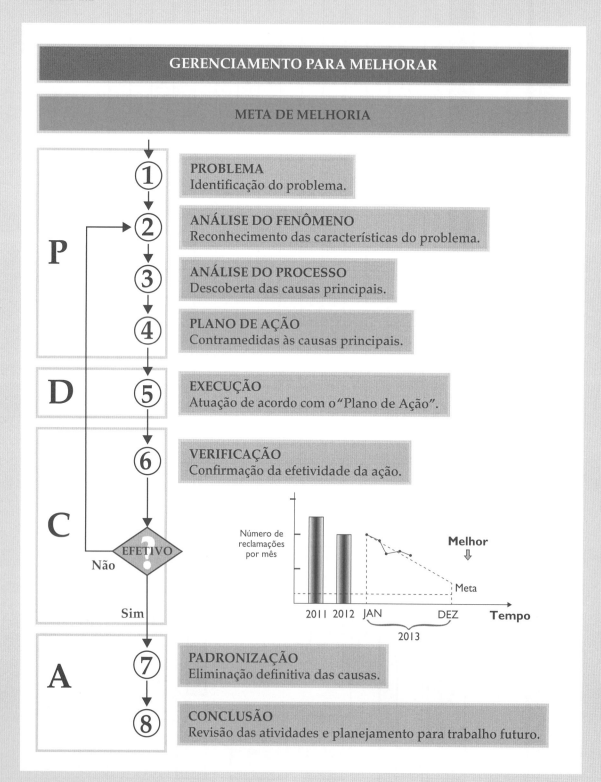

pontos de vista (tempo, local, tipo, indivíduo, entre outros). As técnicas de estimação e testes de parâmetros de processos podem então ser utilizadas para que possamos verificar se o problema ocorre de maneira diferente nos diversos grupos definidos na estratificação. Essas técnicas também nos permitem observar se o problema está mais relacionado à localização do valor médio ou à magnitude da variabilidade dos resultados gerados pelo processo. Convém destacar que uma grande vantagem dessas técnicas é o fato de que sua utilização permite o controle dos erros que podem ser cometidos no estabelecimento das conclusões.

- **Análise do processo**

    A fase de análise do processo da etapa P do Ciclo PDCA de melhorias consiste na descoberta das causas fundamentais do problema que está sendo considerado. As técnicas de estimação e testes de parâmetros de um processo podem ser empregadas no teste das causas mais prováveis (hipóteses), permitindo que seja feita, com grau de confiança conhecido, a confirmação, ou não, da existência de um relacionamento entre o problema (efeito) e as causas mais prováveis que tenham sido identificadas, as quais geralmente refletem deficiências existentes no processo.

- **Verificação**

    A fase de verificação da etapa C do Ciclo PDCA para melhorar resultados consiste na confirmação da efetividade da ação de bloqueio (contramedidas) adotada. Nessa fase, as técnicas de estimação e testes de parâmetros de processos podem ser empregadas, utilizando dados coletados após a adoção do bloqueio, para processar as informações de forma que seja possível realizar a verificação da continuidade ou não do problema, mantendo um controle dos erros que podem ser cometidos no estabelecimento da conclusão.

As técnicas de estimação e testes de parâmetros de processos são muito efetivas na etapa de **verificação** do Ciclo PDCA utilizado para o alcance das metas-padrão (**Figura 1.2** e **Tabela 1.1**) e permitem que o monitoramento da meta seja realizado com maior grau de confiança.

Um método similar ao Ciclo PDCA é o DMAIC, que é mundialmente utilizado para a condução de projetos Lean Seis Sigma. O DMAIC é apresentado no Anexo D.

Ao longo deste texto, apresentaremos vários exemplos de utilização de estimação e testes de parâmetros de processos nas etapas, que acabamos de destacar, dos Ciclos PDCA para manter e melhorar, e do método DMAIC.

Ciclo PDCA utilizado para o alcance das metas-padrão, segundo Campos, VF[1].

FIGURA 1.2

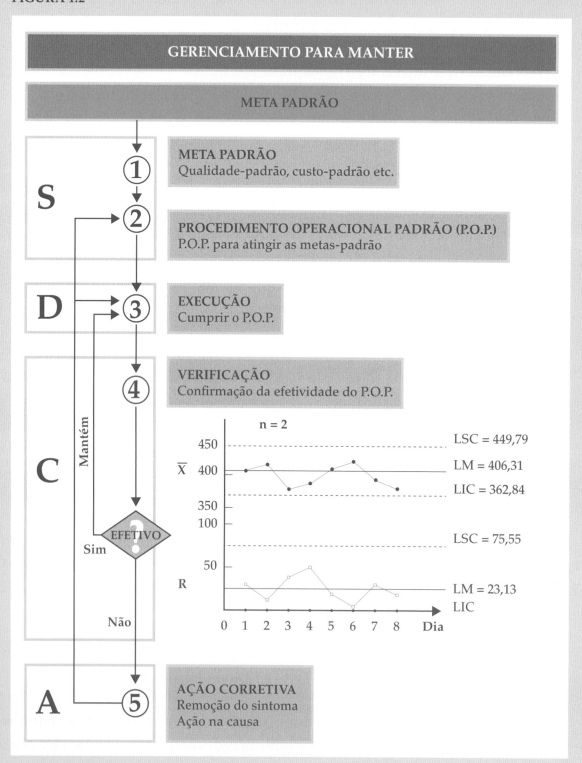

1.2 Um exemplo

Para introduzir as ideias que serão apresentadas neste texto, vamos considerar como exemplo uma indústria siderúrgica. Um dos principais produtos dessa empresa é a *folha de flandres* com *têmpera T4 RC*, que é uma folha de aço de baixo teor de carbono, revestida em ambas as faces com uma camada de estanho, empregada principalmente na fabricação de recipientes para o acondicionamento de alimentos. A **Figura 1.3** apresenta um fluxograma simplificado do processo de produção das folhas de flandres.

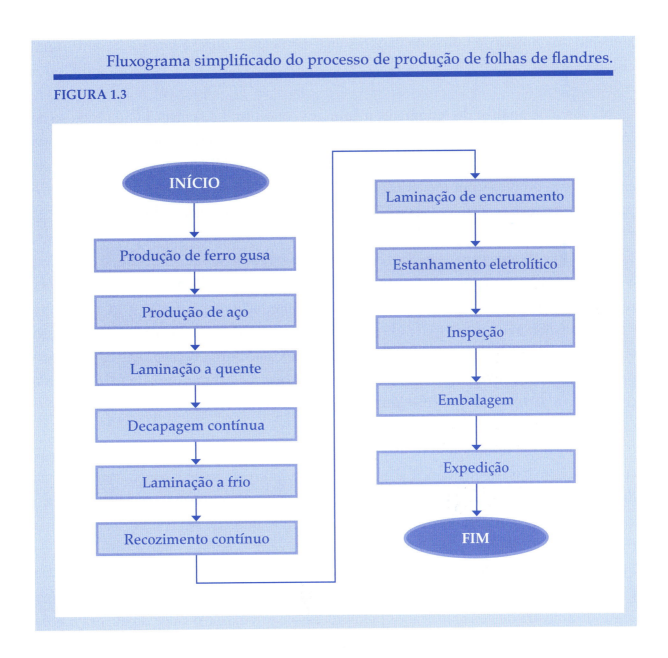

Fluxograma simplificado do processo de produção de folhas de flandres.
FIGURA 1.3

Os limites de especificação para a dureza final das folhas de flandres são: LIE = 58,0 HR e LSE = 64,0 HR, em que LIE e LSE representam os limites inferior e superior de especificação, respectivamente, e HR representa a unidade de medida de dureza definida como índice de dureza Rockwell.

Nos últimos meses ocorreu um aumento da produção de folhas de flandres com dureza final fora da faixa de especificação. Diante dessa situação, a empresa iniciou o giro do Ciclo PDCA para melhorar resultados.

Na etapa de **identificação do problema**, foi definida a seguinte questão a ser resolvida: aumento do número de folhas de flandres que apresentam dureza fora da faixa de especificação.

Na etapa de **análise do fenômeno**, a empresa concentrou sua atenção no processo de *recozimento contínuo* (RC), por ser este o principal processo responsável pela dureza da folha de flandres. Em primeiro lugar, os técnicos da indústria avaliaram o estado de controle estatístico do processo, por meio de gráficos de controle $\bar{x}$ e R. Como foi verificado que o processo estava sob controle, a seguir foram calculados os índices de capacidade C_p e C_{pk}.

Os valores obtidos para os índices de capacidade foram bastante diferentes, o que levou a equipe de trabalho da empresa a suspeitar que a dureza média da folha de flandres (μ), resultante do processo de RC, era diferente do valor nominal da especificação (61,0 HR). Além disso, foram obtidos $C_p > 1,33$ e $C_{pk} < 1,33$, o que indicou que a falta de capacidade do processo em atender às especificações parecia ser provocada pelo fato de o processo não estar centrado no valor nominal, e não porque a variabilidade da dureza fosse muito elevada. O histograma construído a partir dos dados coletados no estudo também forneceu essa indicação.

Em vista desse resultado, a indústria decidiu estimar o valor de μ a partir dos dados já coletados. Com base nesses dados, já havia sido calculado o valor de $\bar{x}$, a média amostral da dureza das folhas de flandres. Esse valor era uma **estimativa pontual**, ou seja, um único valor calculado a partir dos dados que compunham a amostra. No entanto, essa estimativa pontual não foi considerada totalmente satisfatória, porque a simples afirmação de que a estimativa de μ era, por exemplo, $\bar{x} = 60,2$ HR não fornecia quaisquer indicações da precisão (grau de incerteza) dessa estimativa. Observe que, se a indústria retirasse uma segunda amostra de itens fabricados pelo processo e calculasse o valor da dureza média

$\bar{x}$, provavelmente o resultado seria diferente de 60,2 HR. O motivo para essa diferença é o fato de que distintas amostras usualmente incluem diferentes itens fabricados pelo processo produtivo. Nesse contexto, fica claro que devemos incorporar à estimativa pontual a incerteza a ela associada. Essa necessidade de um processamento mais aprofundado das informações contidas nos dados é fundamental, já que a partir de amostras extraídas do processo, as quais estão sujeitas à variabilidade, devemos tomar decisões que envolvem todo o processo. Portanto, será necessário dispor de técnicas que permitam o controle, abaixo dos valores máximos preestabelecidos, dos erros que podem ser cometidos no estabelecimento de conclusões a partir de dados amostrais.

Note que, se a equipe técnica da empresa estivesse relativamente certa de que o valor verdadeiro de μ poderia estar afastado, no máximo, 0,1 HR em relação ao valor 60,2 HR, seria possível concluir que $\bar{x}$ era uma boa estimativa de μ. Por outro lado, se o verdadeiro valor de μ pudesse ser, por exemplo, qualquer número no intervalo (60,2 ± 3,0) HR, a equipe ficaria muito menos satisfeita com a estimativa obtida.

As duas estimativas consideradas anteriormente, (60,2 ± 0,1) HR e (60,2 ± 3,0) HR, são exemplos de estimativas por intervalo. Neste texto, iremos apresentar um tipo especial de estimativas por intervalos, conhecidas como **intervalos de confiança**. A obtenção de intervalos de confiança é uma das áreas da inferência estatística. Outros problemas que podem ser resolvidos por meio da inferência estatística, ainda no contexto do exemplo da indústria siderúrgica, estão relacionados a seguir.

- Suponha que o índice C_p estimado para o processo de RC seja igual a 1,35. Nesse caso, podemos questionar se essa estimativa está de fato indicando que o verdadeiro índice C_p do processo é significativamente superior ao valor limite 1,33, a partir do qual o processo é classificado como potencialmente capaz (ou seja, o processo será capaz, desde que esteja centrado no valor nominal). Esse tipo de dúvida pode ser eliminada por meio das técnicas apresentadas nos Capítulos 2 e 3.

- Considere que a indústria siderúrgica opera duas linhas de RC (LRC1 e LRC2). Muito provavelmente os técnicos da empresa terão interesse em comparar as duas linhas, com o objetivo de avaliar se elas trabalham de forma similar. Se isso não acontecer, já terá sido identificada uma **oportunidade de melhoria**, que corresponde a ajustar a linha que apresenta a pior performance até que ela atinja o mesmo nível de desempenho alcançado pela outra linha. Mas observe que o ajuste só deverá ser realizado se as diferenças detectadas forem realmente significativas, ou seja, se elas não puderem ser atribuídas apenas às causas aleatórias responsáveis pela variabilidade natural do processo de RC. Situações desse tipo serão tratadas no Capítulo 4 e também envolvem o emprego das técnicas de inferência estatística.

1.3 Conceitos básicos da inferência estatística

1.3.1 População e amostra

Em controle da qualidade, os dados representam a base para a tomada de decisões confiáveis e para a adoção das ações mais apropriadas diante de uma determinada situação que esteja sendo analisada.

Um exemplo do que foi dito anteriormente é a inspeção por amostragem, procedimento no qual extraímos alguns itens de um lote de produto, efetuamos medições de alguma característica da qualidade de interesse desses itens e, a seguir, decidimos se devemos ou não aceitar o lote completo do produto. Outro exemplo corresponde ao gerenciamento de um processo de produção por meio de um gráfico de controle, para o qual o objetivo é avaliar a estabilidade e a previsibilidade do processo considerado.

Portanto, nosso propósito quando coletamos dados pode ser, em primeiro lugar, obter informações sobre lotes de produtos, sobre a estabilidade de um processo, sobre a capacidade de um processo em atender à faixa de especificação e sobre os resultados obtidos quando realizamos alterações nos fatores que compõem o processo de interesse. A seguir, tendo em vista as informações obtidas, desejaremos adotar as ações mais apropriadas. Na terminologia estatística, a totalidade dos itens (elementos) sob consideração em cada uma dessas situações e que será o objeto da ação que iremos adotar é denominada **população**. No primeiro exemplo apresentado no parágrafo anterior, a população é o lote do produto, e, no segundo exemplo, a população é o processo que está sendo gerenciado.

> População é a totalidade dos elementos de um universo sobre o qual desejamos estabelecer conclusões ou exercer ações.

Introdução

A população de interesse pode ser finita ou infinita.

> Uma população finita possui um número limitado de elementos.
> Uma população infinita possui um número não limitado de elementos.

Os teares de uma indústria têxtil e o conjunto de apartamentos de um hotel são exemplos de populações finitas. Já o processo de produção de folhas de flandres em uma indústria siderúrgica ou o processo de registro de pacientes internados em um hospital são exemplos de populações infinitas. O leitor deve observar que, de modo geral, o termo população infinita se refere a um processo, sendo os elementos dessa população todas as medidas obtidas para características de interesse do processo (causas ou efeitos), considerando que o processo irá continuar operando indefinidamente sob as mesmas condições.

É importante ressaltar que o padrão de ocorrência dos elementos de uma população pode ser descrito por um modelo estatístico apropriado, denominado **distribuição da população**.

Um subconjunto de itens extraídos de uma população, por meio do qual pretendemos obter informações sobre essa população, é denominado **amostra**. Em estatística é frequente trabalharmos com as chamadas *amostras aleatórias*, para as quais todos os elementos da população têm a mesma chance de serem escolhidos para compor a amostra. Uma amostra aleatória tem a propriedade de refletir as características da população da qual foi extraída.

> Amostra é um subconjunto de elementos extraídos de uma população.

A relação existente entre população, amostra e dados é apresentada na **Figura 1.4**.

A **Figura 1.4(a)** mostra que, quando a ação for exercida sobre um processo, para que sejam fabricados bens ou fornecidos serviços de melhor qualidade, devemos considerar o processo de interesse como uma população. Conforme acabamos de destacar, o processo é considerado uma população infinita, já que a quantidade de produtos resultante da sua operação é teoricamente infinita, a menos que ele seja desativado. Note que tomamos um lote ou uma parte de um lote de produtos emergentes do processo como uma amostra da população, e a seguir medimos as características de interesse dessa amostra com o objetivo de avaliar se o processo (a população) está sendo operado de maneira adequada. A partir dos resultados obtidos por meio dessa avaliação, adotamos as medidas necessárias para que o processo funcione da melhor forma possível, fornecendo bens ou serviços de boa qualidade.

Já a **Figura 1.4(b)** mostra que, quando a ação for exercida sobre um lote de produtos, a população é representada pelo lote, sendo então de tamanho finito. Essa situação corresponde aos casos em que está sendo realizada uma inspeção ou uma estimação da qualidade do produto que constitui o lote.

Também é importante destacar que é fundamental que a amostra seja representativa da população da qual foi extraída e que as medições realizadas para gerar os dados sejam confiáveis, com o objetivo de garantir que as ações a serem tomadas a partir da análise dos dados coletados sejam realmente apropriadas.

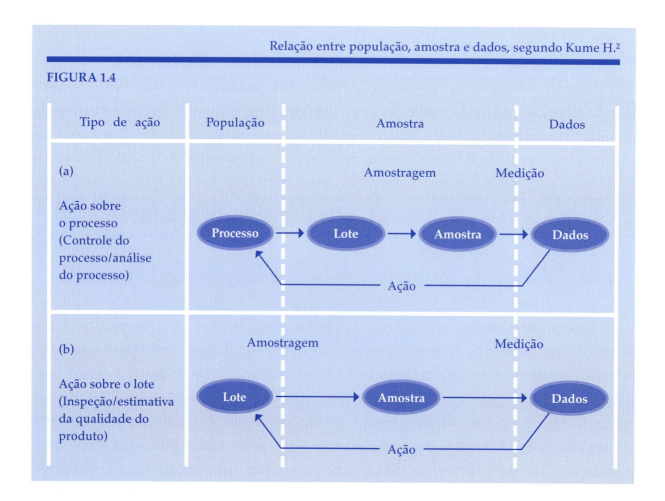

FIGURA 1.4 — Relação entre população, amostra e dados, segundo Kume H.[2]

1.3.2 Parâmetros e estatísticas

As características de uma população são descritas por meio de medidas denominadas **parâmetros**. Dois importantes parâmetros populacionais são a média populacional μ, que é uma medida da localização do centro da distribuição dos elementos da população (valor em torno do qual os elementos da população tendem a se agrupar), e o desvio-padrão populacional σ, que mede a dispersão, em torno da média μ, dos elementos que constituem a população.

> Um parâmetro é uma medida numérica que descreve alguma característica de uma população.

Os parâmetros populacionais são constantes usualmente desconhecidas e necessitam ser estimados por meio de uma amostra extraída da população. Por exemplo, quando desejamos obter informações sobre o valor da média μ de alguma população de interesse, extraímos uma amostra dessa população e calculamos a média amostral $\bar{x}$ das observações obtidas. Esse valor de $\bar{x}$ poderá ser utilizado para estimar μ. De modo geral, uma função das observações amostrais, como é o caso da função $\bar{x} = (1/n)(\sum_{i=1}^{n} x_i)$, empregada para gerar a estimativa de μ, é denominada **estatística**.

> Uma estatística é uma função das observações amostrais, que não depende de parâmetros desconhecidos.

Observe que a média amostral:

$$\bar{x} = \frac{x_1 + x_2 + \ldots + x_n}{n}$$

é de fato uma estatística, porque seu valor numérico pode ser calculado assim que a amostra (os valores $x_1, x_2, \ldots, x_n$) tenha sido extraída. A mediana ($\tilde{x}$), a variância (s^2) e o desvio-padrão (s) amostrais e a proporção amostral dos elementos que possuem uma determinada característica de interesse ($\hat{p}$) são outros exemplos de estatísticas.

De acordo com o que acabou de ser apresentado, uma estatística deve fornecer informações sobre o valor de algum parâmetro populacional de interesse. Em relação a isso, dois pontos importantes devem ser destacados:

◆ Como a amostra extraída é apenas uma parte da população, o valor da estatística provavelmente não coincidirá exatamente com o valor verdadeiro do parâmetro correspondente. No entanto, esperamos que o valor da estatística esteja bastante próximo do valor verdadeiro do parâmetro.

◆ Diferentes amostras extraídas da população irão originar valores distintos para a estatística considerada. Por esse motivo, dizemos que as estatísticas são **variáveis aleatórias**, já que seu valor não pode ser predito com certeza antes de a amostra ter sido extraída.

Como uma estatística é uma variável aleatória, ela também seguirá sua própria distribuição, a qual descreverá o padrão de variação dos valores da estatística para diferentes amostras extraídas da população de interesse.

> **A distribuição que descreve o padrão de variação dos valores de uma estatística, para diferentes amostras extraídas da população de interesse, é denominada distribuição amostral.**

Conforme veremos nos próximos capítulos, é muito importante conhecer a distribuição amostral de uma estatística, para que seja possível o estabelecimento de conclusões confiáveis sobre as características da população que está sendo estudada.

Vale ressaltar que as amostras a que estamos nos referindo devem ser **amostras aleatórias** da população de interesse.

> **As observações $x_1, x_2, ..., x_n$ constituem uma amostra aleatória de tamanho n da população, se cada observação resulta de seleções independentes dos elementos da população e se cada x_i tem a mesma distribuição da população da qual foi extraída.**

O exemplo a seguir apresenta uma situação muito simples, que será utilizada para ilustrar as ideias apresentadas até agora nesta seção.

▶ Exemplo 1.1

Considere que nossa população de interesse seja formada pelo conjunto de números {3, 4, 5}, que representam o tempo de trabalho x (em anos) dos três operadores de uma determinada máquina de uma indústria. Percebemos imediatamente que, para essa população, a média é igual a quatro ($\mu = 4$). Suponha agora que uma amostra aleatória de tamanho 2 será extraída, com reposição, dessa população. Isto é, iremos selecionar ao acaso um número do conjunto, retornar o número selecionado ao conjunto inicial e realizar a segunda seleção, também ao acaso. Representaremos por x_1 e x_2 as observações de x obtidas na primeira e segunda extrações, respectivamente. Ou seja, o par (x_1, x_2) é a amostra aleatória que será extraída da população considerada.

A distribuição de x (tempo de trabalho) está representada na **Tabela 1.2**. Note que, como cada número da tabela tem igual chance de ser selecionado para constituir o primeiro elemento da amostra, x_1 tem a distribuição apresentada na **Tabela 1.2**. Como a segunda extração será feita após a reposição do primeiro elemento selecionado ao conjunto inicial, o segundo elemento da amostra (x_2) também terá essa mesma distribuição.

TABELA 1.2 — Distribuição da população do exemplo 1.1

Valor de x	Probabilidade de ocorrência
3	1/3
4	1/3
5	1/3

As amostras de tamanho 2 que podem ser extraídas e os valores correspondentes da média amostral $\bar{x}$ estão apresentadas na **Tabela 1.3**.

Inferência estatística – como estabelecer conclusões com confiança no giro do PDCA e DMAIC **ELSEVIER**

Amostras de tamanho 2 que podem ser extraídas no exemplo 1.1	
TABELA 1.3	
Amostra (x_1, x_2)	$\bar{x} = \dfrac{x_1 + x_2}{2}$
(3, 3)	3,0
(3, 4)	3,5
(3, 5)	4,0
(4, 3)	3,5
(4, 4)	4,0
(4, 5)	4,5
(5, 3)	4,0
(5, 4)	4,5
(5, 5)	5,0

Como cada uma das nove amostras da **Tabela 1.3** tem a mesma probabilidade de ocorrência (1/9), temos que, por exemplo, $P[\bar{x} = 3,5] = 2/9$, já que a média $\bar{x} = 3,5$ é obtida a partir de duas amostras – (3, 4) e (4, 3). Seguindo esse raciocínio, obtemos a distribuição de $\bar{x}$, apresentada na **Tabela 1.4**.

Distribuição da média amostral para o exemplo 1.1	
TABELA 1.4	
Valor de $\bar{x}$	Probabilidade de ocorrência
3,0	1/9
3,5	2/9
4,0	3/9
4,5	2/9
5,0	1/9

Os resultados da **Tabela 1.4** nos indicam que, se repetíssemos um grande número de vezes o procedimento de extrair uma amostra aleatória de tamanho 2 da população formada pelo conjunto de números {3, 4, 5}, então, em cerca de 1/9 (11%) das vezes a média amostral seria igual a 3,0; em 2/9 (22%) dos casos $\bar{x}$ seria igual a 3,5; e assim por diante.

A **Figura 1.5** apresenta os histogramas correspondentes às distribuições representadas nas **Tabelas 1.2 e 1.4**.

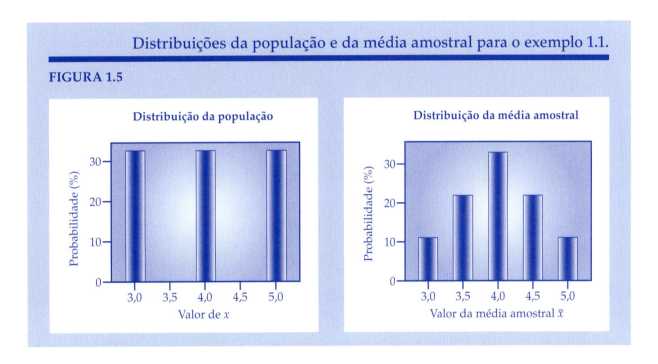

Distribuições da população e da média amostral para o exemplo 1.1.
FIGURA 1.5

O leitor deve notar que, por causa da variação presente na população, as amostras aleatórias extraídas da população também apresentarão variação, e o mesmo ocorrerá com o valor da média amostral $\bar{x}$ ou de qualquer outra estatística de interesse calculada a partir da amostra. Esse exemplo simples, baseado em uma população de tamanho 3, foi utilizado apenas para ilustrar essa ideia, com a realização de um mínimo de cálculos.

Para concluir a seção, é importante destacar que, **quando a população é muito grande e a amostra tem tamanho relativamente pequeno, não faz diferença, em termos práticos, se o elemento selecionado em uma determinada extração não é reposto à população antes de a próxima extração ser realizada**. Ainda nesse caso, podemos considerar que as observações $x_1, x_2, ..., x_n$ constituem uma amostra aleatória da população de interesse. É comum considerar que essa aproximação é válida quando a razão n/N entre o tamanho n da amostra e o tamanho N da população é igual ou inferior a 0,05 (5%). A razão n/N é conhecida como fração amostral. Vale notar que esta condição ($n/N \leq 0,05$) é satisfeita na maioria das situações práticas.

1.3.3 A distribuição da média amostral e o Teorema Central do Limite

Iremos discutir agora as propriedades da distribuição da média amostral $\bar{x}$ e relacionar essa distribuição à população da qual a amostra foi extraída. É possível demonstrar que:

> A distribuição da média amostral $\bar{x}$, de uma amostra aleatória de tamanho n extraída de uma população que tem média μ e desvio-padrão σ, tem as seguintes características:
>
> $$\text{Média} = E(\bar{x}) = \mu_{\bar{x}} = \mu$$
>
> $$\text{Variância} = VAR(\bar{x}) = \sigma^2_{\bar{x}} = \frac{\sigma^2}{n}$$
>
> $$\text{Desvio-padrão} = DP(\bar{x}) = \sigma_{\bar{x}} = \frac{\sigma}{\sqrt{n}}$$

Observe, então, que a distribuição amostral de $\bar{x}$ está centrada na média populacional μ e que o desvio-padrão da distribuição de $\bar{x}$ é igual a $1/\sqrt{n}$ vezes o desvio-padrão σ da população. Esse segundo resultado significa que, se a população tem a variabilidade elevada, então a variabilidade em $\bar{x}$ também será alta, o que prejudica a qualidade da informação que $\bar{x}$ fornece sobre μ. Contudo, esse problema pode ser minimizado por meio do aumento do tamanho da amostra: com o aumento de n, o quociente $\sigma/\sqrt{n}$ diminui, o que significa que a dispersão da distribuição de $\bar{x}$ fica menor, ou seja, essa distribuição fica mais concentrada em torno da média populacional μ. Isso significa que a precisão da média amostral $\bar{x}$, como uma estimativa da média populacional μ, vai ficando mais elevada à medida que aumentamos o tamanho da amostra. Esse resultado é bastante intuitivo, já que, à medida que aumentamos o tamanho da amostra, temos mais informações para a estimação de μ, e, portanto, a possível diferença existente entre o valor verdadeiro da média populacional (μ) e qualquer estimativa amostral ($\bar{x}$) diminui. As ideias discutidas neste parágrafo estão sumarizadas na Figura 1.6.

Relação entre $E(\bar{x})$ e μ e entre $DP(\bar{x})$ e n.

FIGURA 1.6

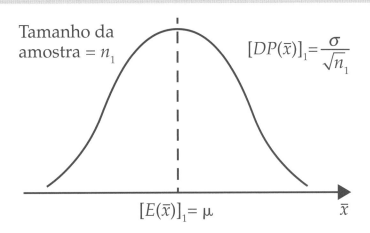
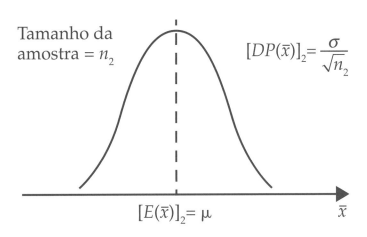
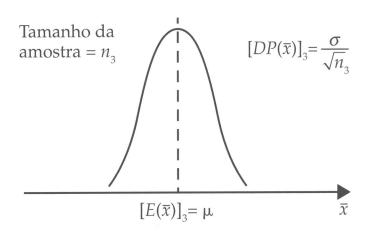

$n_1 < n_2 < n_3 \Rightarrow [DP(\bar{x})]_1 > [DP(\bar{x})]_2 > [DP(\bar{x})]_3$

Para que o leitor possa verificar que as igualdades $E(\bar{x}) = \mu$ e $DP(\bar{x}) = \sigma / \sqrt{n}$ são, de fato, verdadeiras, vamos retornar ao Exemplo 1.1. A **Tabela 1.5** mostra os cálculos realizados para a determinação de μ e σ para a população dos tempos de trabalho dos operadores da máquina da indústria do Exemplo 1.1. Já a **Tabela 1.6** apresenta os cálculos de $E(\bar{x})$ e $DP(\bar{x})$ para a distribuição de $\bar{x}$ obtida a partir das amostras de tamanho 2 que podem ser extraídas nesse exemplo. Observe que, nas tabelas, foi utilizado o fato de que, para uma população finita com elementos $x_1, x_2, ..., x_n$, a média e o desvio-padrão populacionais são definidos por:

- Média populacional: $E(\bar{x}) = \mu = \dfrac{1}{N} \sum_{i=1}^{N} x_i$

- Desvio-padrão populacional: $DP(\bar{x}) = \sigma = \sqrt{\dfrac{1}{N} \sum_{i=1}^{N} (x_i - \mu)^2}$

Valores da média (μ) e do desvio-padrão (σ) da população do exemplo 1.1

TABELA 1.5

	x_i	$(x_i - \mu)$	$(x_i - \mu)^2$
	3	–1	1
	4	0	0
	5	1	1
Soma	12	0	2

$$E(x) = \mu = \frac{1}{N} \sum_{i=1}^{N} x_i = \frac{12}{3} = 4$$

$$DP(x) = \sigma = \sqrt{\frac{1}{N} \sum_{i=1}^{N} (x_i - \mu)^2} = \sqrt{\frac{2}{3}}$$

Valores da média ($\mu_{\bar{x}}$) e do desvio-padrão ($\sigma_{\bar{x}}$) da distribuição de $\bar{x}$ do exemplo 1.1

TABELA 1.6

$\bar{x}_i$	$(\bar{x}_i - \mu_{\bar{x}})$	$(\bar{x}_i - \mu_{\bar{x}})^2$
3,0	–1,0	1,00
3,5	–0,5	0,25
4,0	0,0	0,00
3,5	–0,5	0,25
4,0	0,0	0,00
4,5	0,5	0,25
4,0	0,0	0,00
4,5	0,5	0,25
5,0	1,0	1,00
Soma 36,0	0,0	3,00

$$E(\bar{x}) = \mu_{\bar{x}} = \frac{1}{N}\sum_{i=1}^{N} \bar{x}_i = \frac{36}{9} = 4 = \mu$$

$$DP(\bar{x}) = \sigma_{\bar{x}} = \sqrt{\frac{1}{N}\sum_{i=1}^{N}(\bar{x}_i - \mu_{\bar{x}})^2} = \sqrt{\frac{3}{9}} = \sqrt{\frac{1}{3}} = \frac{\sqrt{2/3}}{\sqrt{2}} = \frac{\sigma}{\sqrt{n}}$$

A partir de agora passaremos a tratar da forma da distribuição amostral de $\bar{x}$.

A distribuição da média amostral $\bar{x}$ de uma amostra aleatória de tamanho n extraída de uma ***população normal***, que tem média μ e desvio-padrão σ, é normal, com média μ e desvio-padrão $\sigma/\sqrt{n}$.

Quando a amostra é extraída de uma população que não tem distribuição normal, a forma da distribuição de $\bar{x}$ depende da forma da distribuição da população. Contudo, o **Teorema Central do Limite**, que enunciaremos a seguir, estabelece que quando o tamanho da amostra é suficientemente grande, a distribuição da média amostral $\bar{x}$ pode ser bem aproximada por uma distribuição normal, qualquer que seja a forma da distribuição da população.

> ### Teorema Central do Limite
>
> A distribuição da média amostral $\bar{x}$ de uma amostra aleatória de tamanho n extraída de uma população *não normal*, com média μ e desvio-padrão σ, é *aproximadamente normal*, com média μ e desvio-padrão $\sigma/\sqrt{n}$.
> Esse resultado significa que:
>
> $$z = \frac{\bar{x} - \mu}{\sigma/\sqrt{n}} \text{ é aproximadamente } N(0,1).$$

Para a utilização do Teorema Central do Limite, é usual considerar que o tamanho n da amostra é suficientemente grande quando n é superior a 30. No entanto, em várias situações, dependendo da distribuição da população, amostras de tamanho inferior a 30 já são suficientes para garantir a validade do Teorema.

Gostaríamos de chamar a atenção do leitor para o fato de que o Teorema Central do Limite é amplamente utilizado em inferência estatística, conforme veremos nos próximos capítulos deste texto.

O Teorema Central do Limite está ilustrado na **Figura 1.7**.

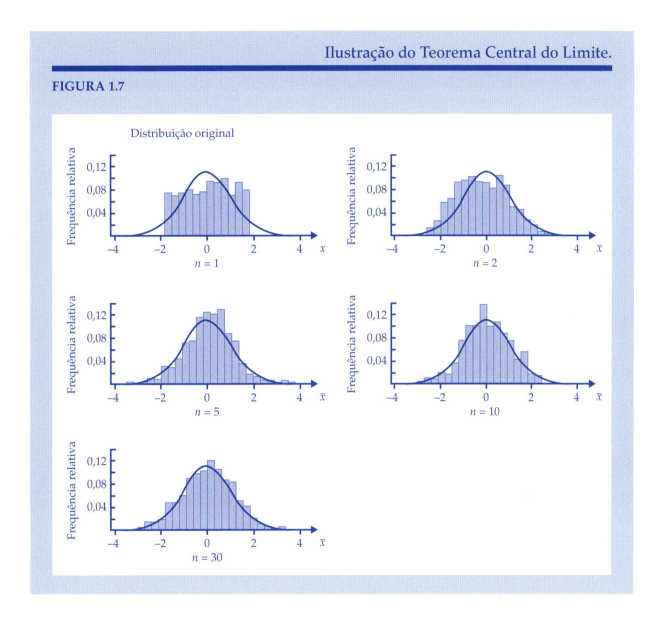

FIGURA 1.7 Ilustração do Teorema Central do Limite.

1.3.4 Estimação pontual e estimação por intervalo

Existem dois tipos de estimação de um parâmetro populacional: estimação pontual e estimação por intervalo. Na estimação pontual, é obtido um valor numérico único que esperamos estar relativamente próximo do verdadeiro valor do parâmetro. Na estimação por intervalo, é construído um intervalo que contém, com grau de confiança conhecido, o verdadeiro valor do parâmetro que está sendo estimado. Esses dois tipos de estimação serão discutidos a partir do próximo capítulo.

. Capítulo 2

Estimação de parâmetros de processos

"If we have no peace, it is because we have forgotten that we belong to each other."

Madre Teresa

2.1 Estimação pontual

Conforme foi destacado no capítulo anterior, as amostras são extraídas para fornecer informações sobre as populações correspondentes, e as estatísticas são utilizadas para que seja possível estimar os parâmetros populacionais de interesse. Estudaremos agora como essa estimação pode ser realizada, começando com a estimação pontual, na qual o parâmetro da população é estimado por um único número calculado a partir da amostra.

> A estimação pontual é o procedimento no qual o parâmetro de interesse da população é estimado por um único número obtido a partir da amostra.

Na estimação pontual, extraímos da população (processo) uma amostra aleatória de tamanho n, cujos elementos são representados por x_1, x_2 ..., x_n. A seguir, procuramos construir uma estatística (uma função desses elementos), de tal forma que o valor calculado para essa estatística a partir dos dados amostrais reflita, tão aproximadamente quanto possível, o valor do parâmetro populacional que está sendo estimado. Uma estatística desse tipo, destinada a estimar um parâmetro populacional, é denominada um **estimador** do parâmetro. É usual utilizar a seguinte notação: se o parâmetro populacional de interesse é designado pelo símbolo θ, então seu estimador é designado por $\hat{\theta}$.

> Um estimador ($\hat{\theta}$) é qualquer estatística utilizada para estimar um parâmetro populacional (θ).

O leitor deve notar que diferentes amostras extraídas da população irão originar valores distintos para o estimador $\hat{\theta}$ e, portanto, dizemos que $\hat{\theta}$ é uma *variável aleatória*, já que seu valor não pode ser predito com certeza antes de a amostra ter sido extraída. Após a retirada da amostra, o valor numérico particular assumido por $\hat{\theta}$ é denominado **estimativa** do parâmetro populacional θ.

> Uma estimativa é o valor específico assumido pelo estimador após a extração de uma amostra.

De modo geral, existem vários estimadores pontuais disponíveis para a estimação de um parâmetro populacional de interesse. Também existem diversos critérios utilizados para a identificação de um *bom estimador* para o parâmetro considerado. Note que a expressão *bom estimador* significa que o estimador nos fornece alguma garantia de que a estimativa obtida após a extração da amostra estará próxima do valor verdadeiro do parâmetro que está sendo estimado. Uma discussão dos critérios utilizados para a escolha de estimadores está fora dos objetivos deste texto.

Na **Tabela 2.1** são apresentados os *bons estimadores* que geralmente são utilizados para a estimação dos principais parâmetros populacionais de interesse.

Estimadores dos principais parâmetros populacionais

TABELA 2.1

Parâmetro populacional	Estimador
Média (μ)	$\hat{\mu} = \bar{x} = \dfrac{1}{n}\sum_{i=1}^{n} x_i$
Variância (σ^2)	$\hat{\sigma}^2 = s^2 = \dfrac{1}{n-1}\sum_{i=1}^{n}(x_i - \bar{x})^2$
Desvio padrão (σ)	$\hat{\sigma} = s = \sqrt{\dfrac{1}{n-1}\sum_{i=1}^{n}(x_i - \bar{x})^2}$
Proporção de elementos da população que possuem alguma característica de interesse (p)	$\hat{p} = \bar{p} = \dfrac{y}{n}$ em que: y = número de elementos da amostra que possuem a característica n = tamanho da amostra
Índice de capacidade C_p	$\hat{C}_p = \dfrac{LSE - LIE}{6\hat{\sigma}}$
Índice de capacidade C_{pk}	$\hat{C}_{pk} = MIN\left[\dfrac{LSE - \hat{\mu}}{3\hat{\sigma}}, \dfrac{\hat{\mu} - LIE}{3\hat{\sigma}}\right]$

Em relação à **Tabela 2.1**, é importante fazer os seguintes comentários:

- Em muitas situações, a população de interesse será um processo produtivo. Nesse caso, **somente terá sentido estimar os parâmetros populacionais se o processo estiver sob controle estatístico**, ou seja, se o processo apresentar um comportamento previsível, podendo ser, então, caracterizado por uma distribuição de probabilidade. A avaliação do estado de controle estatístico do processo é feita por meio de gráficos de controle. Os principais gráficos de controle são apresentados em outro volume da Série Werkema de Excelência Empresarial.

- Quando estamos estimando os índices de capacidade de um processo por meio da utilização de dados empregados para a construção de gráficos de controle, é usual empregar as fórmulas $\hat{\sigma} = \bar{R}/d_2$ ou $\hat{\sigma} = \bar{s}/c_4$.

- Quando a população considerada é um processo produtivo, muitas vezes a proporção p de interesse será a proporção de itens defeituosos produzidos pelo processo.

▸ Exemplo 2.1

> Uso da estimação pontual na etapa de **análise do fenômeno** do Ciclo PDCA para melhorar resultados ou na etapa *measure* do DMAIC.

Vamos novamente voltar nossa atenção para a indústria siderúrgica considerada na Seção 1.2, que estava girando Ciclo PDCA para melhorar resultados com o objetivo de solucionar o seguinte problema: *aumento do número de folhas de flandres que apresentam dureza fora da faixa de especificação.*

Na etapa de **análise do fenômeno**, a empresa concentrou sua atenção no processo de recozimento contínuo (RC), por ser esse o principal processo responsável pela dureza das folhas de flandres. Como foi verificado que o processo estava sob controle estatístico, a equipe técnica decidiu estimar a dureza média das folhas de flandres (μ), a variabilidade das medidas de dureza (σ), a proporção de folhas de flandres com dureza fora da faixa de especificação (p) e os índices de capacidade C_p e C_{pk} do processo de RC. Com esse objetivo, foram coletadas 50 observações da dureza das folhas de flandres produzidas pela empresa, que são apresentadas na **Tabela 2.2**.

Estimação de parâmetros de processos

TABELA 2.2 Medidas de dureza (HR) das folhas de flandres fabricadas pela indústria siderúrgica do exemplo 2.1

61,0	61,0	60,3	60,2	58,7
60,0	60,0	60,9	61,2	59,1
60,0	59,3	59,8	60,1	58,6
59,6	60,5	60,5	60,2	60,5
60,5	60,1	60,7	60,3	60,8
59,9	60,1	60,2	60,6	61,0
60,0	61,1	59,8	60,1	60,8
60,7	60,0	59,8	59,0	60,0
60,2	60,8	61,6	59,8	60,4
60,2	59,7	60,3	60,4	60,2

A partir da amostra de $n = 50$ observações apresentada na **Tabela 2.2**, foram obtidas as estimativas, mostradas a seguir, para os principais parâmetros do processo de RC, no que diz respeito à variável *dureza das folhas de flandres* produzidas. Observe que essas estimativas são os valores assumidos pelos estimadores apresentados na **Tabela 2.1** para amostra coletada no estudo (**Tabela 2.2**).

- Dureza média das folhas de flandres:

$$\bar{x} = \frac{1}{n}\sum_{i=1}^{n} x_i = \frac{1}{50}(61,0 + 61,0 + ... + 60,4 + 60,2) = 60,21 \ HR$$

- Desvio-padrão da dureza das folhas de flandres:

$$s = \sqrt{\frac{1}{n-1}\sum_{i=1}^{n}(x_i - \bar{x})^2} = \sqrt{\frac{1}{50-1}\sum_{i=1}^{50}(x_i - 60,21)^2} = 0,61 \ HR$$

- Proporção de folhas de flandres com dureza fora da faixa de especificação (58,0 – 64,0 HR):

$$\bar{p} = \frac{0}{50} = 0,00 = 0\%$$

- Índice de capacidade C_p:

$$\hat{C}_p = \frac{LSE - LIE}{6\hat{\sigma}} = \frac{64,0 - 58,0}{6 \times 0,61} = 1,64$$

- Índice de capacidade C_{pk}:

$$\hat{C}_{pk} = MIN\left[\frac{LSE - \hat{\mu}}{3\hat{\sigma}}, \frac{\hat{\mu} - LIE}{3\hat{\sigma}}\right] = MIN\left[\frac{64,0 - 60,21}{3 \times 0,61}, \frac{60,21 - 58,0}{3 \times 0,61}\right]$$

$$= MIN[2,07 ; 1,21] = 1,21$$

Como os valores obtidos para os índices de capacidade pareciam ser bastante diferentes, a equipe de trabalho da empresa suspeitou que a dureza média das folhas de flandres (μ), resultante do processo de RC, era diferente do valor nominal da especificação (61,0 HR). Além disso, como $C_p = 1,64 > 1,33$, parecia que a falta de capacidade do processo em atender às especificações era provocada pelo fato de o processo não estar centrado no valor nominal, e não porque a variabilidade da dureza fosse muito elevada. O histograma construído a partir dos dados coletados no estudo, apresentado na **Figura 2.1**, também forneceu essa indicação. Note que, apesar de não ter sido obtida nenhuma medida de dureza fora da faixa de especificação para a amostra extraída no estudo, o histograma parecia deslocado para a esquerda, e o valor para o índice C_{pk} foi inferior a 1,33, resultados que indicavam que a capacidade do processo parecia não ser adequada.

No entanto, no momento de estabelecer uma conclusão para encerrar a etapa de **análise do fenômeno** do Ciclo PDCA para melhorar resultados, a equipe técnica da indústria passou a ter a seguinte dúvida: a obtenção dos resultados $\bar{x} = 60,2 < 61,0$ e $C_{pk} = 1,21 < C_p = 1,64$ já era suficiente para que se pudesse concluir, com bastante segurança, que o processo de RC estava centrado abaixo do valor nominal da especificação, devendo-se, então, na próxima etapa do Ciclo PDCA, estudar o processo para descobrir as causas desse deslocamento?

Observe que o tipo de dúvida colocada no parágrafo anterior é bastante natural, já que muito provavelmente uma estimativa pontual não coincide exatamente com o valor verdadeiro do parâmetro populacional que está sendo estimado, e, além disso, essa estimativa

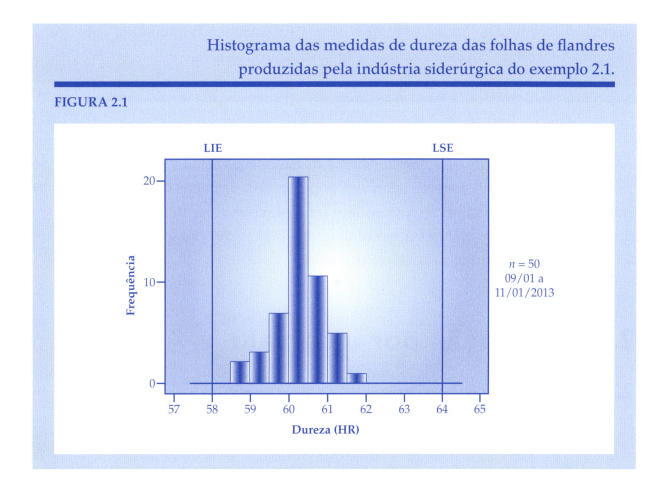

FIGURA 2.1 Histograma das medidas de dureza das folhas de flandres produzidas pela indústria siderúrgica do exemplo 2.1.

pontual não traz associada a ela uma medida de sua precisão – isto é, uma medida da magnitude do erro amostral. O erro amostral é a diferença entre o resultado obtido a partir de uma amostra e o resultado que seria obtido se toda a população fosse avaliada, empregando o mesmo procedimento utilizado para a amostra. Note também que é fundamental que possamos dispor de uma medida de precisão das estimativas, porque, a partir dos resultados gerados pelas amostras, deveremos tomar decisões que envolvam toda a população, e é claro que desejaremos tomar as decisões com um alto grau de confiança.

Os **intervalos de confiança**, que serão apresentados na próxima seção, são ferramentas estatísticas que nos ajudam a resolver o tipo de dúvida enfrentada pela equipe técnica da indústria siderúrgica.

É importante destacar que os **intervalos de confiança** permitem um processamento mais aprofundado das informações contidas nos dados amostrais, de modo que seja possível controlar, abaixo dos valores máximos preestabelecidos, os erros que podem ser cometidos no estabelecimento das conclusões sobre os temas que estão sendo estudados, o que reduz a incerteza envolvida em toda situação de tomada de decisões.

Para encerrar esta seção, gostaríamos de chamar a atenção do leitor para o fato de que a realização de uma sumarização do conjunto de dados considerado, por meio do cálculo das estimativas pontuais para os parâmetros populacionais de interesse e da construção de gráficos apropriados (análise descritiva), deve ser o primeiro procedimento a ser realizado para processar e dispor as informações contidas nos dados, antes de ser realizado um processamento mais aprofundado dessas informações.

2.2 Estimação por intervalo

2.2.1 Conceitos básicos

Conforme já foi enfatizado na seção anterior, um estimador pontual produz um único número como estimativa do parâmetro populacional de interesse, e, em muitas situações, a informação fornecida pelo estimador pontual não será considerada suficiente para uma interpretação adequada dos resultados amostrais. A "deficiência" da estimação pontual reside no fato de que, nesse procedimento, não ficamos conhecendo a magnitude do erro que podemos estar cometendo ao estimarmos o parâmetro θ de interesse, pelo valor fornecido pelo estimador $\hat{\theta}$, a partir da amostra que foi extraída da população. Dessa limitação da estimação pontual surge a ideia da construção de um intervalo que contenha, com um nível de confiança conhecido, o valor verdadeiro do parâmetro θ. Um intervalo desse tipo é denominado **intervalo de confiança** para θ.

Note, então, que os intervalos de confiança são muito mais informativos do que as estimativas pontuais, já que fornecem faixas dos possíveis valores que o parâmetro de interesse pode assumir, com um nível de confiança conhecido.

De modo geral, para construir um intervalo de confiança para um parâmetro desconhecido θ, devemos encontrar duas funções dos dados amostrais 1 e S tais que, antes da extração da amostra, a seguinte probabilidade seja válida:

Estimação de parâmetros de processos

$$P(I \leq \theta \leq S) = 1 - \alpha \qquad (2.1)$$

O intervalo resultante:

$$I \leq \theta \leq S \qquad (2.2)$$

é denominado **intervalo de 100(1 − α)% de confiança** para o parâmetro θ. I e S são conhecidos como limites de confiança inferior e superior, respectivamente, e $I - \alpha$ é denominado **coeficiente de confiança** do intervalo. É usual tomar $1 - \alpha$ como 0,95 ou 0,99. Além disso, dizemos que o intervalo de confiança é "correto" se ele contém o verdadeiro valor do parâmetro desconhecido θ.

> O intervalo $I \leq \theta \leq S$ é um intervalo de 100(1 − α)% de confiança para o parâmetro θ se a seguinte probabilidade for válida antes da extração da amostra:
> $$P(I \leq \theta \leq S) = 1 - \alpha$$
>
> O número $1 - \alpha$ é denominado coeficiente de confiança e representa a probabilidade de que seja obtido um intervalo correto.

É importante destacar que o coeficiente de confiança se aplica ao procedimento de construção dos intervalos, e não a um intervalo em particular.

Com o objetivo de interpretar o conceito de intervalo de confiança, suponha que, em um estudo, sejam retiradas várias amostras aleatórias de tamanho n da população e que, para cada amostra, seja construído um intervalo de 100(1 − α)% de confiança para θ. Os intervalos obtidos serão diferentes, mas 100(1 − α)% desses intervalos conterão entre seus limites o verdadeiro valor do parâmetro. Essa situação está apresentada na **Figura 2.2**, que mostra vários intervalos de 100(1 − α)% de confiança para a média μ de uma população. Os pontos no centro de cada intervalo estão indicando a média amostral $\bar{x}$, que, como sabemos, é uma estimativa pontual de μ. Observe que um dos dez intervalos não contém o verdadeiro valor de μ.

Vale notar que, na prática, extrairemos apenas uma amostra aleatória da população e construiremos um único intervalo de confiança para o parâmetro θ de interesse. Como

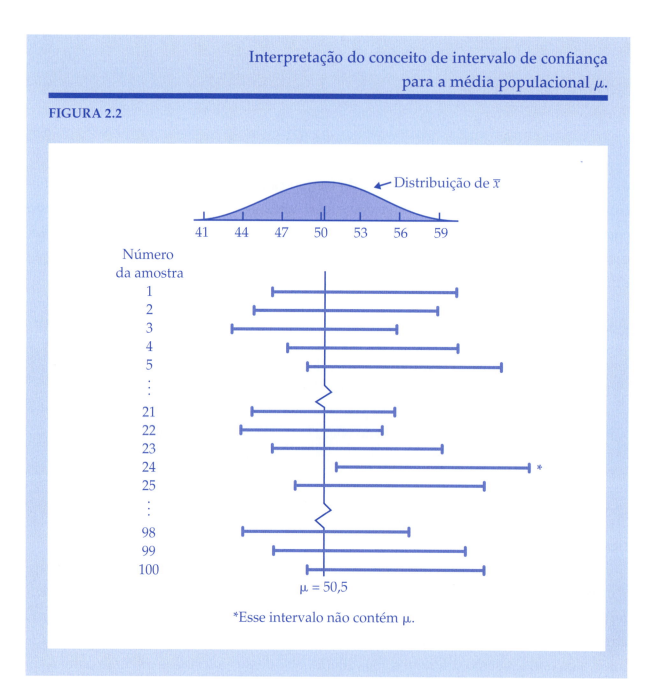

FIGURA 2.2 Interpretação do conceito de intervalo de confiança para a média populacional μ.

esse intervalo contém, ou não contém, o valor verdadeiro de θ, não é razoável associar uma probabilidade a esse evento específico. Nesse caso, a afirmação apropriada é que θ pertence ao intervalo $[I,S]$ com **confiança** de $100(1 - \alpha)\%$. Essa afirmação tem uma interpretação frequentista, isto é, não sabemos se ela é verdadeira para a amostra que foi extraída, mas o procedimento utilizado para a obtenção do intervalo $[I,S]$ leva a conclusões corretas $100(1 - \alpha)\%$ das vezes em que é repetido.

2.2.2 Intervalos de confiança para a média de uma população – grandes amostras

Passaremos a discutir agora como construir um intervalo de confiança para a média de uma população (parâmetro μ), na situação em que o tamanho n da amostra extraída da população é superior a 30.

Suponha que a população de interesse tenha média μ e desvio-padrão σ e que tenha sido extraída dessa população uma amostra aleatória de tamanho n, representada por $x_1, x_2 ..., x_n$. Um intervalo de $100(1 - \alpha)\%$ de confiança para μ pode ser obtido com base na distribuição da média amostral $\bar{x}$. No Capítulo 1 já foi apresentado que a distribuição de $\bar{x}$ será normal se a população tiver distribuição normal e será aproximadamente normal se as condições do Teorema Central do Limite forem satisfeitas. Também foi destacado, naquele capítulo, que a média da distribuição de $\bar{x}$ é igual a μ, e o desvio padrão é $\sigma/\sqrt{n}$. Nessa situação, sabemos que

$$z = \frac{\bar{x} - \mu}{\sigma / \sqrt{n}}$$

tem, aproximadamente, distribuição normal padronizada, ou seja:

$$z \sim N(0,1)$$

A **Figura 2.3** mostra a distribuição de z.

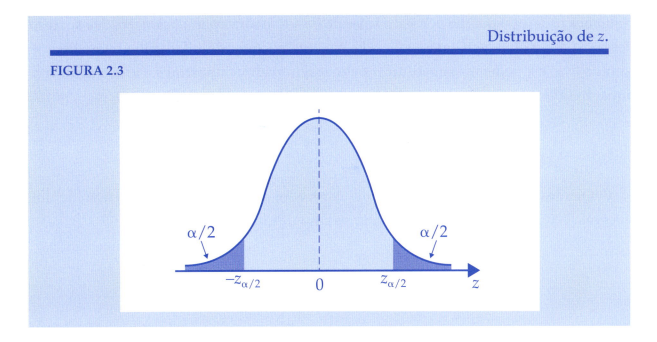

FIGURA 2.3 — Distribuição de z.

Observando essa figura, é possível perceber que:

$$P(-z_{\alpha/2} \le z \le z_{\alpha/2}) = 1 - \alpha$$

ou, o que é equivalente:

$$P(-z_{\alpha/2} \le \frac{\overline{x} - \mu}{\sigma / \sqrt{n}} \le z_{\alpha/2}) = 1 - \alpha$$

A última equação pode ser reescrita sob a forma:

$$P(\overline{x} - z_{\alpha/2} \times \frac{\sigma}{\sqrt{n}} \le \mu \le \overline{x} + z_{\alpha/2} \times \frac{\sigma}{\sqrt{n}}) = 1 - \alpha \tag{2.3}$$

Comparando as equações (2.1) e (2.3), fazendo $\theta = \mu$, concluímos que um intervalo de $100(1 - \alpha)\%$ de confiança para μ é dado por:

$$\overline{x} - z_{\alpha/2} \times \frac{\sigma}{\sqrt{n}} \le \mu \le \overline{x} + z_{\alpha/2} \times \frac{\sigma}{\sqrt{n}} \tag{2.4}$$

em que $z_{\alpha/2}$ foi identificado na **Figura 2.3** e pode ser obtido da tabela da distribuição normal apresentada no Anexo A ou da **Tabela 2.3**.

No entanto, a equação (2.4) ainda não pode ser utilizada para o cálculo do intervalo de confiança para μ porque, na prática, o valor do desvio-padrão populacional σ, que aparece nessa expressão, também é desconhecido. No entanto, **quando o tamanho da amostra é grande ($n > 30$), podemos substituir σ pelo desvio-padrão amostral s e ainda utilizar a equação (2.4) para obter o intervalo de confiança para μ:**

$$\overline{x} - z_{\alpha/2} \times \frac{s}{\sqrt{n}} \le \mu \le \overline{x} + z_{\alpha/2} \times \frac{s}{\sqrt{n}} \tag{2.5}$$

O **Quadro 2.1** apresenta as etapas que devem ser seguidas para a construção de um intervalo $100(1 - \alpha)\%$ de confiança para μ, no caso de grandes amostras ($n > 30$).

Estimação de parâmetros de processos

> Etapas para a construção de um intervalo de 100(1 – α)% de confiança para μ – grandes amostras (n > 30)

QUADRO 2.1

1. Colete uma amostra aleatória de tamanho $n > 30$ da população de interesse.
2. Calcule os valores de $\bar{x}$ e s.
3. Escolha o valor do coeficiente de confiança $1 - \alpha$.
4. Determine o valor de $z_{\alpha/2}$ a partir da tabela da distribuição normal do Anexo A ou da Tabela 2.3.
5. Calcule os limites do intervalo de confiança:

$$\bar{x} \pm z_{\alpha/2} \times \frac{s}{\sqrt{n}}$$

6. Interprete o intervalo obtido.

▶ **Exemplo 2.2**

> Uso do intervalo de confiança para a média populacional μ na etapa de **análise do fenômeno** do Ciclo PDCA para melhorar resultados ou na etapa *measure* do DMAIC.

Iremos agora solucionar a dúvida da equipe técnica da indústria siderúrgica do exemplo 2.1: *a obtenção do resultado $\bar{x} = 60,2$ HR já era o suficiente para que se pudesse concluir, com bastante segurança, que o processo de RC estava centrado abaixo do valor nominal da especificação (61,0 HR)?*

Essa dúvida pode ser solucionada por meio da construção de um intervalo de confiança para a dureza média (μ) das folhas de flandres produzidas pelo processo, de acordo com as etapas apresentadas no **Quadro 2.1**.

Etapa 1: amostra: **Tabela 2.2** ($n = 50$).

Etapa 2: $\bar{x} = 60,21$ e $s = 0,61$.

Etapa 3: $1 - \alpha = 0,95$.

Etapa 4: $z_{\alpha/2} = z_{0,05/2} = z_{0,025} = 1,960$.

Etapa 5:

$$\bar{x} \pm z_{\alpha/2} \times \frac{s}{\sqrt{n}}$$

$$60,21 \pm 1,960 \times \frac{0,61}{\sqrt{50}} \Rightarrow [60,04 \; ; 60,38] \text{ HR}$$

Etapa 6: O intervalo de confiança não contém o valor nominal da especificação (61,0 HR). Portanto, a equipe técnica da indústria pôde concluir, com alto grau de confiança, que o processo estava centrado abaixo do valor nominal e, então, na próxima etapa do Ciclo PDCA, passou a estudar o processo de RC para descobrir as causas desse deslocamento.

2.2.2.1 Escolha do valor do coeficiente de confiança $1 - \alpha$

Conforme já foi destacado anteriormente, o coeficiente de confiança $1 - \alpha$ representa a probabilidade, antes da extração da amostra aleatória, da obtenção de um intervalo de confiança correto, ou seja, que realmente capte entre seus limites o valor verdadeiro da média populacional μ. No entanto, após a extração da amostra, o intervalo de confiança construído estará correto ou incorreto e não podemos ter certeza de qual dessas possibilidades é a verdadeira. Contudo, se o coeficiente de confiança for suficientemente grande, vamos considerar que o intervalo obtido está correto, porque o procedimento de construção do intervalo nos garante que, em $100(1 - \alpha)\%$ das vezes em que é utilizado, o intervalo de confiança resultante estará correto.

A partir da interpretação apresentada anteriormente, surge a questão: por que não aumentar, cada vez mais, o valor do coeficiente de confiança? Note que, no exemplo 2.2, foi feita uma escolha arbitrária do valor 0,95 para $1 - \alpha$. Por que, então, não foi escolhido o valor 0,99, que corresponderia a um maior grau de confiança? A resposta a essa pergunta é o fato de que, para um tamanho n fixo da amostra, o aumento do coeficiente de confiança implica um aumento do comprimento do intervalo de confiança. No entanto, o aumento do comprimento do intervalo é um resultado indesejável, já que, se o intervalo for muito largo, a informação fornecida poderá não ser útil para a tomada de uma decisão sobre o problema considerado.

Para que o leitor possa se convencer das ideias que discutimos no parágrafo anterior, vamos calcular o intervalo de 99% de confiança para μ, considerando a situação tratada no exemplo 2.2. Nesse caso, $1 - \alpha = 0,99$ e $z_{\alpha/2} = z_{0,01/2} = z_{0,005} = 2,575$. Portanto, o intervalo de 99% de confiança é dado por:

Estimação de parâmetros de processos

$$\bar{x} \pm z_{\alpha/2} \times \frac{s}{\sqrt{n}}$$

$$60,21 \pm 2,575 \times \frac{0,61}{\sqrt{50}} \Rightarrow [59,99 \, ; 60,43] \, HR$$

O comprimento do intervalo de 99% de confiança é igual a 0,44 HR, enquanto o comprimento do intervalo de 95% de confiança, construído anteriormente, é 0,34 HR. Ou seja, houve um aumento de cerca de 30% no comprimento do intervalo quando o coeficiente de confiança passou de 95% para 99%.

A **Figura 2.4** ilustra a relação existente entre o coeficiente de confiança 1 – α e o comprimento do intervalo de confiança para μ. Essa figura mostra que, para um tamanho *n* da amostra fixado, o comprimento do intervalo aumenta rapidamente à medida que o coeficiente de confiança se aproxima de 100%.

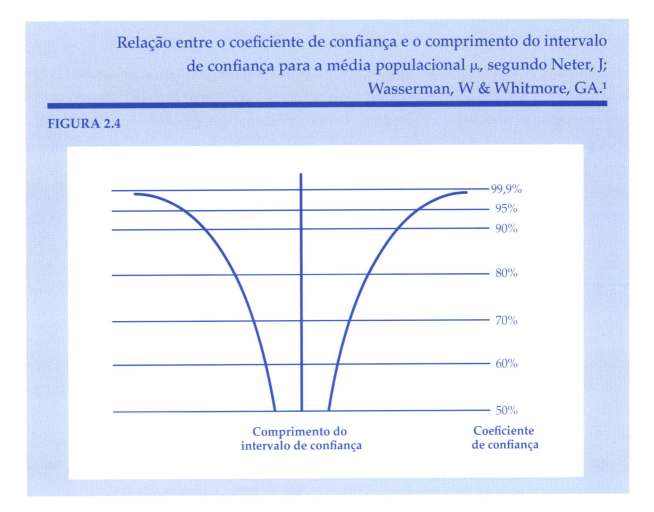

Relação entre o coeficiente de confiança e o comprimento do intervalo de confiança para a média populacional μ, segundo Neter, J; Wasserman, W & Whitmore, GA.[1]

FIGURA 2.4

Na prática, os coeficientes de confiança mais utilizados são 90, 95 e 99%. A **Tabela 2.3** apresenta os valores $z_{\alpha/2}$ associados a esses coeficientes de confiança.

Valores de $z_{\alpha/2}$ associados aos coeficientes de confiança mais utilizados na prática

TABELA 2.3

Coeficiente de confiança $100(1 - \alpha)\%$	$z_{\alpha/2}$
90%	1,645
95%	1,960
99%	2,575

Durante o procedimento de construção de um intervalo de confiança, é desejável obter um intervalo que seja curto o suficiente para que seja possível tomar uma decisão no estudo que está sendo realizado e que, ao mesmo tempo, apresente um grau de confiança adequado. Uma forma de atender simultaneamente a esses dois objetivos consiste em utilizar um tamanho amostral n apropriado para fornecer um intervalo de confiança que apresente um comprimento especificado *a priori*, com uma confiança também previamente definida. Discutiremos a seguir qual deve ser o procedimento utilizado para a determinação do tamanho da amostra.

2.2.2.2 Escolha do tamanho da amostra

Antes da construção de um intervalo de confiança, deve ser realizado um planejamento adequado do tamanho da amostra (n), em vez de se empregar um tamanho amostral escolhido de forma arbitrária. Note que, se o tamanho da amostra for determinado arbitrariamente, podem ocorrer duas situações indesejáveis.

- O intervalo obtido é mais estreito do que o necessário, o que indica que a amostra utilizada foi muito grande, implicando então em desperdício de tempo e dinheiro para a obtenção de uma precisão maior do que era necessária.

* O intervalo é muito largo, impossibilitando a tomada de uma decisão sobre o problema considerado, o que significa que a amostra empregada foi muito pequena. Observe que, nesse caso, pode ser mais caro e trabalhoso, ou até mesmo impossível, aumentar o tamanho da amostra posteriormente.

Para determinar o tamanho da amostra, será necessário fazer as três especificações relacionadas a seguir:

1. **Coeficiente de confiança $(1 - \alpha)$ desejado para o intervalo**

2. **Estimativa preliminar do desvio-padrão da população (σ)**

Uma informação necessária para a determinação de n é o conhecimento da variabilidade da população considerada, medida pelo desvio-padrão σ. Essa variabilidade pode ser estimada por meio de:
   - dados históricos sobre a população de interesse;
   - resultados obtidos em estudos similares ao que está sendo realizado;
   - extração de uma amostra-piloto.

Uma informação aproximada sobre a ordem de magnitude de σ usualmente já é suficiente quando essa informação for utilizada para a determinação do tamanho da amostra.

3. **Precisão desejada para o intervalo**

A precisão do intervalo, que será simbolizada por E, representa a diferença (erro) máxima que será permitida entre a estimativa pontual ($\bar{x}$) e o valor verdadeiro do parâmetro que está sendo estimado (μ). Em outras palavras, E mede a proximidade dos limites de confiança do intervalo em relação à estimativa pontual $\bar{x}$.

Observando a equação (2.4), é possível perceber que a precisão do intervalo de confiança é $z_{\alpha/2} \times (\sigma / \sqrt{n})$. Esse resultado significa que, quando $\bar{x}$ é utilizado para estimar μ, o erro $|\bar{x} - \mu|$ será igual ou menor que $z_{\alpha/2} \times (\sigma / \sqrt{n})$ com $100(1 - \alpha)\%$ de confiança. A **Figura 2.5** ilustra essa afirmação. O leitor deve notar que foi utilizada a equação (2.4) em lugar da (2.5) porque agora estamos na etapa de determinação do tamanho da amostra e ainda não temos à nossa disposição o valor do desvio-padrão amostral s.

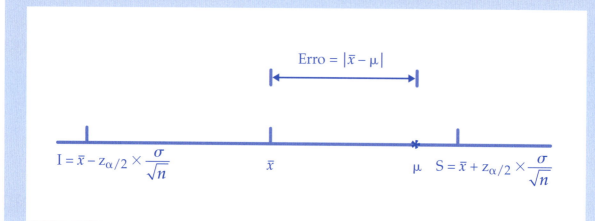

FIGURA 2.5 Erro cometido na estimação de μ por $\bar{x}$, segundo Montgomery, DC & Runger, GC.[2]

Portanto, temos que:

$$E = z_{\alpha/2} \times \frac{\sigma}{\sqrt{n}}$$

A solução para n da equação anterior fornece o tamanho da amostra adequado para a construção do intervalo de confiança para μ:

$$n = \left(\frac{z_{\alpha/2} \times \sigma}{E}\right)^2 \qquad (2.6)$$

É claro que, se o valor obtido para n com o emprego da equação (2.6) não for inteiro, ele deve ser arredondado para cima, com o objetivo de garantir que o coeficiente de confiança não fique abaixo de $100(1 - \alpha)\%$.

> Para que seja possível ter $100(1 - \alpha)\%$ de confiança que o erro de estimação $|\bar{x} - \mu|$ é inferior a um valor predeterminado E, o tamanho da amostra necessário é:
>
> $$n = \left(\frac{z_{\alpha/2} \times \sigma}{E}\right)^2$$

Estimação de parâmetros de processos

A **Figura 2.6** sumariza as etapas que devem ser seguidas para a determinação do tamanho da amostra necessária para a estimação da média populacional μ. É importante ressaltar que esse procedimento para determinação de n é válido desde que o valor obtido para n seja maior que 30. A situação $n \leq 30$ será discutida na Seção 2.2.3.

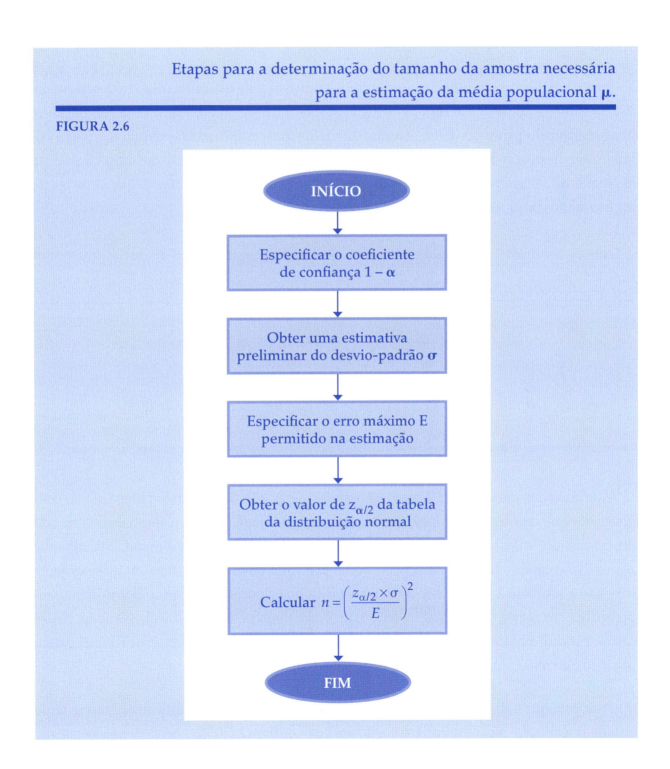

FIGURA 2.6 — Etapas para a determinação do tamanho da amostra necessária para a estimação da média populacional μ.

> **Exemplo 2.3**

Uso do procedimento de determinação do tamanho da amostra necessária para a estimação da média populacional μ, na etapa de **análise do fenômeno** do Ciclo PDCA para melhorar resultados ou na etapa *measure* do DMAIC.

Suponha que, no exemplo 2.2, a equipe responsável pelo estudo realizado desejasse ter 95% de confiança que a diferença entre a verdadeira dureza média das folhas de flandres produzidas pelo processo de RC e a dureza média amostral fosse, no máximo, igual a 0,2 HB. Além disso, com base em informações obtidas a partir da operação de outras linhas de RC similares, a equipe sabia que o desvio-padrão da dureza das folhas de flandres podia ser estimado como sendo aproximadamente igual a 0,7 HB.

Nessas condições, o número n de folhas de flandres cujos valores da dureza deveriam ser medidos era:

$$n = \left(\frac{z_{\alpha/2} \times \sigma}{E} \right)^2 = \left(\frac{1,960 \times 0,7}{0,2} \right)^2 = 47,1$$

Portanto, a amostra extraída do processo deveria ter o tamanho $n = 48$.

Vale destacar que, após a determinação de n e a extração da amostra, o intervalo de confiança deve ser construído por meio da utilização da equação (2.5), com o emprego do valor do desvio-padrão s calculado para a amostra que foi extraída, e não do valor estimado inicialmente para σ. No entanto, é importante observar que, se o valor obtido para s for significativamente superior à estimativa preliminar de σ, talvez o desvio-padrão populacional σ utilizado no procedimento para a determinação do tamanho da amostra tenha sido subestimado. Nesse caso, o procedimento deve ser repetido, utilizando agora um valor maior para σ (por exemplo, s), o que resultará então em um valor mais apropriado para n.

Para encerrar a discussão sobre a determinação do tamanho da amostra, é importante enfatizar a relação existente entre o coeficiente de confiança [100(1 − α)%], o desvio-padrão populacional (σ), o comprimento desejado para o intervalo de confiança (2E) e o tamanho amostral (n). É fácil perceber que o tamanho da amostra necessária à construção do intervalo aumenta quando:

- aumenta a precisão de estimação (2E diminui), para o coeficiente de confiança $100(1-\alpha)\%$ e o desvio-padrão σ fixados;
- aumenta a variabilidade da população (σ aumenta), para $100(1-\alpha)\%$ e 2E fixados;
- aumenta o coeficiente de confiança $100(1-\alpha)\%$, para σ e 2E fixados.

Também devemos estar atentos ao custo da coleta de dados, já que, muitas vezes, o desejo de obtenção de valores elevados para a precisão e o grau de confiança da estimação pode resultar em um tamanho amostral muito elevado, que se torna proibitivo quando analisado sob o ponto de vista do custo da amostragem. Nesse caso, as condições impostas inicialmente quanto à precisão e à confiança devem ser reavaliadas, na tentativa de se encontrar um ponto de equilíbrio que viabilize a condução do estudo.

2.2.3 Intervalos de confiança para a média de uma população – pequenas amostras

Discutiremos agora como construir um intervalo de confiança para a média de uma população (parâmetro μ), na situação em que o tamanho n da amostra extraída da população é igual ou inferior a 30. Nessa situação, deixa de ser possível considerar que o quociente $(\bar{x}-\mu)/(s/\sqrt{n})$ tem, aproximadamente, distribuição normal padronizada, e, além disso, o procedimento de construção do intervalo passa a depender da forma da distribuição da população considerada.

Quando o tamanho da amostra é pequeno ($n \leq 30$), a fim de que seja possível construir um intervalo de confiança para μ, utilizando uma abordagem similar à que foi apresentada na Seção 2.2.2, **é necessário que a população de interesse tenha distribuição normal**. A suposição de normalidade da população resulta em um intervalo de confiança baseado em uma distribuição conhecida como **distribuição t de Student**. Essa distribuição foi desenvolvida pelo químico britânico W.S. Gosset, que publicou seus trabalhos, em 1908, sob o pseudônimo "Student". Gosset trabalhava em uma cervejaria, e aparentemente não desejava que seus concorrentes descobrissem que sua equipe de profissionais estava utilizando técnicas estatísticas para o aprimoramento de seus processos produtivos.

2.2.3.1 A distribuição t

> Se $x_1, x_2, ..., x_n$ é uma amostra aleatória de uma população normal com média μ e desvio-padrão σ, então a distribuição de
>
> $$t = \frac{\bar{x} - \mu}{s/\sqrt{n}}$$
>
> é denominada distribuição t de Student com $n - 1$ graus de liberdade.

A qualificação com $n - 1$ graus de liberdade é necessária porque, para cada valor diferente do tamanho da amostra n (ou, o que é equivalente, para cada valor diferente de $n - 1$), existe uma distribuição t específica.

A distribuição t é contínua e simétrica, com média igual a zero. Sua aparência é bastante parecida com a da distribuição normal padronizada, mas a distribuição t é mais variável. Essa variabilidade adicional, em relação à distribuição normal padrão, é o resultado da substituição de σ por s no denominador do quociente $(\bar{x} - \mu)/(\sigma/\sqrt{n})$. Note que essa substituição incorpora mais variabilidade ao quociente, a qual é levada em conta pela distribuição t. À medida que aumenta o tamanho da amostra, isto é, à medida que aumenta o número de graus de liberdade $n - 1$, a variabilidade adicional introduzida pela utilização de s no lugar de σ diminui (o que é bastante intuitivo), e a distribuição t se aproxima da distribuição normal padronizada (**Figura 2.7**).

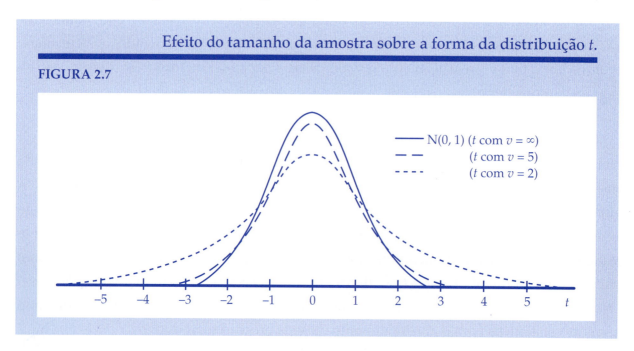

FIGURA 2.7 — Efeito do tamanho da amostra sobre a forma da distribuição t.

Estimação de parâmetros de processos

Assim como a distribuição normal padronizada, a distribuição t também é tabelada. As tabelas fornecem os valores $t_{\gamma;\nu}$, tais que:

$$P(t_\nu \geq t_{\gamma;\nu}) = \gamma$$

para vários números de graus de liberdade (ν). Ou seja, $t_{\gamma;\nu}$ é o ponto que determina na curva da distribuição t, com ν graus de liberdade, uma cauda à direita com área (probabilidade) γ (**Figura 2.8**). A tabela da distribuição t é apresentada no Anexo A.

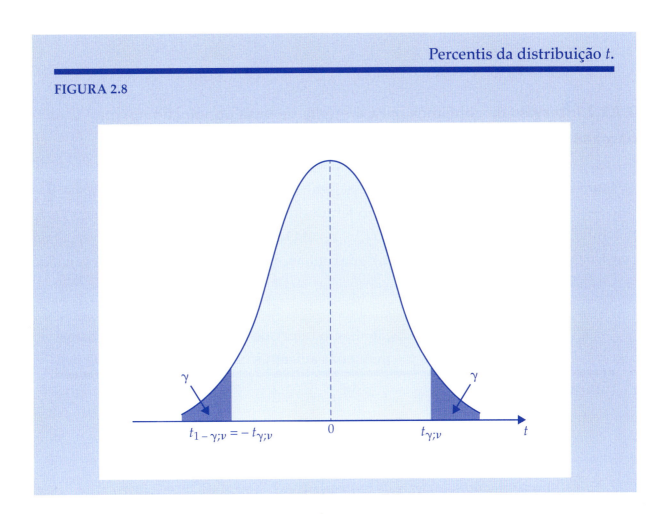

FIGURA 2.8 — Percentis da distribuição t.

Para que o leitor possa entender como a tabela deve ser utilizada, observe que o ponto que determina, na curva da distribuição t, com 15 graus de liberdade ($\nu = 15$), uma cauda à direita com área igual a 0,10 ($\gamma = 0{,}10$) é $t_{0,10;15} = 1{,}341$ (veja a tabela no Anexo A). Ou seja:

$$P(t_{15} \geq t_{0,10;15}) = P(t_{15} \geq 1{,}341) = 0{,}10$$

Observe que, como a distribuição t é simétrica em torno de zero, temos:

$$t_{1-\gamma;\nu} = - t_{\gamma;\nu}$$

O resultado anterior implica que o ponto que determina na curva da distribuição t, com ν graus de liberdade, uma cauda à direita com área (probabilidade) $1 - \gamma$ (e, consequentemente, uma cauda à esquerda com área γ) é igual ao valor negativo do ponto que determina, na curva da distribuição t, com ν graus de liberdade, uma cauda à direita com área γ (**Figura 2.8**). A partir desse resultado, obtemos:

$$t_{0,90;15} = - t_{0,10;15} = -1,341$$

2.2.3.2 Intervalo de confiança para a média de uma população normal baseado na distribuição t

Suponha que a população de interesse tenha distribuição normal com média μ e desvio-padrão σ e que dessa população tenha sido extraída uma amostra aleatória de tamanho $n \leq 30$, representada por $x_1, x_2, ..., x_n$. O **Quadro 2.2** apresenta as etapas para a construção de um intervalo de $100(1 - \alpha)\%$ de confiança para μ. Vale destacar que a validade

---

Etapas para a construção de um intervalo de $100(1 - \alpha)\%$ de confiança para μ – pequenas amostras (n ≤ 30) e população normal

QUADRO 2.2

1. Colete uma amostra aleatória de tamanho $n \leq 30$ da população de interesse.
2. Calcule os valores de $\bar{x}$ e s.
3. Escolha o valor do coeficiente de confiança $1 - \alpha$.
4. Determine o valor de $t_{\alpha/2;n-1}$ a partir da tabela da distribuição t do Anexo A.
5. Calcule os limites do intervalo de confiança:

$$\bar{x} \pm t_{\alpha/2;n-1} \times \frac{s}{\sqrt{n}} \tag{2.7}$$

6. Interprete o intervalo obtido.

Estimação de parâmetros de processos

do intervalo de confiança dado pela equação (2.7) apresentada no **Quadro 2.2** depende da validade da suposição de que a população tem distribuição normal. A verificação da validade dessa suposição pode ser realizada por meio do **gráfico de probabilidade normal**, conforme é apresentado no Anexo B do livro *Ferramentas Estatísticas Básicas do Lean Seis Sigma Integradas ao PDCA e DMAIC*, da Série Werkema de Excelência Empresarial.

▶ **Exemplo 2.4**

> Uso do intervalo de confiança para a média populacional μ na etapa de **verificação** do Ciclo PDCA para melhorar resultados ou na etapa *control* do DMAIC.

Um hospital vinha recebendo diversas queixas de seus pacientes quanto ao elevado tempo de espera para a realização de exames no setor de diagnóstico cardiovascular. Diante dessa situação, o departamento administrativo do hospital iniciou o giro do Ciclo PDCA para melhorar resultados, tendo como meta *reduzir para 10 minutos ou menos o tempo médio de espera dos pacientes para a realização de exames no setor de diagnóstico cardiovascular, até o final do mês de setembro de 2012*.

Suponha que, nesse momento, esteja sendo executada a etapa de **verificação** do PDCA, para que a equipe de trabalho do hospital possa avaliar se a ação de bloqueio foi realmente efetiva, ou seja, se essa ação foi capaz de reduzir o tempo médio de espera dos pacientes para 10 minutos ou menos.

Para a realização da avaliação da efetividade do bloqueio, a equipe de trabalho registrou os tempos de espera de 25 pacientes atendidos após a implementação da ação de bloqueio. Os pacientes foram escolhidos de forma aleatória e os dados coletados estão apresentados na **Tabela 2.4**. A análise descritiva realizada (diagrama de pontos, *boxplot* e medidas de locação e variabilidade) é mostrada na **Figura 2.9**.

A observação da **Figura 2.9** indicou à equipe de trabalho do hospital que o tempo de espera, após a ação de bloqueio, passou a variar, aproximadamente, de 3 a 14 minutos.

Tempo de espera (minutos) para a realização de exames no setor de diagnóstico cardiovascular do hospital do exemplo 2.4, após a ação de bloqueio

TABELA 2.4

9,9	5,2	14,1	5,2	11,5
8,9	2,8	8,6	5,3	9,5
9,5	6,5	6,6	12,0	10,9
7,6	10,4	14,2	7,9	6,5
8,3	8,0	9,8	10,0	8,6

Análise descritiva realizada no exemplo 2.4.

FIGURA 2.9

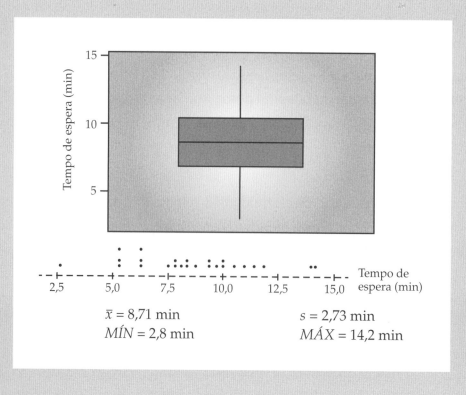

$\bar{x}$ = 8,71 min
MÍN = 2,8 min
s = 2,73 min
MÁX = 14,2 min

Estimação de parâmetros de processos

Também foi possível inferir que o tempo médio de espera deveria estar um pouco abaixo de 10 minutos. A partir desses resultados, o hospital obteve uma primeira indicação de que a meta de melhoria havia sido atingida. Para confirmar essa indicação, a equipe de trabalho decidiu construir um intervalo de confiança para o tempo médio de espera dos pacientes. No entanto, para que esse intervalo pudesse ser construído, era necessário que os dados referentes ao tempo de espera fossem provenientes de uma distribuição normal. Com o objetivo de verificar se essa condição estava satisfeita, a equipe da empresa construiu um gráfico de probabilidade normal. Esse gráfico foi construído com o emprego do software estatístico MINITAB, que utiliza um procedimento semelhante ao apresentado no livro *Ferramentas Estatísticas Básicas do Lean Seis Sigma Integradas ao PDCA e DMAIC*, da Série Werkema de Excelência Empresarial. O gráfico obtido está representado na **Figura 2.10**.

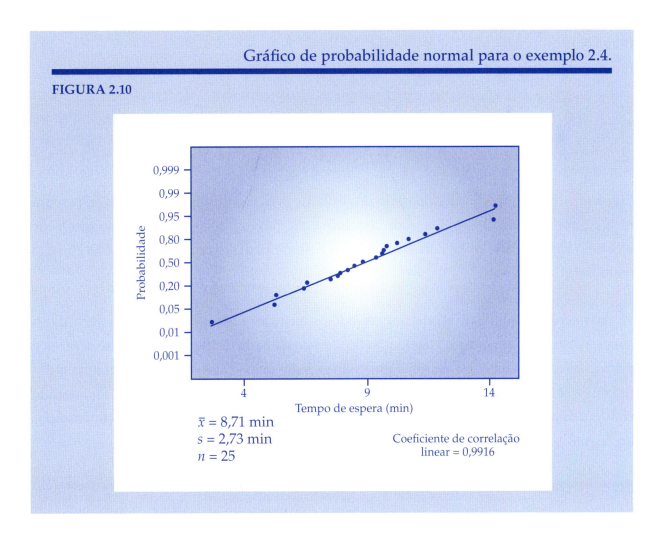

FIGURA 2.10 Gráfico de probabilidade normal para o exemplo 2.4.

$\bar{x} = 8{,}71$ min
$s = 2{,}73$ min
$n = 25$

Coeficiente de correlação linear = 0,9916

Analisando a Figura 2.10, a equipe técnica do hospital percebeu que os pontos estavam localizados, de forma aproximada, ao longo de uma reta. O MINITAB também forneceu o valor do coeficiente de correlação linear (0,9916), que estava bastante próximo de 1. Portanto, os técnicos do hospital concluíram que era possível considerar que o tempo de espera para a realização dos exames seguia uma distribuição normal e passaram, então, à construção do intervalo de confiança, de acordo com as etapas do **Quadro 2.2**.

Etapa 1: amostra: **Tabela 2.4** ($n = 25$).

Etapa 2: $\bar{x} = 8,71$ e $s = 2,73$.

Etapa 3: $1 - \alpha = 0,95$.

Etapa 4: $t_{\alpha/2;n-1} = t_{0,05/2;24} = t_{0,025;24} = 2,064$.

Etapa 5:

$$\bar{x} \pm t_{\alpha/2;n-1} \times \frac{s}{\sqrt{n}}$$

$$8,71 \pm 2,064 \times \frac{2,73}{\sqrt{25}} \Rightarrow [7,58;9,84] \text{ minutos}$$

Etapa 6: o limite superior do intervalo de confiança era menor que 10 minutos, e, portanto, a equipe técnica do hospital pôde concluir, com alto grau de confiança, que a ação de bloqueio havia sido efetiva, passando então à fase de **padronização** do Ciclo PDCA para melhorar resultados.

A fase de padronização consistiu em adotar as ações cuja implementação permitiu o alcance da meta. Para que a consolidação do alcance da meta de melhoria pudesse ocorrer, a nova maneira de trabalhar definida a partir do giro do Ciclo PDCA para melhorar resultados passou a ser utilizada no dia a dia, constituindo, assim, o novo patamar que foi adotado como padrão na etapa S do Ciclo SDCA girado pelo setor de diagnóstico cardiovascular do hospital, no gerenciamento para manter resultados.

Estimação de parâmetros de processos

Para encerrar a seção, é importante fazer as seguintes observações:

1. **Escolha do tamanho da amostra.**

   A determinação do tamanho da amostra é realizada de acordo com o procedimento apresentado na **Figura 2.6**. No entanto, se o valor obtido para n for menor ou igual a 30, para que seja possível confiar no resultado obtido, é necessário que a população tenha distribuição normal.

2. **Suposição de que a população tem distribuição normal.**

   Quando é verificado que a população não tem distribuição normal e que o desvio da normalidade não é muito grave, a equação (2.7) ainda pode ser utilizada para fornecer um intervalo aproximado de $100(1 - \alpha)\%$ de confiança para μ, desde que o tamanho da amostra não seja muito pequeno.

   Quando a distribuição da população é muito diferente da normal, duas abordagens diferentes podem ser utilizadas:
   - Realizar uma transformação matemática dos dados ($\log x$, $1/x$, x^2, $\sqrt{x}$, entre outras), com o objetivo de fazer que a distribuição dos dados transformados se aproxime da normal. A seguir, o intervalo de confiança deve ser construído para a variável transformada.
   - Utilizar os chamados *intervalos de confiança não paramétricos*.

3. **Resumo do procedimento para a estimação por intervalo da média populacional μ.**

   A **Figura 2.11** apresenta um resumo das etapas que devem ser seguidas para a estimação por um intervalo da média populacional μ.

2.2.4 Intervalos de confiança para o desvio-padrão de uma população

Já sabemos que a variabilidade, também denominada variação ou dispersão, está presente em todos os processos de produção de bens e de fornecimento de serviços e que os produtos defeituosos são produzidos em decorrência da presença de variabilidade. Portanto, o conhecimento e a análise da variabilidade presente nos processos produtivos são fundamentais para que ela possa ser efetivamente reduzida e controlada.

FIGURA 2.11 Resumo do procedimento para a estimação por intervalo da média populacional μ.

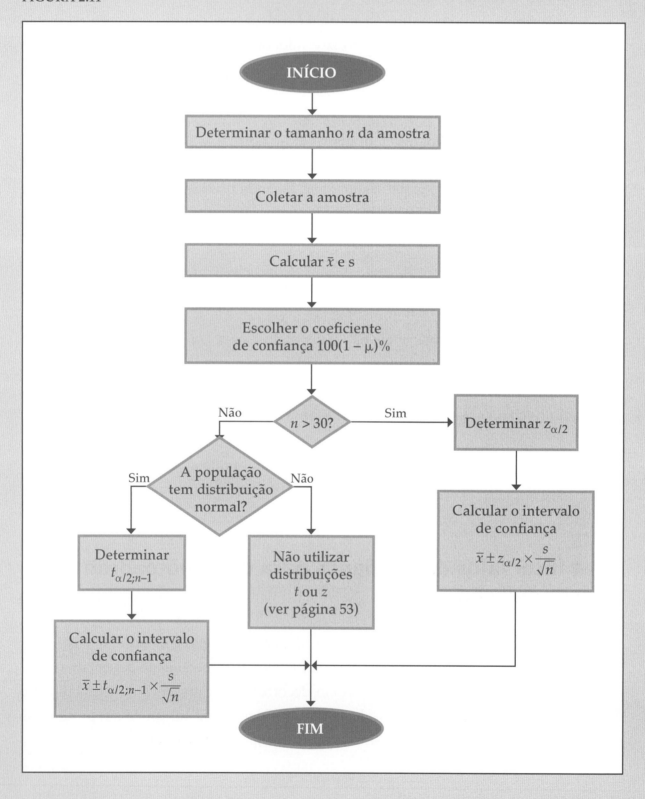

Apresentaremos a seguir como construir intervalos de confiança para as principais medidas de variabilidade de uma população (processo) – variância σ^2 e o desvio-padrão σ. Esses intervalos são importantes ferramentas para o processamento e a disposição das informações sobre a variabilidade da população de interesse.

A fim de que seja possível construir um intervalo de confiança para σ, utilizando uma abordagem similar à que foi apresentada nas Seções 2.2.2 e 2.2.3, **é necessário que a população de interesse tenha distribuição normal**. A suposição de normalidade da população resulta em um intervalo de confiança baseado em uma distribuição conhecida como **distribuição qui-quadrado** (χ^2).

2.2.4.1 A distribuição qui-quadrado (χ^2)

> Se $x_1, x_2 ..., x_n$ é uma amostra aleatória de uma população normal com média μ e desvio-padrão σ, então a distribuição de
> $$\chi^2 = \frac{(n-1)s^2}{\sigma^2}$$
> é denominada distribuição qui-quadrado (χ^2) com $n-1$ graus de liberdade.

Como no caso da distribuição t, a qualificação com $n-1$ *graus de liberdade* é necessária porque, para cada valor diferente do tamanho da amostra n (ou, o que é equivalente, para cada valor diferente de $n-1$), existe uma distribuição qui-quadrado específica.

A distribuição qui-quadrado é contínua e assimétrica, com χ^2 assumindo apenas valores maiores ou iguais a zero. A **Figura 2.12** apresenta algumas distribuições qui-quadrado, para diferentes valores dos graus de liberdade.

Assim como as distribuições normal padronizada e t, a distribuição qui-quadrado também é tabelada. As tabelas fornecem os valores $\chi^2_{\gamma;v}$, tais que:

$$P(\chi^2_v \geq \chi^2_{\gamma;v}) = \gamma$$

para vários números de graus de liberdade (v). Ou seja, é o ponto que determina na curva da distribuição qui-quadrado, com v graus de liberdade, uma cauda à direita com área (probabilidade) γ (**Figura 2.13**). A tabela da distribuição qui-quadrado é apresentada no Anexo A.

FIGURA 2.12 Algumas distribuições qui-quadrado, para diferentes valores dos graus de liberdade.

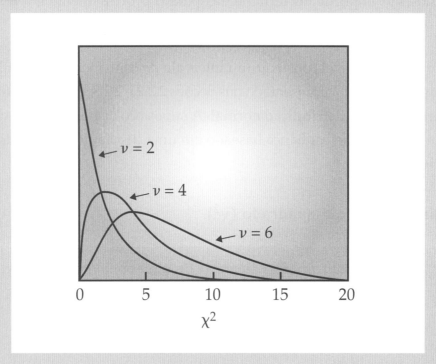

FIGURA 2.13 Percentis da distribuição qui-quadrado.

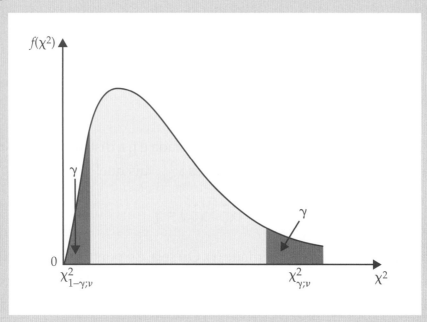

Para que o leitor possa entender como a tabela deve ser utilizada, observe que o ponto que determina, na curva da distribuição qui-quadrado, com 20 graus de liberdade ($v = 20$), uma cauda à direita com área igual a 0,05 ($\gamma = 0{,}05$) é $\chi^2_{0{,}05;20} = 31{,}41$ (tabela no Anexo A). Ou seja:

$$P(\chi^2_{20} \geq \chi^2_{0{,}05;20}) = P(\chi^2_{20} \geq 31{,}41) = 0{,}05$$

De modo similar, o ponto que determina, na curva da distribuição qui-quadrado, com 20 graus de liberdade ($v = 20$), uma cauda à direita com área igual a 0,95 ($\gamma = 0{,}95$) é $\chi^2_{0{,}95;20} = 10{,}85$. Ou seja:

$$P(\chi^2_{20} \geq \chi^2_{0{,}95;20}) = P(\chi^2_{20} \geq 10{,}85) = 0{,}95$$

2.2.4.2 Intervalos de confiança para a variância e o desvio-padrão de uma população normal baseados na distribuição qui-quadrado

Suponha que a população de interesse tenha distribuição normal com média μ e desvio-padrão σ e que dessa população tenha sido extraída uma amostra aleatória de tamanho n, representada por $x_1, x_2, ..., x_n$. O **Quadro 2.3** apresenta as etapas para a construção de intervalos $100(1 - \alpha)\%$ de confiança para σ^2 e σ. Vale destacar que a validade dos intervalos de confiança dados pelas equações (2.8) e (2.9) apresentadas no **Quadro 2.3** depende da validade da suposição de que a população tem distribuição normal. Conforme já foi destacado, a verificação da validade dessa suposição pode ser realizada por meio do **gráfico de probabilidade normal**.

▶ **Exemplo 2.5**

> Uso do intervalo de confiança para o desvio-padrão populacional σ na etapa de **análise do fenômeno** do Ciclo PDCA para melhorar resultados ou na etapa *measure* do DMAIC.

Com o objetivo de obter um melhor conhecimento sobre a variabilidade da dureza das folhas de flandres produzidas pelo processo de RC, a equipe técnica da indústria siderúrgica considerada nos exemplos 2.1 a 2.3 decidiu construir um intervalo de confiança para o desvio-padrão (σ) da dureza das folhas de flandres. No entanto, a fim de que esse intervalo

> ## Etapas para a construção de intervalos de 100(1 – α)% de confiança para o σ^2 e σ – população normal
>
> **QUADRO 2.3**
>
> 1. Colete uma amostra de tamanho n da população de interesse.
> 2. Calcule o valor de s^2.
> 3. Escolha o valor do coeficiente de confiança $1 - \alpha$.
> 4. Determine os valores de $\chi^2_{1-\alpha/2;n-1}$ e $\chi^2_{\alpha/2;n-1}$ a partir da tabela da distribuição qui-quadrado do Anexo A.
> 5. Calcule os limites do intervalo de confiança para σ^2:
>
> $$\frac{(n-1)s^2}{\chi^2_{\alpha/2;n-1}} \leq \sigma^2 \leq \frac{(n-1)s^2}{\chi^2_{1-\alpha/2;n-1}} \tag{2.8}$$
>
> 6. Calcule os limites do intervalo de confiança para σ, extraindo a raiz quadrada dos limites de confiança da equação (2.8):
>
> $$\sqrt{\frac{(n-1)s^2}{\chi^2_{\alpha/2;n-1}}} \leq \sigma \leq \sqrt{\frac{(n-1)s^2}{\chi^2_{1-\alpha/2;n-1}}} \tag{2.9}$$
>
> 7. Interprete os intervalos obtidos.

pudesse ser construído, era necessário que a dureza seguisse uma distribuição normal. Para a verificação da satisfação dessa condição, a equipe da empresa construiu um gráfico de probabilidade normal. Esse gráfico foi construído com o emprego do software estatístico MINITAB e está representado na **Figura 2.14**.

Analisando a **Figura 2.14**, os técnicos da empresa perceberam que os pontos estavam localizados, de forma aproximada, ao longo de uma reta. O MINITAB também forneceu o valor do coeficiente de correlação linear (0,9841), que estava bastante próximo de 1. Portanto, a equipe da indústria concluiu que era possível considerar que a dureza das folhas de flandres seguia uma distribuição normal e passou, então, à construção do intervalo de confiança, de acordo com as etapas do **Quadro 2.3**.

Etapa 1: amostra: **Tabela 2.2** ($n = 50$).

Etapa 2: $s^2 = 0,37$.

Estimação de parâmetros de processos

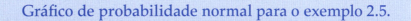

FIGURA 2.14 Gráfico de probabilidade normal para o exemplo 2.5.

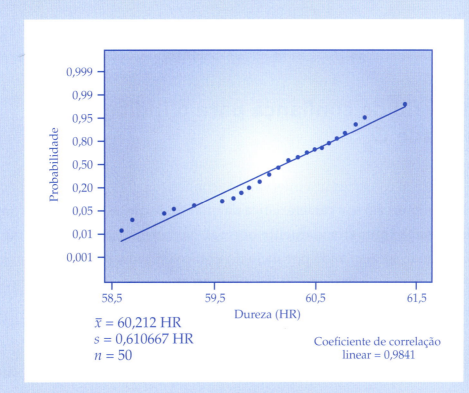

$\bar{x} = 60{,}212$ HR
$s = 0{,}610667$ HR
$n = 50$

Coeficiente de correlação linear = 0,9841

Etapa 3: $1 - \alpha = 0{,}95$.

Etapa 4:

$$\chi^2_{1-\alpha/2;n-1} = \chi^2_{1-0{,}05/2;49} = \chi^2_{0{,}975;49} \simeq \chi^2_{0{,}975;50} = 32{,}36$$

$$\chi^2_{\alpha/2;n-1} = \chi^2_{0{,}05/2;49} = \chi^2_{0{,}025;49} \simeq \chi^2_{0{,}025;50} = 71{,}42$$

Etapa 5:

$$\frac{(n-1)s^2}{\chi^2_{\alpha/2;n-1}} \leq \sigma^2 \leq \frac{(n-1)s^2}{\chi^2_{1-\alpha/2;n-1}}$$

$$\frac{49 \times 0{,}37}{71{,}42} \leq \sigma^2 \leq \frac{49 \times 0{,}37}{32{,}36} \Rightarrow 0{,}25 \leq \sigma^2 \leq 0{,}56 (\text{HR})^2$$

Etapa 6:

$$\sqrt{0{,}25} \leq \sigma \leq \sqrt{0{,}56} \Rightarrow 0{,}50 \leq \sigma \leq 0{,}75 \text{HR}$$

Inferência estatística – como estabelecer conclusões com confiança no giro do PDCA e DMAIC **ELSEVIER**

Etapa 7: a partir do intervalo de confiança obtido para σ, a equipe técnica da indústria pôde concluir, com alto grau de confiança, que a variabilidade da dureza das folhas de flandres era satisfatória, sendo compatível com a variabilidade associada à operação de outras linhas de RC similares.

2.2.5 Intervalo de confiança para o índice de capacidade C_p

Também é possível construir um intervalo de confiança para o índice de capacidade C_p de um processo (população) se **a característica da qualidade que estiver sendo considerada tiver uma distribuição aproximadamente normal**. Novamente, a verificação da validade dessa suposição pode ser realizada por meio do gráfico de probabilidade normal. O intervalo de confiança para C_p é baseado na distribuição qui-quadrado e deve ser construído de acordo com as etapas apresentadas no **Quadro 2.4**.

Etapas para a construção de intervalos de $100(1 - \alpha)\%$ de confiança para o índice de capacidade C_p – população normal

QUADRO 2.4

1. Colete uma amostra de tamanho n da característica da qualidade de interesse do processo considerado.

2. Calcule o valor de s.

3. Calcule o valor de $\hat{C}_p = \dfrac{LSE - LIE}{6s}$

4. Escolha o valor do coeficiente de confiança $1 - \alpha$.

5. Determine os valores de $\chi^2_{1-\alpha/2;n-1}$ e $\chi^2_{\alpha/2;n-1}$ a partir da tabela da distribuição qui-quadrado do Anexo A.

6. Calcule os limites do intervalo de confiança para C_p:

$$\hat{C}_p \sqrt{\frac{X^2_{1-\alpha/2;n-1}}{n-1}} \leq C_p \leq \hat{C}_p \sqrt{\frac{X^2_{\alpha/2;n-1}}{n-1}} \tag{2.10}$$

7. Interprete o intervalo obtido.

Estimação de parâmetros de processos

▶ **Exemplo 2.6**

> Uso do intervalo de confiança para o índice de capacidade Cp na etapa de **análise do fenômeno** do Ciclo PDCA para melhorar resultados ou na etapa *measure* do DMAIC.

Com o objetivo de poder concluir com maior confiança se o processo de RC poderia ser classificado como **potencialmente capaz**, em relação à característica da qualidade dureza das folhas de flandres, a equipe técnica da indústria siderúrgica considerada nos exemplos anteriores decidiu construir um intervalo de confiança para o índice de capacidade C_p. Como anteriormente já havia sido avaliado que a dureza seguia uma distribuição normal, os técnicos da empresa puderam construir o intervalo de confiança, de acordo com as etapas do **Quadro 2.4**.

Etapa 1: amostra: **Tabela 2.2** ($n = 50$).

Etapa 2: $s = 0{,}61$.

Etapa 3: $\hat{C}_p = \dfrac{LSE - LIE}{6s} = \dfrac{64{,}0 - 58{,}0}{6 \times 0{,}61} = 1{,}64$

Etapa 4: $1 - \alpha = 0{,}95$.

Etapa 5:
$$\chi^2_{1-\alpha/2;n-1} = \chi^2_{1-0{,}05/2;49} = \chi^2_{0{,}975;49} \simeq \chi^2_{0{,}975;50} = 32{,}36$$
$$\chi^2_{\alpha/2;n-1} = \chi^2_{0{,}05/2;49} = \chi^2_{0{,}025;49} \simeq \chi^2_{0{,}025;50} = 71{,}42$$

Etapa 6:
$$\hat{C}_p \sqrt{\dfrac{\chi^2_{1-\alpha/2;n-1}}{n-1}} \leq C_p \leq \hat{C}_p \sqrt{\dfrac{\chi^2_{\alpha/2;n-1}}{n-1}}$$
$$1{,}64\sqrt{\dfrac{32{,}36}{49}} \leq C_p \leq 1{,}64\sqrt{\dfrac{71{,}42}{49}} \Rightarrow 1{,}33 \leq C_p \leq 1{,}98$$

Etapa 7: a partir do intervalo de confiança obtido para C_p, a equipe técnica da indústria pôde concluir, com alto grau de confiança, que era apropriado considerar o processo como potencialmente capaz (nível verde), já que o limite inferior do intervalo foi igual a 1,33.

Inferência estatística – como estabelecer conclusões com confiança no giro do PDCA e DMAIC   **ELSEVIER**

O último exemplo nos mostra que, para que seja possível concluir com confiança que um processo é potencialmente capaz ($C_p > 1{,}33$), a estimativa pontual $\hat{C}_p$ deve ser bem maior que 1,33. Nas palavras de Montgomery[3], esse fato ilustra que algumas práticas comumente utilizadas pelas indústrias podem ser questionáveis quando analisadas sob o ponto de vista estatístico. É prática usual concluir que um processo está no nível verde se a **estimativa pontual** $\hat{C}_p$ for maior que ou igual a 1,33, para uma estimativa calculada com base em amostras constituídas por $30 \leq n \leq 50$ elementos. A falha desse procedimento consiste em não levar em consideração a variabilidade amostral presente na estimativa de σ. Essa falha pode ser minimizada se forem empregadas amostras maiores e/ou se forem adotados valores mais elevados para o limite a partir do qual a estimativa $\hat{C}_p$ é considerada aceitável.

A determinação do tamanho de amostra necessária para a avaliação da capacidade potencial do processo, levando em consideração a variabilidade amostral presente na estimativa σ, será apresentada no Capítulo 3, no contexto de testes de hipóteses para $\hat{C}_p$.

2.2.6 Intervalo de confiança para a proporção p

Em muitas situações, pode ser de interesse construir um intervalo de confiança para a proporção de elementos da população que possuem alguma característica de interesse (p). Quando a população considerada é um processo produtivo, é comum que p seja a proporção de itens defeituosos produzidos pelo processo.

Já foi apresentada na **Tabela 2.1** que um estimador de p é:

$$\hat{p} = \bar{p} = \frac{y}{n}$$

em que:

y = número de elementos da amostra que possuem a característica de interesse.

n = tamanho da amostra.

Se o tamanho da amostra (n) for suficientemente grande, é possível construir um intervalo $100(1 - \alpha)\%$ de confiança para p, baseado na distribuição normal, a partir do valor assumido por $\bar{p}$. As etapas para a construção desse intervalo estão apresentadas no **Quadro 2.5**. O procedimento do **Quadro 2.5** é válido, desde que $np \geq 5$ e $n(1 - p) \geq 5$.

▶ **Exemplo 2.7**

> Uso do intervalo de confiança para a proporção *p* na etapa de **identificação do problema** do Ciclo PDCA para melhorar resultados ou na etapa *define* do DMAIC.

Uma companhia de seguros decidiu avaliar qual era a proporção de formulários de apólices de seguro preenchidos incorretamente (*p*) pelos operadores responsáveis por essa tarefa. A empresa considerava um resultado indesejável descobrir que $p \geq 5\%$, o que implicaria na necessidade de ser iniciado o giro do Ciclo PDCA para melhorar resultados, com o objetivo de elevar o nível de qualidade que vinha sendo alcançado.

De uma amostra de 200 formulários examinados, foram encontrados 9 que apresentavam erros no preenchimento. A partir desse resultado, os técnicos da empresa construíram um intervalo de confiança para *p*, de acordo com as etapas apresentadas no **Quadro 2.5**:

> Etapas para a construção de um intervalo de $100(1 - \alpha)\%$ de confiança para *p* – grandes amostras ($np \geq 5$ e $n(1 - p) \geq 5$)

QUADRO 2.5

1. Colete uma amostra de tamanho *n* da população de interesse.
2. Calcule o valor de *y*.
3. Calcule o valor de $\bar{p} = \dfrac{y}{n}$.
4. Escolha o valor do coeficiente de confiança $1 - \alpha$.
5. Determine o valor de $z_{\alpha/2}$ a partir da tabela da distribuição normal do Anexo A ou da Tabela 2.3.
6. Calcule os limites do intervalo de confiança:

$$\bar{p} - z_{\alpha/2}\sqrt{\frac{\bar{p}(1-\bar{p})}{n}} \leq p \leq \bar{p} + z_{\alpha/2}\sqrt{\frac{\bar{p}(1-\bar{p})}{n}} \qquad (2.11)$$

7. Interprete o intervalo obtido.

Etapa 1: $n = 200$.

Etapa 2: $y = 9$.

Etapa 3: $\bar{p} = \dfrac{y}{n} = \dfrac{9}{200} = 0,045 = 4,5\%$

Observe que, como $n\bar{p} = 9 > 5$ e $n(1 - \bar{p}) = 191 > 5$, o procedimento que está sendo seguido é válido.

Etapa 4: $1 - \alpha = 0,95$

Etapa 5: $z_{\alpha/2} = z_{0,05/2} = z_{0,025} = 1,960$

Etapa 6:

$$\bar{p} - z_{\alpha/2}\sqrt{\frac{\bar{p}(1-\bar{p})}{n}} \leq p \leq \bar{p} + z_{\alpha/2}\sqrt{\frac{\bar{p}(1-\bar{p})}{n}}$$

$$0,045 - 1,960\sqrt{\frac{0,045(1-0,045)}{200}} \leq p \leq 0,045 + 1,960\sqrt{\frac{0,045(1-0,045)}{200}}$$

$$\Rightarrow 0,016 \leq p \leq 0,074 \Rightarrow 1,6\% \leq p \leq 7,4\%$$

Etapa 7: o intervalo de confiança contém valores superiores a 5%. Portanto, a equipe técnica da empresa pôde concluir, com alto grau de confiança, que o processo de preenchimento dos formulários de apólices de seguro necessitava de melhorias.

2.2.6.1 Escolha do tamanho da amostra para a construção do intervalo de confiança

Para que seja possível ter $100(1 - \alpha)\%$ de confiança que o erro de estimação $|\bar{p} - p|$ é inferior a um valor predeterminado E, o tamanho da amostra necessário é:

$$n = \left(\frac{z_{\alpha/2}}{E}\right)^2 \times p(1-p) \tag{2.12}$$

Observando a equação (2.12), percebemos que, para determinar o tamanho da amostra, será necessário fazer as três especificações relacionadas a seguir:

1. **Coeficiente de confiança $(1 - \alpha)$ desejado para o intervalo.**

2. **Precisão desejada para o intervalo**: a precisão do intervalo, que é simbolizada por E, representa a diferença (erro) máxima que será permitida entre a estimativa pontual ($\bar{p}$) e o valor verdadeiro da proporção que está sendo estimada (p).

Estimação de parâmetros de processos

3. **Estimativa preliminar da proporção** p: uma informação necessária para a determinação de n é uma estimativa preliminar de p. Essa estimativa pode ser obtida por meio de:
   - dados históricos sobre a população de interesse;
   - resultados obtidos em estudos similares ao que está sendo realizado;
   - extração de uma amostra-piloto.

A **Figura 2.15** ilustra o relacionamento entre o tamanho n da amostra – dado pela equação (2.12) – e a proporção p, para valores fixados do coeficiente de confiança $100(1-\alpha)\%$ e da precisão do intervalo E.

Na situação em que não dispomos de qualquer estimativa preliminar para p, é recomendado utilizar $p = 0{,}5$, valor que corresponde a um máximo para n na expressão (2.12) (**Figura 2.15**). Nesse caso, teremos $100(1-\alpha)\%$ de confiança que o erro de estimação $|\bar{p}-p|$ é inferior ao valor predeterminado E, qualquer que seja o valor de p, se:

$$n = \left(\frac{z_{\alpha/2}}{E}\right)^2 \times (0{,}25) \qquad (2.13)$$

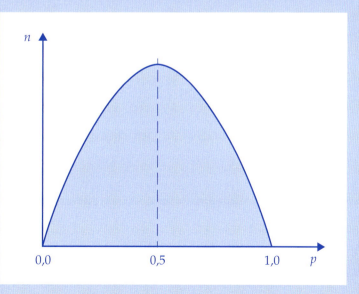

Tamanho n da amostra – dado pela equação (2.12) –, em função da proporção p, para $100(1-\alpha)\%$ e E fixados.

FIGURA 2.15

É claro que, se o valor obtido para n com o emprego das equações (2.12) ou (2.13) não for inteiro, ele deve ser arredondado para cima, com o objetivo de garantir que o coeficiente de confiança não fique abaixo de $100(1 - \alpha)\%$.

A **Figura 2.16** sumariza as etapas que devem ser seguidas para a determinação do tamanho da amostra necessária para a estimação da proporção p. É importante ressaltar que esse procedimento para determinação de n seja razoavelmente grande ($np \geq 5$ e $n(1 - p) \geq 5$).

▶ **Exemplo 2.8**

> Uso do procedimento de determinação do tamanho da amostra necessária para a estimação da proporção p na etapa de **identificação do problema** do Ciclo PDCA para melhorar resultados ou na etapa **define** do DMAIC.

Uma indústria fabricante de produtos cerâmicos decidiu estimar a proporção de peças defeituosas produzidas pela empresa (p), com o objetivo de avaliar se seria necessário adotar alguma ação para melhoria dos resultados que estavam sendo alcançados. A equipe responsável pelo estudo realizado desejava ter 95% de confiança de que a diferença entre o verdadeiro valor de p e a proporção amostral obtida ($\bar{p}$) seria, no máximo, igual a 0,05. Além disso, com base em informações disponíveis a partir de dados históricos, a equipe sabia que p não poderia superar 20%.

Nessas condições, o número n de peças que deveriam ser examinadas era:

$$n = \left(\frac{z_{\alpha/2}}{E}\right)^2 \times p(1-p) = \left(\frac{1,960}{0,05}\right)^2 \times 0,20(1-0,20) = 245,9 = 246$$

Portanto, a amostra extraída do processo de fabricação das peças deveria ter o tamanho $n = 246$.

O procedimento para a estimação de p a partir de pequenas amostras, na situação em que a condição $np \geq 5$ e $n(1 - p) \geq 5$ não é válida, é apresentado no Anexo B.

FIGURA 2.16 Etapas para a determinação do tamanho da amostra necessária para a estimação da proporção p.

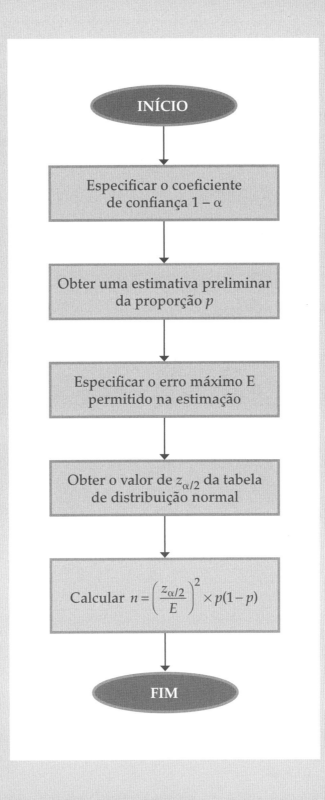

2.2.7 Sumário das equações para a obtenção de intervalos de confiança

A **Tabela 2.5**, apresentada a seguir, mostra um sumário das equações utilizadas para a obtenção dos intervalos de confiança discutidos neste capítulo.

Em relação a essa tabela, é importante destacar que, **quando a população de interesse é um processo produtivo, somente terá sentido estimar os parâmetros populacionais se o processo estiver sob controle estatístico, isto é, se o processo apresentar um comportamento previsível, podendo então ser caracterizado por uma distribuição de probabilidade.**

TABELA 2.5

Parâmetro populacional	Estimador pontual	Intervalo de confiança
Média (μ)	$\hat{\mu} = \bar{x} = \dfrac{1}{n}\sum_{i=1}^{n} x_i$	$\bar{x} \pm z_{\alpha/2} \times \dfrac{s}{\sqrt{n}}$ $(n > 30)$ $\bar{x} \pm t_{\alpha/2;n-1} \times \dfrac{s}{\sqrt{n}}$ $(n \leq 30)$
Variância (σ^2)	$\hat{\sigma}^2 = s^2 = \dfrac{1}{n-1}\sum_{i=1}^{n}(x_i - \bar{x})^2$	$\dfrac{(n-1)s^2}{\chi^2_{\alpha/2;n-1}} \leq \sigma^2 \leq \dfrac{(n-1)s^2}{\chi^2_{1-\alpha/2;n-1}}$
Desvio-padrão (σ)	$\hat{\sigma} = s = \sqrt{\dfrac{1}{n-1}\sum_{i=1}^{n}(x_i - \bar{x})^2}$	$\sqrt{\dfrac{(n-1)s^2}{\chi^2_{\alpha/2;n-1}}} \leq \sigma \leq \sqrt{\dfrac{(n-1)s^2}{\chi^2_{1-\alpha/2;n-1}}}$
Proporção de elementos da população que possuem alguma característica de interesse (p)	$\hat{p} = \bar{p} = \dfrac{y}{n}$ em que: y = número de elementos da amostra que possuem a característica n = tamanho da amostra	$\bar{p} \pm z_{\alpha/2} \times \sqrt{\dfrac{\bar{p}(1-\bar{p})}{n}}$ $(np \geq 5 \text{ e } n(1-p) \geq 5)$
Índice de capacidade C_p	$\hat{C}_p = \dfrac{LSE - LIE}{6\hat{\sigma}}$	$\hat{C}_p \sqrt{\dfrac{X^2_{1-\alpha/2;n-1}}{n-1}} \leq C_p \leq \hat{C}_p \sqrt{\dfrac{X^2_{\alpha/2;n-1}}{n-1}}$

.Capítulo 3

Testes de hipóteses sobre parâmetros de processos

"Imagine all the people living life in peace. You may say I'm a dreamer, but I'm not the only one. I hope someday you'll join us, and the world will be as one."

John Lennon

3.1 Conceitos básicos

3.1.1 Hipóteses estatísticas

Em controle da qualidade, no exercício do **gerenciamento de processos**, é usual que sejam executadas as ações de **testar hipóteses** e **tomar decisões estatísticas**, sem que essas expressões sejam explicitamente utilizadas. Como exemplo dessa afirmação, considere uma empresa que utiliza um gráfico $\bar{x}$ (juntamente com um gráfico R) para o monitoramento de um item de controle de interesse de um de seus processos. Se um dos pontos desse gráfico cair fora da faixa definida pelos limites inferior e superior de controle (LIC e LSC), a equipe técnica da empresa começará a agir como se o processo não estivesse sob controle estatístico e iniciará, então, a procura da causa especial de variação responsável pelo ponto "fora de controle". Observe então que, quando é representado um ponto no gráfico $\bar{x}$, na verdade está sendo **testada a hipótese** de que a média do item de controle do processo (μ) ainda coincide com seu valor usual (μ_0). Se o ponto estiver na região delimitada pelos limites de controle, essa hipótese será aceita, o que levará à conclusão de que o processo está sob controle. Por outro lado, se o ponto estiver acima do LSC ou abaixo do LIC, a hipótese será rejeitada, o que implicará a adoção de ações corretivas apropriadas para que o processo retorne ao estado de controle estatístico. Observe que, nessa discussão, estamos supondo que as outras configurações especiais que indicam falta de controle do processo não estão presentes e que o processo está sob controle em relação à variabilidade.

Como um segundo exemplo, considere a situação da inspeção por amostragem, na qual são extraídos alguns itens de um lote de determinado produto e, a seguir, é contado o número de itens defeituosos. Se esse número for muito elevado, o lote do produto será rejeitado ou, em caso contrário, será aceito. Observe que, nesse caso, está sendo **testada a hipótese** de que a proporção de itens defeituosos do lote (p) é igual ou menor que algum valor predeterminado (p_0). O número de itens defeituosos na amostra (y) será a *estatística de teste*: se y for muito elevado, isto é, se $y \geq c$, sendo c uma constante, a hipótese de que $p \leq p_0$ será rejeitada.

O leitor deve notar que, nesses exemplos de testes de hipóteses, nosso interesse consiste no estabelecimento das chamadas **regras de decisão**. Tanto na situação do monitoramento do processo por meio do gráfico de controle quanto no caso da inspeção por amostragem, necessitamos dispor de regras que nos orientem para que possamos adotar as ações mais apropriadas.

Testes de hipóteses sobre parâmetros de processos

Iremos introduzir a seguir as ideias básicas dos testes de hipóteses no contexto de um **exemplo**. Esse exemplo tratará do **teste de hipóteses sobre a média** μ de uma variável que segue uma **distribuição normal** e será frequentemente mencionado neste capítulo.

3.1.1.1 Um exemplo

Considere que uma rede de pizzarias compra as peças de salame utilizadas na produção de suas pizzas de uma grande indústria produtora de alimentos derivados de carne. A fim de que possam ser produzidas pizzas de boa qualidade, o teor médio de gordura das peças de salame deve ser igual a 40,0% (valor nominal da especificação). Suponha que, em um determinado dia, a rede de pizzarias tenha recebido um grande lote de peças de salame e que a equipe técnica da empresa queira determinar se esse lote atende à condição *teor médio de gordura* (μ) = 40,0%. É claro que a equipe técnica não espera que cada peça de salame tenha exatamente 40,0% de gordura – alguma variabilidade em torno desse valor já é esperada. A partir da experiência anterior da rede de pizzarias com a matéria-prima desse fornecedor, é conhecido que o teor de gordura segue uma distribuição normal cuja variabilidade é medida por um desvio-padrão σ = 2,0% e que esse valor é adequado ao processo de fabricação de pizzas. O interesse da rede de pizzarias consiste então em determinar se o teor médio de gordura das peças de salame que constituem o lote que acabou de ser entregue pelo fornecedor pode ser, ou não, considerado igual a 40,0%.

De acordo com o que foi dito até agora, temos que a população constituída pelos teores de gordura das peças de salame pode ser caracterizada por uma distribuição normal com média μ e desvio-padrão σ = 2,0%. Ou seja, se representarmos por x o teor de gordura de uma peça de salame, teremos que x é uma variável aleatória que segue uma distribuição normal com média μ e desvio-padrão σ = 2,0%: $x \sim N(\mu; 2,0)$. Observe que a equipe técnica da rede de pizzarias deseja testar a seguinte hipótese:

$$H_0 : \mu = 40,0 \tag{3.1}$$

Nesse ponto, já podemos apresentar a definição formal de hipótese estatística.

> Uma hipótese estatística é uma afirmação sobre os parâmetros de uma ou mais populações.

Em um teste de hipóteses, na realidade são consideradas **duas hipóteses**. A hipótese que foi destacada na equação (3.1) é denominada **hipótese nula**, sendo reapresentada por H_0. A outra hipótese, que será aceita caso H_0 seja rejeitada, é denominada hipótese alternativa e é simbolizada por H_1. Observe que

$$\text{rejeitar } H_0 \Rightarrow \text{aceitar } H_1$$

$$\text{não rejeitar } H_0 \Rightarrow \text{não aceitar } H_1$$

No exemplo da rede de pizzarias, a hipótese H_1 é:

$$H_1 : \mu \neq 40,0 \tag{3.2}$$

Essa é a chamada alternativa bilateral, porque a hipótese nula será rejeitada se o teor médio de gordura for inferior ou superior a 40,0%.

> A hipótese nula é uma afirmação sobre um parâmetro populacional que será considerada verdadeira até que seja obtida alguma prova em contrário.
> A hipótese nula é representada por H_0.

> A hipótese alternativa é uma afirmação sobre um parâmetro populacional que será considerada verdadeira se a hipótese nula for julgada falsa.
> A hipótese alternativa é representada por H_1.

Montgomery & Runger[1] destacam que o valor do parâmetro populacional especificado na hipótese nula é usualmente determinado a partir de:

1. Resultados de experimentos realizados no passado e do conhecimento do processo considerado. Nesse caso, o objetivo do teste de hipóteses é determinar se o valor do parâmetro mudou, ou não, em relação ao valor assumido no passado.
2. Algum modelo ou teoria sobre o processo que está sendo estudado. O objetivo do teste de hipóteses nesse contexto é verificar a validade do modelo ou teoria.

3. Considerações externas, como obrigações contratuais ou especificações de projeto para o produto ou processo. Nessa situação, o objetivo do teste é a avaliação da conformação do produto ou processo às especificações.

> **O procedimento de escolha entre as hipóteses nula e alternativa é denominado teste de hipóteses.**

Os testes de hipóteses são baseados na utilização da informação contida em uma amostra aleatória extraída da população de interesse. Durante a condução de um teste de hipóteses, a hipótese nula somente será rejeitada (o que significa dizer que a hipótese alternativa será aceita) se os dados amostrais fornecerem informações que não são consistentes com a veracidade da hipótese nula. O leitor deve notar que a veracidade ou falsidade de uma hipótese somente pode ser verificada com certeza se a população completa for avaliada. Como na prática esse procedimento é impossível ou inviável, um teste de hipóteses sempre envolve probabilidades de estabelecimento de conclusões incorretas. Os erros envolvidos na condução de um teste de hipótese serão discutidos na Seção 3.1.3.

Também é importante destacar que, de modo geral, a hipótese nula é estabelecida de forma que ela especifique um único valor para o parâmetro, conforme o exemplo $H_0: \mu = 40,0$, apresentado na equação (3.1). Portanto, usualmente a hipótese H_0 contém o símbolo =. Já a hipótese alternativa permite que o parâmetro assuma vários valores, como no exemplo $H_1: \mu \neq 40,0$, mostrado na equação (3.2). Geralmente a hipótese alternativa contém um dos símbolos a seguir: $\neq, >, <$.

Na próxima subseção, discutiremos a forma de condução de um teste de hipóteses, a qual, em linhas gerais, envolve as seguintes etapas:

- extração de uma amostra aleatória da população de interesse;
- cálculo do valor de uma *estatística de teste* apropriada, a partir dos dados amostrais;
- utilização do valor assumido pela estatística de teste para a tomada de uma decisão sobre a hipótese nula H_0.

3.1.2 As decisões em um teste de hipóteses

Vamos considerar novamente o exemplo da rede de pizzarias que desejava testar a hipótese:

$$H_0 : \mu = 40,0$$

em que μ é o teor médio de gordura das peças de salame que constituem o lote entregue pelo fornecedor.

Suponha que a equipe técnica da rede de pizzarias tenha decidido retirar uma amostra aleatória de $n = 36$ peças de salame do lote recebido, medir o teor de gordura de cada peça e calcular o teor médio de gordura da amostra ($\bar{x}$). Nesse caso, sabemos que $\bar{x}$ é um estimador de μ e que, além disso, $\bar{x}$ tem distribuição normal com média $\mu_{\bar{x}} = \mu$ e desvio-padrão $\sigma_{\bar{x}} = 2,0 / \sqrt{n} = 2,0 / \sqrt{36} = 1/3$. Observe que, nessa situação, a equipe da empresa pode tomar duas decisões a partir da análise dos resultados amostrais sumarizados por $\bar{x}$:

- rejeitar a hipótese nula H_0, o que significa concluir que o teor médio de gordura é diferente de 40,0%. Essa conclusão, por sua vez, muito provavelmente implicará na decisão mais imediata de não aceitar o lote entregue pelo fornecedor;

- não rejeitar a hipótese nula H_0, o que significa concluir que o teor médio de gordura é igual a 40,0%. Essa conclusão deverá implicar na aceitação do lote entregue pelo fornecedor.

É importante ressaltar que a escolha de qual decisão deve ser tomada será feita a partir da análise do valor assumido pela média amostral $\bar{x}$, que é denominada **estatística de teste**. Se $\bar{x}$ estiver *próxima* do valor 40,0, a conclusão é que a amostra é compatível com a hipótese H_0. Por outro lado, se $\bar{x}$ não estiver *próxima* de 40,0, é intuitivo concluir que H_0 é falsa e deve ser rejeitada.

> A variável aleatória cujo valor é utilizado para a determinação da decisão a ser tomada em um teste de hipóteses é denominada estatística de teste.

Suponha então que a equipe técnica da empresa tenha decidido que, se $39,4 \leq \bar{x} \leq 40,6$, a hipótese nula $H_0 : \mu = 40,0$ não será rejeitada. Por outro lado, se $\bar{x} < 39,4$ ou $\bar{x} > 40,6$, H_0 será rejeitada, o que é equivalente a dizer que a hipótese alternativa $H_1 : \mu \neq 40,0$ será aceita. Esse procedimento está reapresentado na **Figura 3.1**. Os valores $\bar{x}$ que são menores que 39,4 ou maiores que 40,6 constituem a **região crítica** ou **região de rejeição** do teste, enquanto os valores $\bar{x}$ que pertencem ao intervalo [39,4; 40,6] constituem a **região de aceitação**. Os números 39,4 e 40,6, que são as fronteiras entre a região crítica e a região de aceitação, são denominados **valores críticos**. Portanto, a regra de decisão consiste em:

- Rejeitar H_0 em favor de H_1 se o valor assumido pela estatística de teste pertencer à região critica.

- Não rejeitar H_0 em favor de H_1 se o valor assumido pela estatística de teste pertencer à região de aceitação.

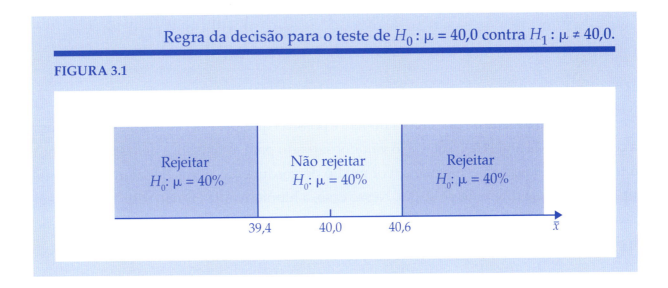

Regra da decisão para o teste de $H_0 : \mu = 40,0$ contra $H_1 : \mu \neq 40,0$.

FIGURA 3.1

A região crítica (ou região com rejeição) de um teste de hipóteses é constituída pelos valores da estatística de teste que fornecem forte evidência contra a hipótese nula H_0. A obtenção de um valor da estatística de teste na região crítica leva à rejeição de H_0.

3.1.3 Os dois tipos de erros

O procedimento de tomada de decisão em um teste de hipóteses pode resultar em dois tipos de conclusões incorretas. Ainda no exemplo da rede de pizzarias, é possível que o teor médio de gordura das peças de salame que constituem o lote seja, de fato, igual a 40,0%, mas, mesmo assim, pode acontecer que, para as peças selecionadas para a composição da amostra aleatória, o valor observado para a estatística de teste $\bar{x}$ pertença à região crítica. Nesse caso, a hipótese nula H_0 seria rejeitada em favor da hipótese alternativa H_1, quando H_0 é, de fato, verdadeira. Essa forma de conclusão incorreta é denominada **erro tipo I**.

Erro tipo I

O erro tipo I consiste em rejeitar a hipótese nula H_0 quando H_0 é verdadeira. A probabilidade de que o erro tipo I seja cometido é representada por α:

$$\alpha = P \text{ (erro tipo I)} = P(\text{rejeitar } H_0 \mid H_0 \text{ é verdadeira}). \qquad (3.3)$$

A probabilidade α é denominada nível de significância do teste.

No exemplo da rede de pizzarias, também é possível que, para as peças selecionadas para a composição da amostra aleatória, o valor observado para a estatística de teste $\bar{x}$ pertença à região de aceitação, mesmo que o teor médio de gordura das peças de salame que constituem o lote seja diferente de 40,0%. Nesse caso, a hipótese nula H_0 não seria rejeitada em favor da hipótese alternativa H_1, quando na realidade H_0 é falsa. Essa forma de conclusão incorreta é denominada **erro tipo II**.

Erro tipo II

O erro tipo II consiste em não rejeitar a hipótese nula H_0 quando H_0 é falsa. A probabilidade de que o erro tipo II seja cometido é representada por β:

$$\beta = P \text{ (erro tipo II)} = P(\text{não rejeitar } H_0 \mid H_0 \text{ é falsa}). \qquad (3.4)$$

Portanto, considerando a situação real, que é desconhecida, e as possíveis decisões resultantes da utilização de um teste de hipóteses, pode ocorrer uma das quatro situações apresentadas na **Tabela 3.1**.

Testes de hipóteses sobre parâmetros de processos

TABELA 3.1 — Possíveis decisões em um teste de hipóteses

		Situação real e desconhecida	
		H_0 é verdadeira	H_0 é falsa
Decisão	Não rejeitar H_0	Decisão correta	Erro tipo II
	Rejeitar H_0	Erro tipo I	Decisão correta

Observe que, como a decisão tomada em um teste de hipótese é baseada em variáveis aleatórias (as estatísticas de teste), é possível calcular as probabilidades α e β de que os erros tipos I e II, respectivamente, sejam cometidos. Iremos ilustrar como calcular α e β considerando novamente o exemplo da rede de pizzarias.

3.1.3.1 Cálculo de α

No exemplo da rede de pizzarias, um erro tipo I irá ocorrer se $\bar{x} < 39{,}4$ ou se $\bar{x} > 40{,}6$, quando o verdadeiro teor médio de gordura for $\mu = 40{,}0\%$. Para esse exemplo, já sabemos que, quando $\mu = 40{,}0$, $\bar{x}$ tem distribuição normal com média $\mu_{\bar{x}} = \mu = 40{,}0$ e o desvio-padrão $\sigma_{\bar{x}} = 2{,}0/\sqrt{n} = 2{,}0/\sqrt{36} = 1/3$. Portanto, a probabilidade do erro tipo I ou, o que é equivalente, o nível de significância α do teste, é calculado como:

$$\alpha = P(\bar{x} < 39{,}4 \mid \mu = 40{,}0) + P(\bar{x} > 40{,}6 \mid \mu = 40{,}0)$$

Também sabemos que, para calcular probabilidades associadas à distribuição normal, é necessário fazer a transformação para a variável normal padronizada z. Os valores de z que correspondem aos valores críticos 39,4 e 40,6 são:

$$z_1 = \frac{39{,}4 - 40{,}0}{1/3} = -1{,}80$$

e

$$z_2 = \frac{40{,}6 - 40{,}0}{1/3} = 1{,}80$$

Logo:

$$\alpha = P(z < -1{,}80) + P(z > 1{,}80)$$

Consultando a tabela da distribuição normal (Anexo A), obtemos:

$$\alpha = 0{,}0359 + 0{,}0359 = 0{,}0718 = 7{,}18\%$$

Esse resultado, que está ilustrado na **Figura 3.2**, indica que há 7,18% de chance de uma amostra aleatória extraída do lote de peças de salame levar à rejeição da hipótese $H_0 : \mu = 40{,}0$, quando o verdadeiro teor médio de gordura é, de fato, igual a 40,0%.

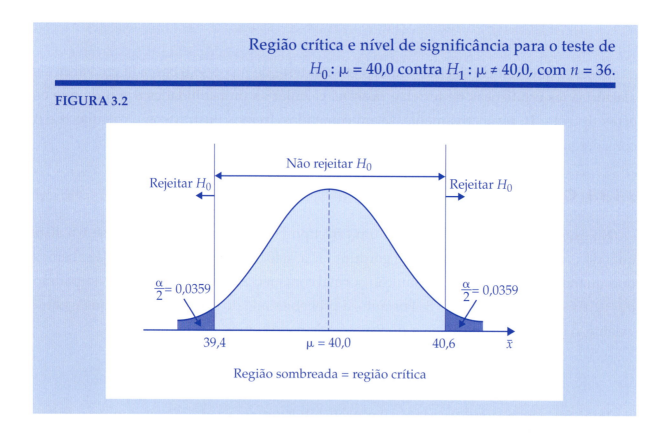

FIGURA 3.2 Região crítica e nível de significância para o teste de $H_0 : \mu = 40{,}0$ contra $H_1 : \mu \neq 40{,}0$, com $n = 36$.

Com o objetivo de diminuir o valor de α, se o resultado 7,18% for considerado muito elevado, dois procedimentos podem ser adotados:

1. Aumentar a amplitude da região de aceitação.

    Observando a **Figura 3.2**, imediatamente percebemos que a ampliação da região de aceitação diminui a probabilidade do erro tipo I (α). Por exemplo, se no caso da rede

Testes de hipóteses sobre parâmetros de processos

de pizzarias a região de aceitação passar a ser constituída pelo intervalo [39,0; 41,0], o valor de α será:

$$\alpha = P(\bar{x} < 39,0 \mid \mu = 40,0) + P(\bar{x} > 41,0 \mid \mu = 40,0)$$
$$= P\left(z < \frac{39,0 - 40,0}{1/3}\right) + P\left(z > \frac{41,0 - 40,0}{1/3}\right)$$
$$= P(z < -3,00) + P(z > 3,00)$$
$$= 0,0013 + 0,0013 = 0,0026 = 0,26\%$$

Observe então que o aumento de amplitude da região de aceitação implicou uma diminuição do valor de α.

No entanto, conforme veremos a seguir, a ampliação da região de aceitação com o objetivo de diminuir a probabilidade do erro tipo I, para um tamanho de amostra fixado, implica um aumento da probabilidade do erro tipo II.

2. Aumentar o tamanho da amostra.

Ainda no exemplo da rede de pizzarias, para a região de aceitação constituída pelo intervalo [39,4; 40,6], se o tamanho da amostra passar de $n = 36$ para $n = 49$, o valor de α será:

$$\alpha = P(\bar{x} < 39,4 \mid \mu = 40,0) + P(\bar{x} > 40,6 \mid \mu = 40,0)$$
$$= P\left(z < \frac{39,4 - 40,0}{2,0/\sqrt{49}}\right) + P\left(z > \frac{40,6 - 40,0}{2,0/\sqrt{49}}\right)$$
$$= P(z < -2,10) + P(z > 2,10)$$
$$= 0,0179 + 0,0179 = 0,0358 = 3,58\%$$

Note que, com o aumento do tamanho da amostra, o valor de α passou de 7,18% para 3,58%.

O aumento do tamanho da amostra geralmente permite uma redução simultânea das probabilidades de erro α e β, desde que os valores críticos sejam mantidos constantes. Esse resultado é bastante intuitivo, já que, quanto maior for o tamanho da amostra, mais informações teremos sobre o valor verdadeiro de μ, o que possibilitará a redução simultânea das probabilidades de ocorrência dos dois tipos de erros.

3.1.3.2 Cálculo de β

No caso da rede de pizzarias, um erro tipo II ocorrerá se $39,4 \leq \bar{x} \leq 40,6$, quando o verdadeiro teor médio de gordura é diferente de 40,0%. Portanto, para que seja possível calcular o valor de β, devemos considerar um valor particular para μ sob a hipótese alternativa. Vamos supor então que seja muito importante para a rede de pizzarias rejeitar a hipótese nula $H_0 : \mu = 40,0$, quando o teor médio de gordura μ for igual a 41,0% ou 39%. Nessa situação, para verificar se o teste é, de fato, adequado, a empresa poderia calcular o valor de β para $\mu = 41,0$ e $\mu = 39,0$, e então avaliar se esse valor é suficientemente baixo.

Vamos realizar o cálculo de beta para $\mu = 41,0$. Nesse caso, sabemos que x tem distribuição normal com média $\mu_{\bar{x}} = \mu = 41,0$ e o desvio-padrão $\sigma_{\bar{x}} = 2,0 / \sqrt{n} = 2,0 / \sqrt{36} = 1 / 3$. Portanto, a probabilidade β do erro tipo II é calculada como:

$$\beta = P(39,4 \leq \bar{x} \leq 40,6 \mid \mu = 41,0)$$

Os valores de z que correspondem aos valores críticos 39,4 e 40,6, para $\mu = 41,0$, são:

$$z_1 = \frac{39,4 - 41,0}{1 / 3} = -4,80$$

e

$$z_2 = \frac{40,6 - 41,0}{1 / 3} = -1,20$$

Logo:

$$\beta = P(-4,80 \leq z \leq -1,20) = P(z \leq -1,20) - P(z \leq -4,80)$$
$$= 0,1151 - 0,0000 = 0,1151 = 11,51\%$$

Esse resultado, que está ilustrado na **Figura 3.3**, indica que, para o teste de $H_0 : \mu = 40,0$ contra $H_1 : \mu = 40,0$, com base em amostras de tamanho $n = 36$, quando o valor verdadeiro do teor médio de gordura das peças de salame é $\mu = 41,0$, a probabilidade que a hipótese nula (que, nesse caso, é falsa) não seja rejeitada é igual a 11,51%. Por causa da simetria da distribuição normal, quando o valor verdadeiro da média é $\mu = 39,0$, a probabilidade β do erro tipo II também é igual a 11,51%.

Testes de hipóteses sobre parâmetros de processos

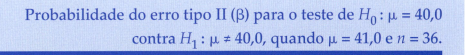

FIGURA 3.3

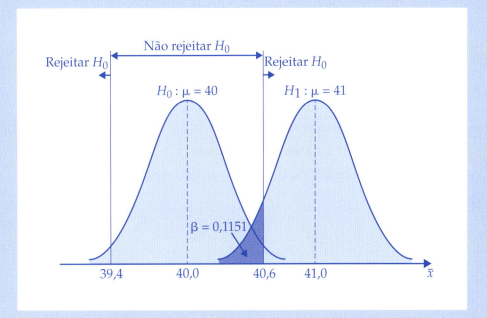

Para mostrar ao leitor que a probabilidade do erro tipo II depende do tamanho da amostra (n), vamos refazer os cálculos anteriores, considerando agora que o tamanho amostral foi aumentado de $n = 36$ para $n = 49$:

$$\beta = P(39,4 \leq \bar{x} \leq 40,6 \mid \mu = 41,0)$$
$$= P\left(\frac{39,4 - 41,0}{2,0/\sqrt{49}} \leq z \leq \frac{40,6 - 41,0}{2,0/\sqrt{49}}\right)$$
$$= P(-5,60 \leq z \leq -1,40) = P(z \leq -1,40) - P(z \leq -5,60)$$
$$= 0,0808 - 0,0000 = 0,0808 = 8,08\%$$

Observe, então, que o aumento do tamanho da amostra resultou em uma diminuição da probabilidade do erro tipo II.

É importante destacar que o erro β aumenta rapidamente à medida que o valor verdadeiro de μ se aproxima do valor estabelecido sob a hipótese H_0. Para ilustrar essa afirmação, vamos calcular o valor de β para o exemplo da rede de pizzarias, no caso em que o valor verdadeiro do teor médio de gordura das peças de salame é $\mu = 40{,}3\%$ e que o teste de $H_0 : \mu = 40{,}0$ contra $H_1 : \mu \neq 40{,}0$ é conduzido com base em amostras de tamanho $n = 36$.

$$\beta = P(39{,}4 \leq \bar{x} \leq 40{,}6 \mid \mu = 40{,}3)$$
$$= P\left(\frac{39{,}4 - 40{,}3}{1/3} \leq z \leq \frac{40{,}6 - 40{,}3}{1/3}\right)$$
$$= P(-2{,}70 \leq z \leq 0{,}90) = P(z \leq 0{,}90) - P(z \leq -2{,}70)$$
$$= 0{,}8159 - 0{,}0035 = 0{,}8124 = 81{,}24\%$$

Esse resultado, que está ilustrado na **Figura 3.4**, indica que, para o teste de $H_0 : \mu = 40{,}0$ contra $H_1 : \mu \neq 40{,}0$, com base em amostras de tamanho $n = 36$, quando o valor verdadeiro do teor médio de gordura é igual a 40,3%, há 81,24% de probabilidade que a hipótese nula (que é falsa) não seja rejeitada.

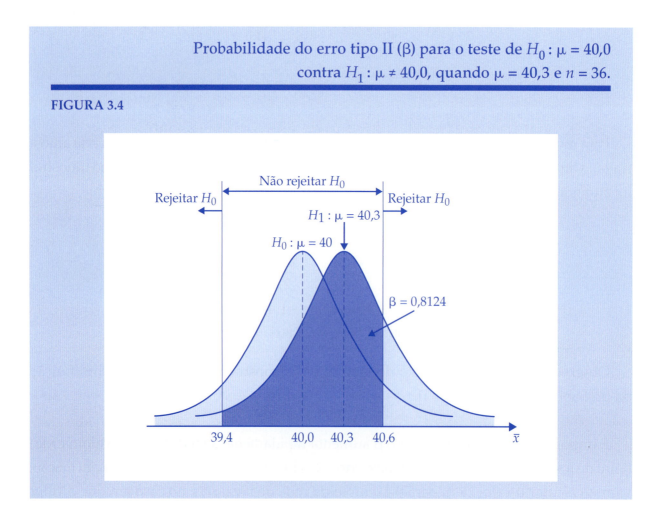

Probabilidade do erro tipo II (β) para o teste de $H_0 : \mu = 40{,}0$ contra $H_1 : \mu \neq 40{,}0$, quando $\mu = 40{,}3$ e $n = 36$.

FIGURA 3.4

Testes de hipóteses sobre parâmetros de processos

Portanto, a probabilidade do erro tipo II é muito maior para a situação em que a média verdadeira é $\mu = 40{,}3$, do que para o caso em que $\mu = 41{,}0$. No entanto, esse tipo de resultado não causa muita preocupação, porque apenas diferenças de maior magnitude entre o valor verdadeiro de μ e o valor estabelecido sob H_0 são consideradas significativas sob o ponto de vista prático, devendo então ser detectadas com elevada probabilidade. Ainda neste capítulo (Seção 3.2.4) discutiremos como a realização do teste de hipóteses deve ser planejada, de forma que seja possível garantir que diferenças importantes entre o valor real de μ e o valor sob H_0, tenham elevada probabilidade de serem descobertas.

A **Tabela 3.2** sumariza os resultados que acabamos de apresentar e também mostra os resultados de outros cálculos similares. Essa tabela ilustra o relacionamento existente entre n, α, β e a amplitude da região de aceitação para o exemplo da rede de pizzarias.

TABELA 3.2 Relacionamento entre n, α, β e a amplitude da região de aceitação para o exemplo da rede de pizzarias

Região de aceitação	Tamanho da amostra (n)	α	β para $\mu = 41{,}0$	β para $\mu = 40{,}3$
$39{,}4 \le \bar{x} \le 40{,}6$	36	0,0718	0,1151	0,8124
$39{,}0 \le \bar{x} \le 41{,}0$	36	0,0026	0,5000	0,9821
$39{,}4 \le \bar{x} \le 40{,}6$	49	0,0358	0,0808	0,8523
$39{,}0 \le \bar{x} \le 41{,}0$	49	0,0004	0,5000	0,9929

A observação da **Tabela 3.2** nos mostra as seguintes características dos testes de hipóteses.

- Existe uma associação entre os erros tipos I e II. Se o tamanho da amostra permanecer constante, uma diminuição da probabilidade de ocorrência de um dos erros implica em um aumento da probabilidade de ocorrência do outro erro.

- A probabilidade de ocorrência do tipo I pode ser reduzida por meio de uma escolha apropriada da região crítica.

- O valor de β aumenta à medida que o valor verdadeiro de μ se aproxima do valor estabelecido sob a hipótese H_0.

- O aumento no tamanho da amostra **geralmente** permite uma redução simultânea das probabilidades dos erros tipo I e II, desde que os valores críticos sejam mantidos constantes.

O leitor deve notar que, quando o valor do parâmetro sob H_1, para qual o erro do tipo II está sendo controlado, estiver muito próximo do valor sob H_0, o aumento do tamanho da amostra poderá implicar um aumento de β (veja a última coluna da **Tabela 3.2**).

3.1.3.3 Controle dos erros

Geralmente, o valor do nível de significância α é escolhido como um número bem pequeno, nas etapas iniciais do procedimento de teste de hipóteses, antes do exame dos dados amostrais. **Quanto menor for o valor de α, maior será a confiança na decisão tomada, caso essa decisão seja rejeitar H_0.** Os valores de α comumente utilizados são 0,01; 0,025; 0,05 e 0,10. Nesse ponto, é natural que surja uma pergunta: por que escolher $\alpha = 0{,}05$ ou $\alpha = 0{,}10$, se podemos escolher $\alpha = 0{,}025$, $\alpha = 0{,}01$, ou até mesmo valores mais baixos? O leitor já sabe a resposta para essa pergunta – se reduzirmos o valor de α, mantendo o tamanho n da amostra inalterado, ocorrerá um aumento no valor de β, a probabilidade de não rejeitarmos um H_0 quando H_0 é falsa.

Observe também que, apesar do valor de β não ser uma constante, porque ele depende do valor verdadeiro do parâmetro sob H_1, é possível controlar sua magnitude por meio da escolha de α, já que para n fixado:

- aumentar $\alpha \Rightarrow$ diminuir β
- diminuir $\alpha \Rightarrow$ aumentar β

Se cometer o erro tipo I for muito mais grave do que cometer o erro do tipo II, devemos escolher sempre um valor bem pequeno para α (p. ex., 0,01). Por outro lado, se o erro tipo II for mais grave, α pode assumir um valor mais elevado, tal como 0,10. No entanto, é importante destacar, novamente, que os dois erros podem ser simultaneamente controlados por meio do dimensionamento adequado da amostra.

Testes de hipóteses sobre parâmetros de processos

3.1.3.4 "Não rejeitar H_0" é equivalente a "aceitar H_1"?

Se em um teste de hipóteses a conclusão é *rejeitar* H_0, sabemos que a probabilidade de que essa conclusão esteja incorreta (erro tipo I) é o valor α: uma probabilidade conhecida, de pequena magnitude e escolhida pelo responsável pela condução do teste. Por outro lado, se a conclusão é *não rejeitar* H_0, a probabilidade de que um erro esteja sendo cometido (erro tipo II) é β, um valor desconhecido e que em alguns casos pode ser muito elevado. Portanto, se a conclusão é *não rejeitar* H_0, não podemos dizer que a hipótese H_0 foi provada, porque a probabilidade de que um erro esteja sendo cometido não é conhecida. Ou seja, a decisão *não rejeitar* H_0 não implica, necessariamente, na existência de uma alta probabilidade de que H_0 seja de fato verdadeira. É por esse motivo que a terminologia "aceitar H_0" deve ser evitada, empregando-se em seu lugar a expressão "não rejeitar H_0", que transmite a ideia de uma conclusão mais fraca. Note então que o procedimento de teste nos permite avaliar se existem evidências suficientes para provar a hipótese alternativa H_1, mas não para provar a hipótese nula H_0.

Portanto, devemos formular a afirmação que desejamos provar como a hipótese alternativa H_1. Se o teste levar à rejeição de H_0, será possível confiar na veracidade de H_1, porque, nesse caso, a probabilidade de que um erro esteja sendo cometido (α), será um valor conhecido e de pequena magnitude.

> A afirmação que desejamos provar deve ser formulada como a hipótese alternativa H_1.

É possível fazer uma analogia entre um teste de hipóteses e um julgamento no qual o júri acata a hipótese de "inocente", a menos que sejam apresentadas evidências convincentes da culpa do réu. A obtenção dessas evidências é equivalente, no caso do teste de hipóteses, ao valor da estatística de teste cair na região crítica, algo considerado pouco provável se H_0 for verdadeira. Além disso, o objetivo do julgamento consiste exatamente em provar a afirmação de que o réu é culpado (hipótese H_1), e não provar que ele é inocente (hipótese H_0). Em um julgamento, o veredito de "inocente" não significa que o réu não cometeu o crime – significa apenas que não há evidências suficientes de culpa. De modo análogo, em um teste de hipóteses, se não rejeitarmos H_0, isto não implica que H_0 é de fato verdadeira – significa que as evidências estatísticas obtidas não foram fortes o suficiente para a rejeição de H_0.

3.1.3.5 Poder de um teste de hipóteses

> O poder de um teste de hipóteses é a probabilidade de rejeição da hipótese nula H_0 quando H_0 é falsa.

O poder de um teste de hipóteses é uma medida da capacidade do teste em detectar uma possível diferença existente entre o valor estabelecido para o parâmetro sob a hipótese H_0 e o valor verdadeiro assumido pelo parâmetro. Observe então que

$$\text{poder do teste} = P(\text{rejeitar } H_0 \mid H_0 \text{ é falsa}) =$$
$$= 1 - P(\text{não rejeitar } H_0 \mid H_0 \text{ é falsa}) = 1 - \beta$$

Portanto, o poder do teste é medido pela probabilidade que a hipótese nula seja rejeitada quando ela é falsa, o que representa a decisão correta.

Em muitos casos, dois diferentes testes de hipóteses são verificados por meio da comparação do poder de cada um deles. Para ilustrar essa afirmação, vamos considerar novamente a **Tabela 3.2**. Lembre-se de que essa tabela se refere ao teste de:

$$H_0 = 40,0$$
$$H_1 \neq 40,0$$

em que μ é o teor médio de gordura do lote de peças de salame recebido pela rede de pizzarias que estamos considerando nesta seção. Suponha agora que o valor verdadeiro da média é $\mu = 41,0$. Nessa situação, o poder do teste correspondente ao tamanho amostral $n = 36$, para a região de aceitação $39,4 \leq \bar{x} \leq 40,6$ é:

$$\text{poder} = 1 - \beta = 1 - 0,1151 = 0,8849$$

Já o teste correspondente a $n = 49$, para a mesma região de aceitação, tem poder igual a:

$$\text{poder} = 1 - \beta = 1 - 0,0808 = 0,9192$$

Note então que o primeiro teste tem o poder igual a 0,8849 para detectar a diferença entre um teor médio de gordura igual a 41,0% e o teor médio 40,0% estabelecido sob H_0. Isso significa que, se o verdadeiro teor médio de gordura é igual a 41,0%, esse teste vai detectar essa diferença em relação ao valor 40,0%, rejeitando corretamente a hipótese nula, em 88,49% das vezes em que for utilizado. O poder do segundo teste é um pouco maior (0,9192), como já era de se esperar, porque para esse teste o tamanho amostral é maior que aquele utilizado no primeiro. O poder de um teste pode crescer com o aumento de n ou do aumento do nível de significância α.

3.1.4 Testes unilaterais e bilaterais

Se as hipóteses nula e alternativa de um teste têm a forma:

$$H_0 : \mu = \mu_0$$
$$H_1 : \mu \neq \mu_0$$

em que μ_0 é um valor de interesse, o teste é denominado **teste bilateral**, porque nesse caso a afirmação que desejamos provar (hipótese H_1) é a de que existem diferenças, para mais ou para menos, da média populacional μ em relação ao valor μ_0. Portanto, no teste bilateral a região crítica é dividida em duas partes, cada uma delas com probabilidade (área) igual a $\alpha/2$ (**Figura 3.5**). O teste considerado no caso da rede de pizzarias é um exemplo de teste bilateral.

> Um teste bilateral é aquele que rejeita a hipótese nula H_0 se o valor assumido pela estatística de teste for *significativamente maior ou menor* que o valor estabelecido para o parâmetro populacional em H_0.

No entanto, em muitas situações, a afirmação que desejamos provar (hipótese H_1) é que a média populacional μ é maior do que o valor μ_0. Nesse caso, teremos um teste **unilateral direito**, para o qual as hipóteses assumem a forma:

$$H_0 : \mu = \mu_0$$
$$H_1 : \mu > \mu_0$$

No teste unilateral direito a região crítica não é dividida em duas partes, ficando localizada apenas na cauda direita da distribuição da estatística de teste (**Figura 3.6**).

FIGURA 3.5 Região crítica e região de aceitação para um teste bilateral.
($H_0 : \mu = \mu_0$; $H_1 : \mu \neq \mu_0$)

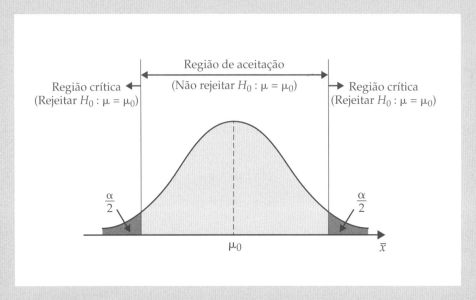

FIGURA 3.6 Região crítica e região de aceitação para um teste unilateral direito
($H_0 : \mu = \mu_0$; $H_1 : \mu > \mu_0$).

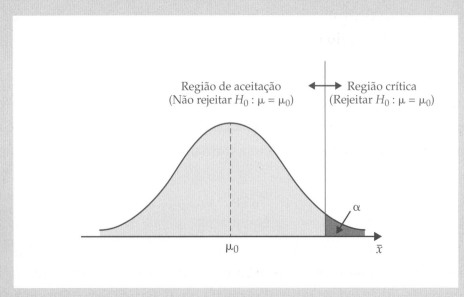

> **Um teste unilateral direito é aquele que rejeita a hipótese nula H_0 se o valor assumido pela estatística de teste for *significativamente maior* que o valor estabelecido para o parâmetro populacional em H_0.**

Para **exemplificar** quando um teste unilateral direito poderia ser utilizado, imagine a situação apresentada por Sanders,[2] na qual o proprietário de uma agência de empregos acredita que, atualmente, o valor médio mensal de reclamações de empresas que contratam as pessoas encaminhadas pela agência é maior que o valor histórico da agência, que é de 16 reclamações por mês, em média. Se essa hipótese for confirmada, a agência necessitará promover mudanças no seu processo de seleção de candidatos. Observe que, nesse caso, as hipóteses que deverão ser testadas são:

$$H_0 : \mu = 16$$
$$H_1 : \mu > 16$$

em que μ é o número médio mensal de reclamações recebidas.

Quando a afirmação que desejamos provar (hipótese H_1) é que a média populacional μ é menor do que o valor μ_0, teremos um teste **unilateral esquerdo**, para o qual as hipóteses assumem a forma:

$$H_0 : \mu = \mu_0$$
$$H_1 : \mu < \mu_0$$

No teste unilateral esquerdo a região crítica fica localizada apenas na cauda esquerda da distribuição da estatística de teste (**Figura 3.7**).

> **Um teste unilateral esquerdo é aquele que rejeita a hipótese nula H_0 se o valor assumido pela estatística de teste for *significativamente menor* que o valor estabelecido para o parâmetro populacional em H_0.**

Como **exemplo** de uma situação em que seria apropriado realizar um teste unilateral esquerdo, considere uma indústria produtora de alimentos enlatados, que deseja comprovar sua suspeita de que o peso líquido médio de um determinado produto está inferior ao

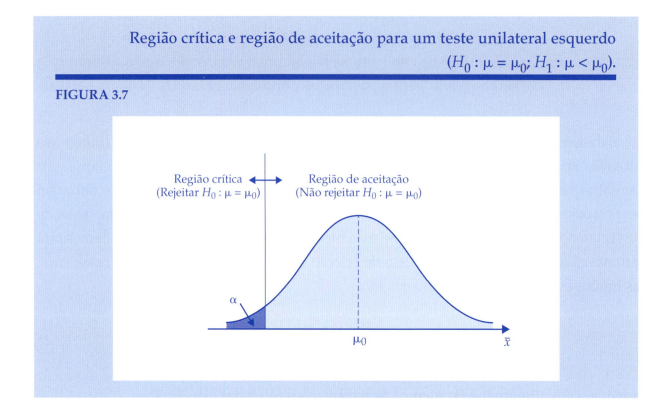

FIGURA 3.7 Região crítica e região de aceitação para um teste unilateral esquerdo ($H_0 : \mu = \mu_0$; $H_1 : \mu < \mu_0$).

peso de 500 gramas indicado na embalagem. Se esse fato for verdadeiro, a empresa poderá ser alvo de uma publicidade extremamente prejudicial, resultante das queixas dos clientes e das multas aplicadas pelos órgãos de fiscalização. Como o tamanho das latas não permite que sejam fabricadas unidades do produto cujo peso líquido médio seja significativamente superior a 500 gramas, as hipóteses que devem ser testadas nessa situação são:

$$H_0 : \mu = 500$$
$$H_1 : \mu < 500$$

em que μ é o peso líquido médio indicado das embalagens do produto.

3.1.5 Resumo das principais etapas de um teste de hipóteses

A **Figura 3.8** apresenta um resumo das etapas que devem ser seguidas durante a realização de um teste de hipóteses. A utilização dessa sequência de etapas será exemplificada nas próximas seções deste capítulo e também no Capítulo 4.

Resumo das etapas que devem ser seguidas durante a realização de um teste de hipóteses.

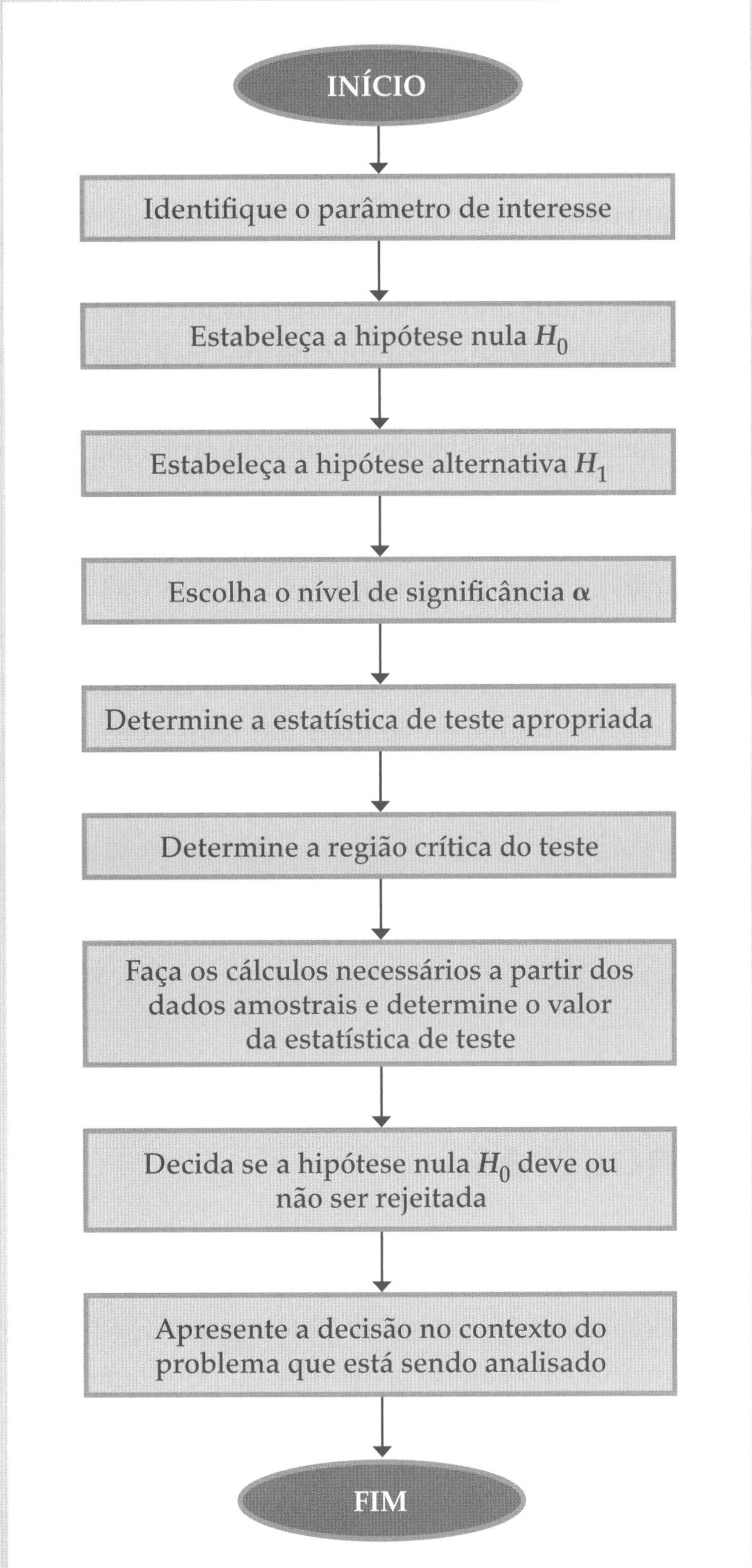

FIGURA 3.8

INÍCIO

Identifique o parâmetro de interesse

Estabeleça a hipótese nula H_0

Estabeleça a hipótese alternativa H_1

Escolha o nível de significância α

Determine a estatística de teste apropriada

Determine a região crítica do teste

Faça os cálculos necessários a partir dos dados amostrais e determine o valor da estatística de teste

Decida se a hipótese nula H_0 deve ou não ser rejeitada

Apresente a decisão no contexto do problema que está sendo analisado

FIM

3.1.6 Decisões estatísticas e decisões gerenciais

É importante destacar que uma conclusão ou decisão estatística estabelecida a partir da realização de um teste de hipóteses não encerra um procedimento de tomada de decisão. Para que o leitor possa entender essa afirmação, vamos considerar novamente o caso da indústria produtora de alimentos enlatados que deseja comprovar sua suspeita de que o peso líquido médio de um determinado produto é inferior ao peso de 500 gramas indicado nas embalagens. Se o teste de hipóteses realizado indicar que essa suspeita é verdadeira, esse teste não estará também indicando qual ação gerencial deve ser adotada. A indústria pode, por exemplo, substituir a máquina utilizada no enchimento das embalagens do produto ou pode ajustar ou consertar a máquina. A decisão final será tomada a partir da consideração de outras questões que estão envolvidas no problema, a saber: "a presença de algum defeito na máquina de enchimento é de fato a causa do problema?", "quais são os recursos financeiros disponíveis para a substituição da máquina?", "existem novas máquinas disponíveis no mercado, para que uma possível aquisição seja feita imediatamente?". Portanto, nem sempre a conclusão estatística é a decisão gerencial. **A conclusão estatística é um elemento capaz de reduzir e controlar a incerteza inerente a todo procedimento de tomada de decisão, representando então mais um fator que deve ser levado em consideração no contexto global do problema que está sendo analisado.**

> Nem sempre a conclusão estatística representa a decisão
> gerencial final que deve ser adotada.

3.2 Testes de hipóteses para médias – grandes amostras

3.2.1 Introdução

Discutiremos agora como realizar testes de hipótese para a média μ de uma população, na situação em que o tamanho n da amostra extraída da população é superior a 30. Como os exemplos considerados na Seção 3.1 envolveram testes para a média, muitas das ideias que serão apresentadas aqui representarão generalizações do que já foi discutido naquela seção e fornecerão um maior detalhamento do procedimento a ser seguido durante a realização dos testes de hipóteses para μ.

Suponha que a população de interesse tenha média μ e desvio-padrão σ e que dessa população tenha sido extraída uma amostra aleatória de tamanho n, representada por x_1, x_2..., x_n. Um teste de hipóteses para μ pode ser construído com base na distribuição da média amostral $\bar{x}$. Já sabemos que a distribuição de $\bar{x}$ será normal se a população tiver uma distribuição normal e será aproximadamente normal se as condições do Teorema Central do Limite forem satisfeitas. Além disso, a média da distribuição $\bar{x}$ é igual a μ e o desvio-padrão é $\sigma/\sqrt{n}$. Nessa situação:

$$z = \frac{\bar{x} - \mu}{\sigma/\sqrt{n}}$$

tem distribuição normal padronizada, isto é, $z \sim N(0, 1)$.

No entanto, sabemos que, na prática, o valor do desvio-padrão populacional σ, que aparece na equação anterior, é desconhecido. Contudo, quando o tamanho da amostra é grande ($n > 30$), podemos substituir σ pelo desvio-padrão amostral s e ainda considerar que a variável dada por:

$$z = \frac{\bar{x} - \mu}{s/\sqrt{n}} \tag{3.5}$$

tem, aproximadamente, distribuição normal padronizada e utilizar a equação (3.5) como base para a realização dos testes de hipótese para μ, conforme será apresentado a seguir.

3.2.2 Como realizar um teste de hipóteses para a média μ no caso de grandes amostras

3.2.2.1 Teste bilateral

Considere que desejamos testar as hipóteses:

$$\begin{aligned} H_0 &: \mu = \mu_0 \\ H_1 &: \mu \neq \mu_0 \end{aligned} \tag{3.6}$$

em que μ_0 é um valor de interesse.

Se a hipótese nula é verdadeira, então:

$$z_0 = \frac{\bar{x} - \mu_0}{s / \sqrt{n}} \quad (3.7)$$

tem, aproximadamente, distribuição normal padronizada, e, portanto, poderemos utilizar z_0 como nossa **estatística de teste**. Observe que, se $H_0 : \mu = \mu_0$ é verdadeira, temos:

$$P(-z_{\alpha/2} \leq z_0 \leq z_{\alpha/2}) = 1 - \alpha$$

Esse resultado está ilustrado na **Figura 3.9**.

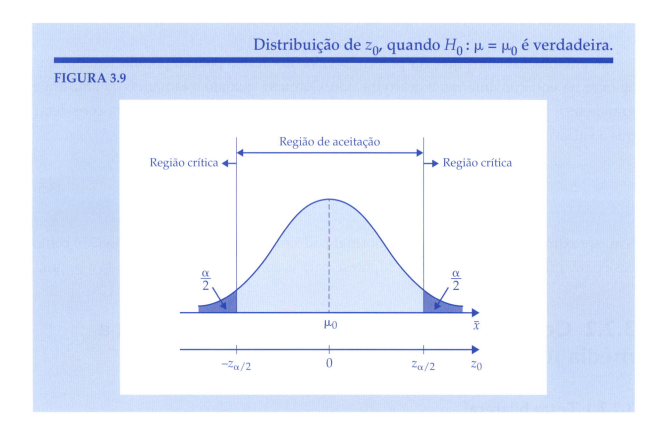

FIGURA 3.9 Distribuição de z_0, quando $H_0 : \mu = \mu_0$ é verdadeira.

A partir da **Figura 3.9**, imediatamente visualizamos que a probabilidade de que a estatística de teste z_0 assuma valores nas caudas da distribuição ($z_0 > z_{\alpha/2}$ ou $z_0 < -z_{\alpha/2}$) é igual a α, quando H_0 é verdadeira. Como a obtenção de valores para a estatística de teste nas caudas da distribuição é pouco provável se H_0 é verdadeira, fica claro que devemos **rejeitar H_0 se**:

$$z_0 > z_{\alpha/2} \text{ ou } z_0 < -z_{\alpha/2} \quad (3.8)$$

Por outro lado, H_0 **não deve ser rejeitada se:**

$$-z_{\alpha/2} \leq z_0 \leq z_{\alpha/2} \tag{3.9}$$

Portanto, a equação (3.8) define a região crítica do teste, enquanto a equação (3.9) define a região de aceitação. É claro que o nível de significância é α.

A região crítica também pode ser expressa em termos do valor calculado para a média amostral $\bar{x}$. **Em termos de $\bar{x}$, a região crítica é:**

$$\bar{x} > \mu_0 + z_{\alpha/2} \times \frac{s}{\sqrt{n}} \text{ ou } \bar{x} < \mu_0 - z_{\alpha/2} \times \frac{s}{\sqrt{n}} \tag{3.10}$$

3.2.2.2 Teste unilateral direito

O procedimento para a realização dos testes unilaterais é análogo ao que foi apresentado para o teste bilateral. No caso do teste unilateral direito, as hipóteses são:

$$\begin{aligned} H_0 &: \mu = \mu_0 \\ H_1 &: \mu > \mu_0 \end{aligned} \tag{3.11}$$

Se a hipótese nula é verdadeira, não esperamos obter valores muito grandes para a estatística de teste z_0 e, então, a região crítica deve estar situada na cauda direita da distribuição normal padronizada. Isso é, para um teste com nível de significância α, devemos **rejeitar H_0 se:**

$$z_0 > z_\alpha \tag{3.12}$$

Como no caso do teste bilateral, a região crítica também pode ser expressa em termos do valor calculado para a média amostral $\bar{x}$. **Em termos de $\bar{x}$, a região crítica é:**

$$\bar{x} > \mu_0 + z_\alpha \times \frac{s}{\sqrt{n}} \tag{3.13}$$

3.2.2.3 Teste unilateral esquerdo

Já para o teste unilateral esquerdo, as hipóteses são:

$$\begin{aligned} H_0 &: \mu = \mu_0 \\ H_1 &: \mu < \mu_0 \end{aligned} \tag{3.14}$$

Se a hipótese nula é verdadeira, não esperamos obter valores muito pequenos para a estatística de teste z_0 e, portanto, a região crítica deve estar situada na cauda esquerda da distribuição normal padronizada. Ou seja, para um teste com nível de significância α, **devemos rejeitar H_0 se:**

$$z_0 < -z_\alpha \tag{3.15}$$

A região crítica, expressa em termos do valor calculado para a média amostral $\bar{x}$ é:

$$\bar{x} < \mu_0 - z_\alpha \times \frac{s}{\sqrt{n}} \tag{3.16}$$

Testes para μ – grandes amostras

Quando $n > 30$, o teste $H_0 : \mu = \mu_0$ é baseado na estatística de teste:

$$z_0 = \frac{\bar{x} - \mu_0}{s / \sqrt{n}}$$

que tem, aproximadamente, distribuição normal padronizada. A região crítica, para um teste com nível de significância α, depende da hipótese alternativa.

Hipótese alternativa		Região crítica
$H_1 : \mu \neq \mu_0$	$\Rightarrow$	$z_0 > z_{\alpha/2}$ ou $z_0 < -z_{\alpha/2}$
$H_1 : \mu > \mu_0$	$\Rightarrow$	$z_0 > z_\alpha$
$H_1 : \mu < \mu_0$	$\Rightarrow$	$z_0 < -z_{\alpha/2}$

▶ **Exemplo 3.1**

Uso do teste de hipóteses para a média μ na fase de **análise do processo** do Ciclo PDCA para melhorar resultados ou na etapa ***analyze*** do DMAIC.

Vamos considerar novamente a rede de pizzarias já mencionada na Seção 3.1, que desejava avaliar se o lote de peças de salame recebidas em um determinado dia atendia à condição *teor médio de gordura igual a 40,0%*. Essa avaliação estava sendo realizada durante a etapa de **análise do processo** do Ciclo PDCA para melhorar resultados, para a confirmação das causas mais prováveis para o problema *ocorrência de reclamações dos clientes quanto à qualidade das pizzas do tipo A6.*

Testes de hipóteses sobre parâmetros de processos

Para realizar a avaliação, a equipe técnica da empresa decidiu retirar uma amostra aleatória de $n = 36$ peças de salame do lote recebido, medir o teor de gordura de cada peça por meio de um procedimento apropriado e realizar um teste de hipóteses para μ, adotando o nível de significância $\alpha = 5\%$. Os valores obtidos para o teor de gordura de cada peça de salame selecionada para compor a amostra aleatória estão apresentados na **Tabela 3.3** e a análise descritiva realizada (diagrama de pontos, histograma e medidas de locação e variabilidade) é mostrada na **Figura 3.10**.

Medidas do teor de gordura (%) das peças de salame – exemplo 3.1

TABELA 3.3

41,4	42,0	41,3	42,5	40,3	40,4
36,8	47,4	40,0	40,9	36,6	43,5
43,8	38,8	40,5	39,5	40,2	41,0
45,2	40,3	41,9	39,2	41,9	42,2
41,1	42,7	42,8	37,9	40,0	38,4
40,9	39,7	43,5	39,5	41,0	40,2

A **Figura 3.10** estava indicando que o teor de gordura variava, aproximadamente, de 36% a 48% e que o teor médio deveria estar situado um pouco acima de 40%. Essa última indicação seria confirmada, ou não, por meio do teste de hipóteses.

A equipe da rede de pizzarias realizou o teste de hipóteses seguindo as etapas apresentadas na **Figura 3.8**, conforme descrito a seguir.

1. Identifique o parâmetro de interesse.

   O parâmetro de interesse é o teor médio de gordura das peças de salame que constituem o lote recebido pela rede de pizzarias (μ).

2. Estabeleça a hipótese nula H_0.

   $H_0: \mu = 40,0\%$.

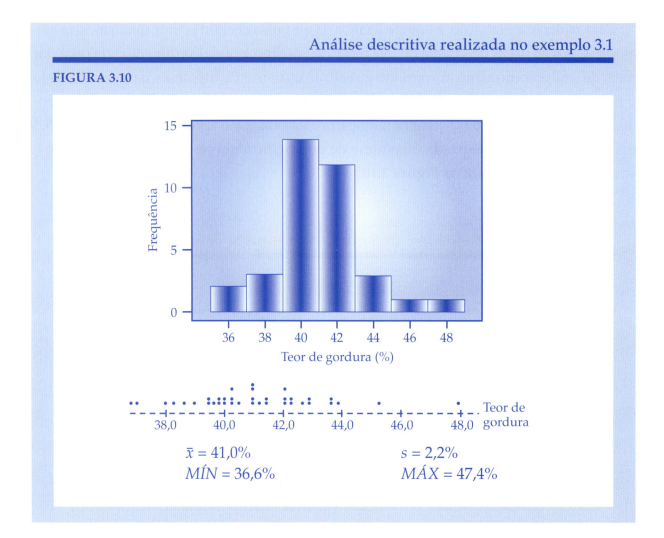

FIGURA 3.10 — Análise descritiva realizada no exemplo 3.1

3. Estabeleça a hipótese alternativa H_1.

   $H_1 : \mu \neq 40{,}0\%$.

4. Escolha o nível de significância α.

   $\alpha = 0{,}05$.

   Esse valor foi escolhido a partir de considerações sobre o grau de seriedade da ocorrência do erro tipo I: concluir que o lote não satisfaz à especificação, quando esse fato não corresponde à realidade, ou seja, concluir que $\mu \neq 40{,}0\%$ quando, na realidade, $\mu = 40{,}0\%$.

5. Determine a estatística de teste apropriada.

   A estatística de teste, no caso de grandes amostras ($n = 36$), é:

   $$z_0 = \frac{\bar{x} - \mu_0}{s/\sqrt{n}}$$

6. Determine a região crítica do teste.

A partir da tabela da distribuição normal padronizada, é obtido que:

$$z_0 > z_{0,05/2} = z_{0,025} = 1,96$$

Portanto, H_0 deve ser rejeitada se:

$$z_0 > 1,96 \text{ ou } z_0 < -1,96$$

7. Faça os cálculos necessários a partir dos dados amostrais e determine o valor da estatística de teste.

$$\bar{x} = \frac{1}{n}\sum_{i=1}^{n} x_i = 41,0\%$$

$$s = \sqrt{\frac{1}{n-1}\sum_{i=1}^{n}(x_i - \bar{x})^2} = 2,2\%$$

$$z_0 = \frac{\bar{x} - \mu_0}{s/\sqrt{n}} = \frac{41,0 - 40,0}{2,2/\sqrt{36}} = 2,73$$

Note que a rede de pizzarias possuía uma estimativa do desvio-padrão do teor de gordura ($\sigma = 2,0\%$), obtida a partir da experiência anterior da empresa com a matéria-prima desse fornecedor. No entanto, a equipe técnica da empresa preferiu utilizar o desvio-padrão amostral s para calcular o valor da estatística de teste, por considerar que s refletia melhor a variabilidade do teor de gordura das peças de salame que constituíam o lote recebido na época da realização do teste.

8. Decida se a hipótese nula H_0 deve ser ou não rejeitada.

Como $z_0 = 2,73 > z_{\alpha/2} = 1,96$, a hipótese nula $H_0 : \mu = 40,0\%$ foi rejeitada ao nível de significância $\alpha = 0,05$.

9. Apresente a decisão no contexto do problema que está sendo analisado.

A equipe técnica da rede de pizzarias obteve forte evidência para concluir que o teor médio de gordura das peças de salame recebidas pela empresa diferia do valor nominal de especificação (40,0%). Foi então confirmada uma das causas consideradas mais prováveis para problema *ocorrência de reclamações dos clientes quanto à qualidade das pizzas tipo A6*.

3.2.3 Probabilidade de significância (p-valor)

Na seção anterior mostramos uma das maneiras para apresentação dos resultados de um teste de hipóteses: dizer que a hipótese nula foi rejeitada, ou não, a um determinado nível de significância α. No caso da rede de pizzarias, por exemplo, a decisão foi que H_0: $\mu = 40,0\%$ devia ser rejeitada ao nível de significância $\alpha = 0,05$. No entanto, essa forma de estabelecimento da conclusão não é a mais completa, já que ela não fornece nenhuma informação sobre a *força da evidência contra* H_0 obtida a partir dos dados. Ou seja, não é informado se o valor observado para a estatística de teste que levou à rejeição de H_0 está próximo da fronteira da região crítica (baixa evidência contra H_0) ou se está muito afastado da fronteira (alta evidência contra H_0). Um procedimento de teste que elimina essa dificuldade utiliza a chamada **probabilidade de significância** ou **p-valor** da estatística de teste observada, que mede a força da evidência contra H_0 em uma escala numérica.

> O p-valor é a probabilidade de ocorrência do valor particular observado para a estatística de teste ou de valores mais extremos, na direção da região crítica, quando a hipótese nula H_0 é verdadeira.

A **Figura 3.11** mostra a relação existente entre o nível de significância α e o p-valor da estatística de teste observada ($\bar{x}_{obs}$) para três diferentes resultados que podem acontecer no teste de $H_0 : \mu = \mu_0$ contra $H_1 : \mu > \mu_0$. Observe, nessa figura, como o p-valor (área hachurada sob a curva que representa a distribuição da estatística de teste) diminui à medida que $\bar{x}_{obs}$ se afasta de μ_0 (ou, o que é equivalente, à medida que z_0 se afasta de zero), na direção da região crítica. Portanto, quanto menos consistentes com a conclusão de que μ_0 é verdadeira forem os valores de $\bar{x}_{obs}$ ou z_0, ou seja, **quanto maior for a força da evidência contra H_0, menor será o p-valor.**

Apresentaremos a seguir as fórmulas para cálculo do p-valor. É importante destacar que o p-valor associado a um teste de hipóteses é calculado pela maioria dos softwares estatísticos.

> ### Fórmulas para cálculo do p-valor
> - Teste unilateral direito ($H_0 : \mu = \mu_0$; $H_1 : \mu > \mu_0$): p-valor $= P(z \geq z_0)$
> - Teste unilateral esquerdo ($H_0 : \mu = \mu_0$; $H_1 : \mu < \mu_0$): p-valor $= P(z \leq z_0)$
> - Teste bilateral ($H_0 : \mu = \mu_0$; $H_1 : \mu \neq \mu_0$): p-valor $= 2P(z \geq |z_0|)$

Relação existente entre o nível de significância α e o p-valor da estatística de teste observada, para três diferentes resultados possíveis no teste de $H_0: \mu = \mu_0$ contra $H_1: \mu > \mu_0$.

FIGURA 3.11

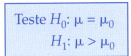

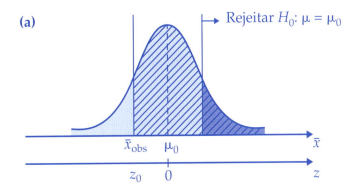

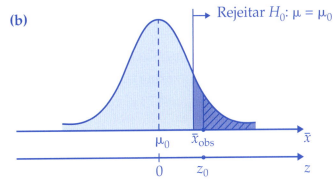

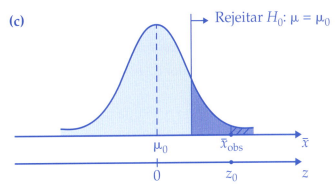

Legenda:
▨ p-valor
■ nível de significância α

Figura	Decisão
(a)	Não rejeitar H_0
(b)	Rejeitar H_0 (Fraca evidência contra H_0).
(c)	Rejeitar H_0 (Forte evidência contra H_0).

O p-valor pode ser utilizado diretamente em um teste de hipóteses, para a tomada de decisão quanto a rejeitar ou não H_0. A regra de decisão baseada no p-valor, que é válida tanto para os testes bilaterais quanto para os unilaterais, assume a forma mostrada a seguir.

$$\text{Se p-valor} < \alpha \Rightarrow \text{rejeitar } H_0$$
$$\text{Se p-valor} \geq \alpha \Rightarrow \text{não rejeitar } H_0$$

Observando a **Figura 3.11**, o leitor pode notar que a regra de decisão baseada no p-valor é equivalente a regra de decisão baseada na comparação do valor da estatística de teste z_0 com a região crítica.

▸ Exemplo 3.2

Uso do teste de hipóteses para a média μ na fase de análise do processo do Ciclo PDCA para melhorar resultados ou na etapa *analyze* do DMAIC.

A fim de ilustrar a utilização da regra de decisão baseada no p-valor, vamos considerar novamente o teste realizado pela rede de pizzarias do Exemplo 3.1. Nesse exemplo, o valor calculado para a estatística de teste foi $z_0 = 2,73$ e, como o teste era bilateral, o p-valor correspondente é:

$$\text{p-valor} = 2P(z \geq |z_0|) = 2P(z \geq 2,73) = 2(1 - 0,9968) = 0,0064 = 0,64\%$$

Como p-valor $= 0,0064 < \alpha = 0,05$, a decisão é rejeitar a hipótese nula $H_0: \mu = 40,0\%$, o que já era esperado, por causa da equivalência entre a regra de decisão baseada no p-valor e a regra de decisão baseada na comparação do valor da estatística de teste z_0 com a região crítica.

É importante notar que, nesse caso, H_0 seria rejeitada para qualquer nível de significância $\alpha >$ p-valor. Por exemplo, H_0 seria rejeitada se $\alpha = 0,01$, mas não seria rejeitada se $\alpha = 0,005$.

A **Figura 3.12** apresenta um resumo das etapas que devem ser seguidas durante a realização de um teste de hipóteses empregando a regra de decisão baseada no p-valor. Comparando as **Figuras 3.12** e **3.8**, o leitor notará que, quando utilizamos o p-valor, deixa de ser necessário determinar a região crítica do teste.

Resumo das etapas que devem ser seguidas durante a realização de um teste de hipóteses empregando a regra de decisão baseada no p-valor.

FIGURA 3.12

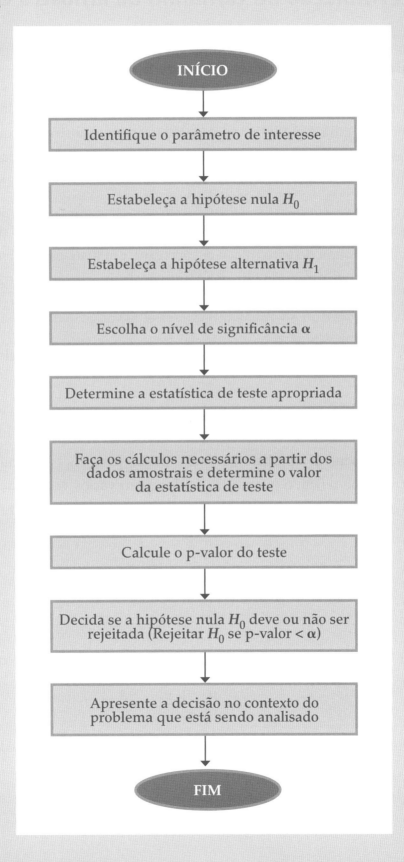

3.2.4 Determinação do tamanho da amostra e do erro tipo II

3.2.4.1 Método das curvas características de operação (CCO)

Apresentaremos agora como calcular a probabilidade β de ocorrência do erro tipo II em um teste de hipóteses para a média μ, no caso de grandes amostras, e como determinar o tamanho amostral n que garantirá a obtenção de um valor pré-fixado para β. Em nossa apresentação utilizaremos o método das **CCO**.

> Uma curva característica de operação (CCO) é um gráfico da probabilidade do erro tipo II associado a um teste estatístico, para um detrminado tamanho amostral, em função de um parâmetro que reflete o quanto a hipótese nula H_0 é falsa

Os gráficos I e II, apresentados no Anexo C, são as CCO para o teste bilateral:

$$H_0 : \mu = \mu_0$$
$$H_1 : \mu \neq \mu_0$$

Essas curvas representam a probabilidade β ($P[\text{não rejeitar } H_0 \mid H_0 \text{ é falsa}]$) em função de um parâmetro d que reflete o quanto H_0 é falsa, para vários valores de n. O Gráfico I corresponde ao caso em que $\alpha = 0{,}05$ e o Gráfico II corresponde a $\alpha = 0{,}01$. O parâmetro d é definido **por**:

$$d = \frac{|\mu_1 - \mu_0|}{\sigma} = \frac{|\delta|}{\sigma} \tag{3.17}$$

em que μ_1 é um valor de μ sob H_1.

Se o teste for unilateral direito ($H_1 : \mu > \mu_0$), a expressão para o cálculo de d é:

$$d = \frac{\mu_1 - \mu_0}{\sigma} \tag{3.18}$$

Quando o teste é unilateral esquerdo ($H_1 : \mu < \mu_0$), d deve ser calculado por meio da expressão:

$$d = \frac{\mu_0 - \mu_1}{\sigma} \tag{3.19}$$

Testes de hipóteses sobre parâmetros de processos

Os Gráficos III e IV, também apresentados no Anexo C, são as CCO para os testes unilaterais.

Note então que as CCO envolvem três parâmetros: β, d e n. Conhecidos dois desses parâmetros, o terceiro pode ser determinado por meio das CCO. Portanto, essas curvas têm as seguintes funções:

- Determinar β, para d e n conhecidos.

   Esse tipo de utilização das CCO é importante quando o tamanho da amostra não foi planejado antes da coleta dos dados e desejamos então avaliar o poder do teste realizado.

- Determinar n, para β e d conhecidos.

   Esse tipo de emprego das CCO é importante para o planejamento do tamanho da amostra, antes da coleta dos dados.

As etapas que devem ser seguidas para a determinação do tamanho da amostra necessária para o teste de $H_0: \mu = \mu_0$, utilizando as CCO, estão apresentadas no **Quadro 3.1**. É importante destacar que o procedimento mostrado nesse quadro é apropriado quando o valor resultante para n for superior a 30. Caso isso não aconteça, deverá ser utilizado o **Quadro 3.3**.

▶ **Exemplo 3.3**

> Uso do teste de hipóteses para a média μ na fase de **análise do processo** do Ciclo PDCA para melhorar resultados ou na etapa *analyze* do DMAIC. Determinação do tamanho da amostra pelo método das CCO.

Mais uma vez vamos considerar o teste realizado pela rede de pizzarias do Exemplo 3.1 Suponha que a equipe da empresa gostaria de realizar o teste de tal forma que, se o verdadeiro teor médio de gordura das peças de salame diferisse em 1,0% para mais em relação ao valor nominal (40,0%), esse fato deveria ser detectado pelo teste com cerca de 85% de probabilidade (isto é, $H_0: \mu = 40,0\%$ deveria ser rejeitada com 85% de probabilidade se, na verdade, $\mu = 41,0\%$). Para determinar o tamanho n da amostra adequado à satisfação dessa condição, a equipe seguiu as etapas listadas no **Quadro 3.1**, conforme é apresentado a seguir.

1. $\alpha = 0,05$.

Etapas para a determinação do tamanho da amostra para o teste de $H_0: \mu = \mu_0$, utilizando as CCO

QUADRO 3.1

1. Especifique o nível de significância α desejado para o teste.
2. Especifique o valor de μ sob H_1 no qual a probabilidade β do erro tipo II será controlada. Identifique esse valor pela notação μ_1.
3. Especifique o valor desejado para β em $\mu = \mu_1$.
4. Obtenha uma estimativa preliminar do desvio-padrão da população (σ). Essa estimativa preliminar pode ser obtida por meio de dados históricos, resultados obtidos em estudos similares ou extração de uma amostra-piloto.
5. Calcule d.

   - Se $H_1: \mu \neq \mu_0 \Rightarrow d = \dfrac{|\mu_1 - \mu_0|}{\sigma}$

   - Se $H_1: \mu > \mu_0 \Rightarrow d = \dfrac{\mu_1 - \mu_0}{\sigma}$

   - Se $H_1: \mu < \mu_0 \Rightarrow d = \dfrac{\mu_0 - \mu_1}{\sigma}$

6. Obtenha o valor de n a partir da curva característica de operação apropriada localizando o ponto que representa o par $(d; \beta)$.
   - Se $H_1: \mu \neq \mu_0 \Rightarrow$ consulte o Gráfico I ($\alpha = 0,05$) ou II ($\alpha = 0,01$) do Anexo C.
   - Se $H_1: \mu > \mu_0$ ou $H_1: \mu < \mu_0 \Rightarrow$ consulte o Gráfico III ($\alpha = 0,05$) ou IV ($\alpha = 0,01$) do Anexo C.

2. $\mu_1 = 41,0\%$.

3. $\beta = 1 - 0,85 = 0,15$.

4. $\sigma = 2,0\%$.

5. $d = \dfrac{|\mu_1 - \mu_0|}{\sigma} = \dfrac{|41,0 - 40,0|}{2,0} = 0,5$

6. $(d ; \beta) = (0,5 ; 0,15) \Rightarrow n \sim 40$, a partir do Gráfico I do Anexo C.

Suponha que a equipe da rede de pizzarias desejasse determinar o valor da probabilidade do erro tipo II se o verdadeiro teor médio de gordura fosse $\mu = 42,0\%$, para uma amostra de

Testes de hipóteses sobre parâmetros de processos

tamanho $n = 40$ e $\alpha = 0{,}05$. Para a solução desse problema, ainda seria utilizado o método das CCO, de acordo com o seguinte procedimento:

- $d = \dfrac{|\mu_1 - \mu_0|}{\sigma} = \dfrac{|42{,}0 - 40{,}0|}{2{,}0} = 1{,}0$

- $(d\,;\,n) = (1{,}0\,;\,40) \Rightarrow \beta \sim 0$, a partir do Gráfico I do Anexo C.

Esse resultado significa que, se o verdadeiro teor médio de gordura das peças de salame que constituem o lote recebido pela empresa for igual a 42,0%, é praticamente certo que esse fato será detectado, se for utilizado o teste com $\alpha = 0{,}05$ e com uma amostra de tamanho $n = 40$.

3.2.4.2 Fórmulas para a determinação do tamanho da amostra

Em lugar de utilizar as CCO, também podemos empregar equações para o cálculo do tamanho n da amostra, a partir da especificação α, β e $\delta = \mu_1 - \mu_0$.

As etapas que devem ser seguidas para a determinação do tamanho da amostra necessária para o teste de $H_0 : \mu = \mu_0$, utilizando equações apropriadas, estão apresentadas no **Quadro 3.2**. É importante destacar que as equações mostradas nesse quadro são adequadas quando o valor resultante para n for superior a 30. Caso isso não aconteça, deverá ser utilizado o **Quadro 3.3**.

▶ **Exemplo 3.4**

> Uso do teste de hipóteses para a média μ na fase de **análise do processo** do Ciclo PDCA para melhorar resultados ou na etapa *analyze* do DMAIC. Determinação do tamanho da amostra por meio do emprego de equações.

Vamos considerar o Exemplo 3.3 e determinar o tamanho da amostra por meio da equação apropriada, seguindo as etapas relacionadas no **Quadro 3.2**.

1. $\alpha = 0{,}05$.

2. $\mu_1 = 41{,}0\% \Rightarrow \delta = 41{,}0 - 40{,}0 = 1{,}0$

> ## Etapas para a determinação do tamanho da amostra para o teste de $H_0 : \mu = \mu_0$, utilizando equações
>
> **QUADRO 3.2**
>
> 1. Especifique o nível de significância α desejado para o teste.
>
> 2. Especifique o valor de μ sob H_1 para o qual a probabilidade β do erro tipo II será controlada. Identifique esse valor pela notação μ_1 e calcule $\delta = \mu_1 - \mu_0$.
>
> 3. Especifique o valor desejado para β em $\mu = \mu_1$.
>
> 4. Obtenha uma estimativa preliminar do desvio-padrão da população (σ). Essa estimativa preliminar pode ser obtida por meio de dados históricos, resultados obtidos em estudos similares ou extração de uma amostra-piloto.
>
> 5. Calcule n.
>
>   (a) Se $H_1 : \mu \neq \mu_0$:
>
> $$n \simeq \frac{\left(z_{\alpha/2} + z_\beta\right)^2 \sigma^2}{\delta^2} \qquad (3.20)$$
>
>   A equação (3.20) pode ser utilizada se $P\left(z \leq -z_{\alpha/2} - \delta\sqrt{n}\,/\,\sigma\right)$ for pequena em relação a β.
>
>   (b) Se $H_1 : \mu > \mu_0$ ou $H_1 : \mu < \mu_0$:
>
> $$n = \frac{\left(z_\alpha + z_\beta\right)^2 \sigma^2}{\delta^2} \qquad (3.21)$$
>
>   Notação utilizada nas equações (3.20) e (3.21):
>
>   - z_γ é tal que $P(z \geq z_\gamma) = \gamma$

3. $\beta = 1 - 0,85 = 0,15$.

4. $\sigma = 2,0\%$.

5. $n \simeq \dfrac{\left(z_{\alpha/2} + z_\beta\right)^2 \sigma^2}{\delta^2} = \dfrac{(1,96 + 1,04)^2 (2,0)^2}{(1,0)^2} = 36$

Observe que, como $P\left(z \leq -z_{\alpha/2} - \delta\sqrt{n}/\sigma\right) = P\left(z \leq -1,96 - (1,0)\sqrt{36}/2,0\right) = P\left(z \leq -4,96\right) \simeq 0$ é pequena em relação a β, a equação anterior pode ser utilizada.

O leitor deve notar que $n = 36$ é próximo do valor de $n = 40$ determinado a partir do método das curvas características de operação (CCO) utilizado no Exemplo 3.3. Portanto, o tamanho amostral $n = 36$, que foi empregado pela rede de pizzarias para a realização do teste apresentado anteriormente no Exemplo 3.1 era, de fato, adequado.

3.2.5 Relação entre testes de hipóteses e intervalos de confiança

Nesse ponto, o leitor mais atento já deve ter notado a similaridade que existe entre as fórmulas utilizadas nos testes de hipóteses para a média μ e na estimação de μ por meio de intervalos de confiança.

De fato, é possível mostrar que, de modo geral, no teste de:

$$H_0 : \theta = \theta_0$$
$$H_1 : \theta \neq \theta_0$$

em que θ é o parâmetro de interesse, a hipótese nula H_0 será rejeitada no nível de significância α se θ_0 não pertencer ao intervalo $100(1 - \alpha)\%$ de confiança para θ.

Para ilustrar essa afirmação, vamos considerar os dados apresentados no exemplo 3.1 e construir um intervalo de 95% para μ, o teor médio de gordura das peças de salame recebidas pela rede de pizzarias. Utilizando a equação apresentada na **Tabela 2.5**, o intervalo de 95% de confiança para μ é:

$$(40{,}3;\ 41{,}7)\%$$

Como o valor $\mu_0 = 40{,}0\%$ não pertence ao intervalo de 95% de confiança para μ, no teste de:

$$H_0 : \mu = 40{,}0$$
$$H_1 : \mu \neq 40{,}0$$

no nível de significância $\alpha = 0{,}05$, a hipótese nula $H_0 : \mu = 40{,}0\%$ deve ser rejeitada. Note que essa é a mesma conclusão já estabelecida anteriormente no Exemplo 3.1.

3.3 Testes de hipóteses para médias – pequenas amostras

3.3.1 Introdução

Discutiremos agora como realizar testes de hipóteses para a média μ de uma população, na situação em que o tamanho n da amostra extraída da população é igual ou inferior a 30. Nessa situação, deixa de ser possível considerar que o quociente $(\bar{x} - \mu_0)/(s/\sqrt{n})$ tem, aproximadamente, distribuição normal padronizada quando $H_0 : \mu = \mu_0$ é verdadeira. Além disso, o procedimento para realização do teste passa a depender da forma da distribuição da população considerada.

Quando o tamanho da amostra é pequeno ($n \leq 30$), para que seja possível realizar o teste de $H_0 : \mu = \mu_0$, utilizando uma abordagem similar à que foi utilizada na Seção 3.2, **é necessário que a população de interesse tenha distribuição normal**. A suposição de normalidade da população resulta em um teste baseado na **distribuição t de Student**, já apresentado na Seção 2.2.3, que é conhecido como teste-t.

3.3.2 Como realizar um teste de hipóteses para a média μ no caso de pequenas amostras

3.3.2.1 Teste bilateral

Suponha que a população de interesse tenha **distribuição normal** com média μ e desvio-padrão σ e que dessa população tenha sido extraída uma amostra aleatória de tamanho $n \leq 30$, representada por $x_1, x_2 ..., x_n$.

No teste bilateral, desejamos testar as hipóteses:

$$H_0 : \mu = \mu_0$$
$$H_1 : \mu \neq \mu_0 \tag{3.22}$$

em que μ_0 é um valor de interesse.

Se a hipótese nula é verdadeira, então:

$$t_0 = \frac{\bar{x} - \mu_0}{s/\sqrt{n}} \qquad (3.23)$$

tem distribuição t de Student com $n - 1$ graus de liberdade, e, portanto, poderemos utilizar t_0 como nossa **estatística de teste**.

Devemos **rejeitar H_0 se:**

$$t_0 > t_{\alpha/2;n-1} \text{ ou } t_0 < -t_{\alpha/2;n-1} \qquad (3.24)$$

Por outro lado, **H_0 não deve ser rejeitada se:**

$$-t_{\alpha/2;n-1} \leq t_0 \leq t_{\alpha/2;n-1} \qquad (3.25)$$

Portanto, a equação (3.24) define a região crítica do teste, enquanto a equação (3.25) define a região de aceitação, para um nível de significância igual a α.

O leitor deve lembrar que a notação $t_{\alpha/2;n-1}$ identifica o ponto que determina na curva da distribuição t, com $n - 1$ graus de liberdade, uma cauda à direita com área $\alpha/2$. A tabela da distribuição t é apresentada no Anexo A.

A região crítica também pode ser expressa em termos do valor calculado para a média amostral $\bar{x}$. **Em termos de $\bar{x}$, a região crítica é**

$$\bar{x} > \mu_0 + t_{\alpha/2;n-1} \times \frac{s}{\sqrt{n}} \text{ ou } \bar{x} < \mu_0 - t_{\alpha/2;n-1} \times \frac{s}{\sqrt{n}} \qquad (3.26)$$

3.3.2.2 Teste unilateral direito

No caso do teste unilateral direito, as hipóteses são:

$$H_0 : \mu = \mu_0 \qquad (3.27)$$
$$H_1 : \mu > \mu_0$$

Para um teste com nível de significância α, devemos **rejeitar H_0 se:**

$$t_0 > t_{\alpha;n-1} \qquad (3.28)$$

Como no caso do teste bilateral, a região crítica também pode ser expressa em termos do valor calculado para a média amostral $\bar{x}$. **Em termos de $\bar{x}$, a região crítica é:**

$$\bar{x} > \mu_0 + t_{\alpha;n-1} \times \frac{s}{\sqrt{n}} \qquad (3.29)$$

3.3.2.3 Teste unilateral esquerdo

Já para o teste unilateral esquerdo, as hipóteses são:

$$H_0 : \mu = \mu_0 \qquad (3.30)$$
$$H_1 : \mu < \mu_0$$

Para um teste com nível de significância α, devemos **rejeitar H_0 se:**

$$t_0 < -t_{\alpha;n-1} \qquad (3.31)$$

A região crítica, expressa em termos do valor calculado para a média amostral $\bar{x}$, é:

$$\bar{x} < \mu_0 - t_{\alpha;n-1} \times \frac{s}{\sqrt{n}} \qquad (3.32)$$

Testes para μ – pequenas amostras

Quando $n \leq 30$, o teste de $H_0 : \mu = \mu_0$ é baseado na estatística de teste:

$$t_0 = \frac{\bar{x} - \mu_0}{s / \sqrt{n}}$$

que tem distribuição t de Student, com $n - 1$ graus de liberdade,
se a população de interesse tiver distribuição normal.
A região crítica, para um teste com nível de significância α,
depende da hipótese alternativa.

Hipótese alternativa		Região crítica
$H_1 : \mu \neq \mu_0$	$\Rightarrow$	$t_0 > t_{\alpha/2;n-1}$ ou $t_0 < -t_{\alpha/2;n-1}$
$H_1 : \mu > \mu_0$	$\Rightarrow$	$t_0 > t_{\alpha/2;n-1}$
$H_1 : \mu < \mu_0$	$\Rightarrow$	$t_0 < -t_{\alpha/2;n-1}$

Conforme foi destacado no início da seção, para realizar o teste-t é necessário que a população de interesse tenha distribuição normal. A validade da suposição de normalidade pode ser verificada por meio do gráfico de probabilidade normal.

Quando a população não tem distribuição normal, mas o desvio da normalidade não é muito grave, o teste-t ainda pode ser utilizado, desde que o tamanho da amostra não seja muito pequeno. No caso em que a distribuição da população é muito diferente da normal, podem ser realizadas transformações matemáticas nos dados ou podem ser utilizados os chamados "testes de hipóteses não paramétricos".

▶ **Exemplo 3.5**

> Uso do teste de hipóteses para a média μ (teste-t) na fase de **identificação do problema** do Ciclo PDCA para melhorar resultados ou na etapa *define* do DMAIC.

Vamos considerar a indústria produtora de alimentos enlatados mencionada na Seção 3.1, que desejava avaliar se o peso líquido médio de um determinado produto era inferior aos 500 gramas indicados na embalagem. Como o tamanho das latas não permitia que fossem fabricadas unidades do produto cujo peso líquido médio fosse significativamente superior a 500 gramas, as hipóteses testadas pela empresa foram:

$$H_0 : \mu = 500$$
$$H_1 : \mu < 500$$

em que μ representa o peso líquido médio indicado nas embalagens do produto.

Para realizar a avaliação, a equipe técnica da empresa decidiu retirar uma amostra aleatória de $n = 20$ unidades do produto, medir o peso líquido de cada uma delas e realizar o teste de hipótese para μ, adotando o nível de significância $\alpha = 1\%$. Os valores obtidos para o peso líquido de cada unidade do produto selecionada para compor a amostra aleatória estão apresentados na **Tabela 3.4**, e a análise descritiva realizada (diagrama de pontos, *boxplot* e medidas de locação e variabilidade) é mostrada na **Figura 3.13**.

Peso líquido (gramas) de uma amostra de unidades de um produto alimentício – exemplo 3.2

TABELA 3.4

500	500	499	498	499
498	498	500	498	501
499	499	500	499	500
501	500	498	499	497

Análise descritiva realizada no exemplo 3.5.

FIGURA 3.13

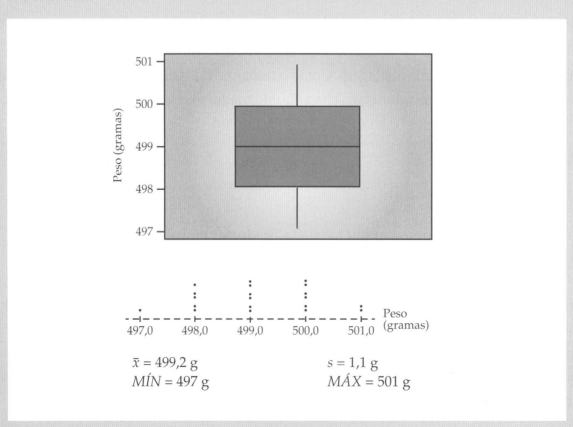

Testes de hipóteses sobre parâmetros de processos

A observação da **Figura 3.13** indicou à equipe técnica de trabalho da indústria que o peso líquido das unidades do produto alimentício para a amostra extraída variava de 497 a 501 gramas, e que o peso líquido médio parecia estar situado abaixo de 500 gramas. A partir desses resultados, a empresa obteve uma primeira indicação de que estava diante de um problema. Para confirmar essa indicação, a equipe de trabalho iria realizar o teste das hipóteses estabelecidas anteriormente. No entanto, para que o teste-t pudesse ser realizado, era necessário que os dados referentes ao peso líquido das embalagens fossem provenientes de uma distribuição normal. Tendo em vista a necessidade de satisfação dessa condição, a equipe da empresa construiu um gráfico de probabilidade normal. Esse gráfico foi construído por meio da utilização do software estatístico MINITAB e está apresentado na **Figura 3.14**.

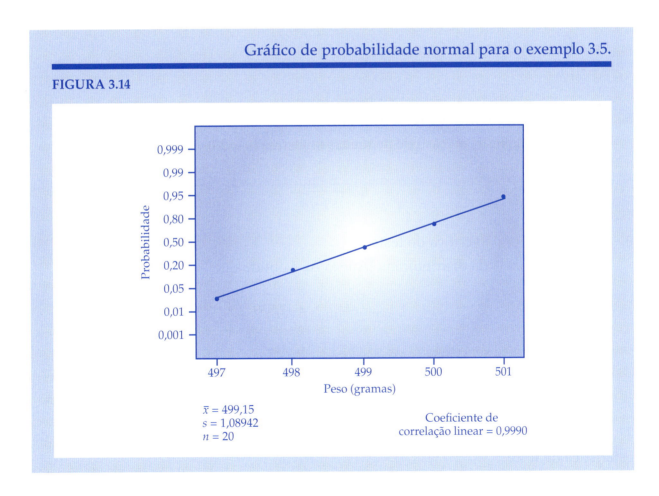

Gráfico de probabilidade normal para o exemplo 3.5.

FIGURA 3.14

Analisando a **Figura 3.14**, a equipe técnica da indústria percebeu que os pontos estavam localizados ao longo de uma reta. O MINITAB também forneceu o valor do coeficiente de correlação linear (0,999), que era praticamente igual a 1. Portanto, os técnicos da empresa concluíram que o peso líquido das unidades seguia uma distribuição normal e passaram então à realização do teste de hipóteses seguindo as etapas apresentadas na **Figura 3.8**, conforme é mostrado a seguir.

1. **Identifique o parâmetro de interesse.**

   O parâmetro de interesse é o peso líquido médio das unidades do produto alimentício (μ).

2. **Estabeleça a hipótese nula H_0.**

   $H_0 : \mu = 500$ gramas.

3. **Estabeleça a hipótese alternativa H_1.**

   $H_1 : \mu < 500$ gramas.

4. **Escolha o nível de significância α.**

   $\alpha = 0,01$.

5. **Determine a estatística de teste apropriada.**

   A estatística de teste, no caso de pequenas amostras ($n = 20$), é:

$$t_0 = \frac{\bar{x} - \mu_0}{s / \sqrt{n}}$$

6. **Determine a região crítica do teste.**

   A partir da tabela da distribuição t (Anexo A), é obtido que:

$$-t_{\alpha;n\text{-}1} = -t_{0,01;19} = -2,539$$

   Portanto, H_0 deve ser rejeitada se:

$$t_0 < -2,539$$

7. **Faça os cálculos necessários a partir dos dados amostrais e determine o valor da estatística de teste.**

$$\bar{x} = \frac{1}{n} \sum_{i=1}^{n} x_i = 499,2 \text{ g}$$

$$s = \sqrt{\frac{1}{n-1} \sum_{i=1}^{n} \left(x_i - \bar{x}\right)^2} = 1,1 \text{ g}$$

$$t_0 = \frac{\bar{x} - \mu_0}{s/\sqrt{n}} = \frac{499,2 - 500}{1,1/\sqrt{20}} = -3,25$$

8. Decida se a hipótese nula H_0 deve ser ou não rejeitada.

   Como $t_0 = -3,25 < -t_{\alpha;n-1} = -2,539$, a hipótese nula $H_0: \mu = 500$ gramas foi rejeitada ao nível de significância $\alpha = 0,01$.

9. Apresente a decisão no contexto do problema que está sendo analisado.

   A equipe de trabalho da empresa obteve forte evidência para concluir que o peso líquido médio das unidades do produto era inferior ao valor 500 gramas, estando, portanto, sujeito à multa dos órgãos de fiscalização e às queixas dos clientes. Observe que então foi **identificado um problema**, que deveria ser solucionado por meio do giro do **Ciclo PDCA para melhorar resultados** ou do DMAIC.

3.3.3 O p-valor de um teste-t

A conclusão de um teste-t pode ser aprimorada por meio do cálculo da probabilidade de significância ou p-valor da estatística de teste observada. O p-valor associado a um teste-t é calculado e interpretado da mesma forma já discutida na Seção 3.2.3. A única diferença é que agora trabalhamos com a tabela da distribuição t de Student em lugar da tabela de distribuição normal padronizada. No entanto, como a tabela da distribuição t apresenta apenas 10 pontos críticos para cada valor do número de graus de liberdade da distribuição, na maioria dos casos é impossível obter uma determinação exata do p-valor. Contudo, é possível obter uma ideia aproximada da sua magnitude. Para ilustrar essa afirmação, considere novamente o Exemplo 3.5, no qual foi obtido $t_0 = -3,25$ com 19 graus de liberdade. Observando a tabela da distribuição t para 19 graus de liberdade e lembrando da simetria da distribuição, notamos que $t_0 = -3,25$ localiza-se entre $-t_{0,0025;19} = -3,174$ e $-t_{0,001;19} = -3,579$. Portanto, o p-valor de $t_0 = -3,25$ é maior que 0,001 e menor que 0,0025.

Vale destacar que a maioria dos softwares estatísticos fornece o p-valor juntamente com o valor calculado para a estatística de teste. Utilizando o MINITAB, é possível encontrar que o p-valor de $t_0 = -3,25$ obtido no Exemplo 3.5 é igual a 0,0021. Note que, como o p-valor = 0,0021 < α = 0,01, há uma forte evidência para a rejeição de H_0.

3.3.4 Determinação do tamanho da amostra – método das curvas características de operação

As etapas que devem ser seguidas para a determinação do tamanho da amostra necessária para a realização do teste-t de $H_0 : \mu = \mu_0$, utilizando as curvas características de operação, estão apresentadas no **Quadro 3.3**. O leitor notará que esse quadro é muito parecido com o **Quadro 3.1** e apresenta modificações apenas no item 6. No entanto, para facilitar a consulta durante o planejamento do tamanho da amostra para a realização de um teste-t, todas as etapas do procedimento serão reproduzidas novamente.

Etapas para a determinação do tamanho da amostra para o teste de $H_0 : \mu = \mu_0$, utilizando as CCO

QUADRO 3.3

1. Especifique o nível de significância α desejado para o teste.

2. Especifique o valor de μ sob H_1 no qual a probabilidade β do erro tipo II será controlada.
   Identifique este valor pela notação μ_1.

3. Especifique o valor desejado para β em $\mu = \mu_1$.

4. Obtenha uma estimativa preliminar do desvio-padrão da população (σ).
   Essa estimativa preliminar pode ser obtida por meio de dados históricos, resultados obtidos em estudos similares ou extração de uma amostra-piloto.

5. Calcule d.

   - Se $H_1 : \mu \neq \mu_0 \;\; \Rightarrow d = \dfrac{|\mu_1 - \mu_0|}{\sigma}$

   - Se $H_1 : \mu > \mu_0 \;\; \Rightarrow d = \dfrac{\mu_1 - \mu_0}{\sigma}$

   - Se $H_1 : \mu < \mu_0 \;\; \Rightarrow d = \dfrac{\mu_1 - \mu_0}{\sigma}$

6. Obtenha o valor de n a partir da curva característica de operação apropriada localizando o ponto que representa o par $(d; \beta)$.
   - Se $H_1 : \mu = \mu_0 \;\; \Rightarrow$ consulte o Gráfico V ($\alpha = 0{,}05$) ou VI ($\alpha = 0{,}01$) do Anexo C.
   - Se $H_1 : \mu > \mu_0$ ou $H_1 : \mu < \mu_0 \;\; \Rightarrow$ consulte o Gráfico VII ($\alpha = 0{,}05$) ou VIII ($\alpha = 0{,}01$) do Anexo C.

Testes de hipóteses sobre parâmetros de processos

▶ **Exemplo 3.6**

> Uso do teste de hipóteses para a média μ (teste-t) na fase de **identificação do problema** do ciclo PDCA para melhorar resultados ou na etapa *define* do DMAIC. Determinação do tamanho da amostra pelo método das CCO.

Vamos considerar o teste realizado pela indústria de produtos alimentícios do Exemplo 3.5. Suponha que a equipe da empresa gostaria de avaliar se o tamanho amostral utilizado foi adequado para garantir que, se o verdadeiro peso líquido médio das embalagens fosse igual a 499 gramas, esse fato seria detectado pelo teste com pelo menos 95% de probabilidade (isto é, $H_0 : \mu = 500$ deveria ser rejeitada com pelo menos 95% de probabilidade se, na verdade, $\mu = 499$ gramas). Para determinar o tamanho n da amostra adequado à satisfação dessa condição, a equipe seguiu as etapas listadas no **Quadro 3.3**, conforme é apresentado a seguir.

1. $\alpha = 0{,}01$.
2. $\mu_1 = 499$.
3. $\beta = 1 - 0{,}95 = 0{,}05$.
4. $\sigma = 1{,}1\%$.
   Foi utilizado como estimativa de σ o valor obtido para s (veja o exemplo 3.5).
5. $d = \dfrac{\mu_0 - \mu_1}{\sigma} = \dfrac{500 - 499}{1{,}1} = 0{,}9$
6. $(d;\beta) = (0{,}9\,;\,0{,}05) \Rightarrow n \simeq 25$, a partir do Gráfico VIII do Anexo C.
   Portanto, o tamanho da amostra utilizada foi adequado aos objetivos da empresa.

3.4 Testes de hipóteses para a variância de uma população

3.4.1 Introdução

Apresentaremos a seguir como realizar testes de hipóteses para a variância σ^2 de uma população, supondo que **a população de interesse tem distribuição normal**. A suposição

Inferência estatística – como estabelecer conclusões com confiança no giro do PDCA e DMAIC **ELSEVIER**

de normalidade da população possibilita a realização de um teste baseado na **distribuição qui-quadrado**, já apresentada na Seção 2.2.4.

3.4.2 Como realizar um teste de hipóteses para a variância σ^2 de uma população normal

3.4.2.1 Teste bilateral

Suponha que a população de interesse tenha **distribuição normal**, com média μ e desvio-padrão σ e que dessa população tenha sido extraída uma amostra aleatória de tamanho n, representada por $x_1, x_2 ..., x_n$.

No teste bilateral, desejamos testar as hipóteses:

$$H_0 : \sigma^2 = \sigma_0^2$$
$$H_1 : \sigma^2 \neq \sigma_0^2$$

(3.33)

em que σ_0^2 é um valor de interesse.

Se a hipótese nula é verdadeira, então:

$$\chi_0^2 = \frac{(n-1)s^2}{\sigma_0^2}$$

(3.34)

tem distribuição qui-quadrado com $n - 1$ graus de liberdade, e, portanto, poderemos utilizar χ_0^2 como nossa **estatística de teste**.

Para um teste com nível de significância igual a α, **devemos rejeitar H_0 se**:

$$\chi_0^2 > \chi_{\alpha/2;n-1}^2 \text{ ou } \chi_0^2 < \chi_{1-\alpha/2;n-1}^2$$

(3.35)

Por outro lado, **H_0 não deve ser rejeitada se**:

$$\chi_{1-\alpha/2;n-1}^2 \leq \chi_0^2 \leq \chi_{\alpha/2;n-1}^2$$

(3.36)

O leitor deve se lembrar que a notação $\chi_{\alpha/2;n-1}^2$ identifica o ponto que determina na curva da distribuição qui-quadrado, com $n - 1$ graus de liberdade, uma cauda à direita com área $\alpha/2$. A tabela da distribuição qui-quadrado é apresentada no Anexo A.

Testes de hipóteses sobre parâmetros de processos

3.4.2.2 Teste unilateral direito

No caso do teste unilateral direito, as hipóteses são:

$$H_0 : \sigma^2 = \sigma_0^2 \qquad (3.37)$$
$$H_1 : \sigma^2 > \sigma_0^2$$

Para um teste com nível de significância α, **devemos rejeitar H_0 se**:

$$\chi_0^2 > \chi_{\alpha;n-1}^2 \qquad (3.38)$$

3.4.2.3 Teste unilateral esquerdo

Já para o teste unilateral esquerdo, as hipóteses são:

$$H_0 : \sigma^2 = \sigma_0^2 \qquad (3.39)$$
$$H_1 : \sigma^2 < \sigma_0^2$$

Para um teste com nível de significância α, **devemos rejeitar H_0 se**:

$$\chi_0^2 < \chi_{1-\alpha;n-1}^2 \qquad (3.40)$$

Testes para σ^2 – população normal

O teste de $H_0 : \sigma^2 = \sigma_0^2$ é baseado na estatística de teste:

$$\chi_0^2 = \frac{(n-1)s^2}{\sigma_0^2}$$

que tem distribuição qui-quadrado com $n-1$ graus de liberdade.
A região crítica, para um teste com nível de significância α, depende da hipótese alternativa.

Hipótese alternativa		Região crítica
$H_1 : \sigma^2 \neq \sigma_0^2$	$\Rightarrow$	$\chi_0^2 > \chi_{\alpha/2;n-1}^2$ ou $\chi_0^2 < \chi_{1-\alpha/2;n-1}^2$
$H_1 : \sigma^2 > \sigma_0^2$	$\Rightarrow$	$\chi_0^2 > \chi_{\alpha;n-1}^2$
$H_1 : \sigma^2 < \sigma_0^2$	$\Rightarrow$	$\chi_0^2 < \chi_{1-\alpha/2;n-1}^2$

Conforme foi destacado no início da seção, para realizar o teste é necessário que a população de interesse tenha distribuição normal – o teste é bastante sensível a qualquer

Inferência estatística – como estabelecer conclusões com confiança no giro do PDCA e DMAIC **ELSEVIER**

desvio da normalidade. A validade da suposição de normalidade pode ser verificada por meio do gráfico de probabilidade normal.

▶ **Exemplo 3.7**

> Uso do teste de hipóteses para a variância σ^2 na etapa de **análise do processo** do Ciclo PDCA para melhorar resultados ou na etapa *analyze* do DMAIC.

A equipe da rede de pizzarias do Exemplo 3.1 decidiu utilizar os dados coletados no estudo que estava sendo realizado, para avaliar se o desvio-padrão σ do teor de gordura ainda podia ser considerado igual a 2,0% (ou, o que é equivalente, se $\sigma^2 = 4,0\ (\%)^2$), que era o valor conhecido a partir da experiência anterior da empresa com a matéria-prima daquele fornecedor.

Para fazer essa avaliação, a equipe técnica da empresa decidiu realizar um teste de hipóteses bilateral para σ^2, adotando o nível de significância $\alpha = 5\%$. No entanto, para que esse teste pudesse ser realizado, era necessário que os dados referentes ao teor de gordura das peças de salame fossem provenientes de uma distribuição normal. Para verificar se essa condição estava satisfeita, a equipe da empresa construiu um gráfico de probabilidade normal, reproduzido na **Figura 3.15**.

Analisando a **Figura 3.15**, a equipe técnica da indústria percebeu que os pontos estavam localizados, de forma aproximada, ao longo de uma reta e que o valor do coeficiente de correlação linear (0,9810) era muito próximo de 1. Portanto, era possível considerar que o teor de gordura seguia uma distribuição normal. A seguir, os técnicos da empresa passaram à fase de realização do teste de hipóteses, seguindo as etapas apresentadas na **Figura 3.8**, conforme é mostrado a seguir.

1. Identifique o parâmetro de interesse.

   O parâmetro de interesse é a variância do teor de gordura das peças de salame (σ^2).

2. Estabeleça a hipótese nula H_0.

   $H_0 : \sigma^2 = 4,0\ (\%)^2$.

3. **Estabeleça a hipótese alternativa H_1.**

   $H_1 : \sigma^2 \neq 4,0\ (\%)^2$.

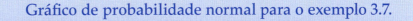

Testes de hipóteses sobre parâmetros de processos

FIGURA 3.15 Gráfico de probabilidade normal para o exemplo 3.7.

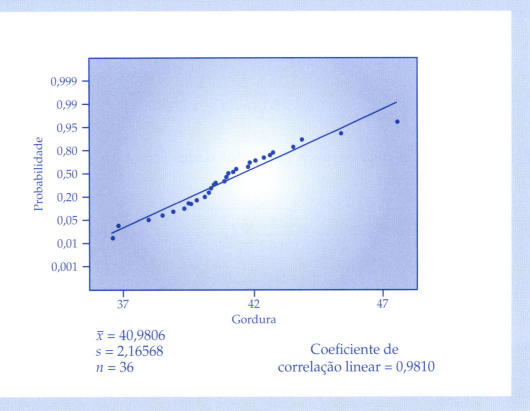

$\bar{x} = 40{,}9806$
$s = 2{,}16568$
$n = 36$

Coeficiente de correlação linear = 0,9810

4. Escolha o nível de significância α.

   $\alpha = 0{,}05$.

5. Determine a estatística de teste apropriada.

   A estatística de teste é:

   $$\chi_0^2 = \frac{(n-1)s^2}{\sigma_0^2}$$

6. Determine a região crítica do teste.

   A partir da tabela da distribuição qui-quadrado (Anexo A), é obtido que:

   $$\chi^2_{\alpha/2;\,n-1} = \chi^2_{0,05/2;\,35} = \chi^2_{0,025;\,35} = 53{,}16 \text{ e}$$

   $$\chi^2_{1-\alpha/2;\,n-1} = \chi^2_{1-0,05/2;\,35} = \chi^2_{0,975;\,35} = 20{,}61$$

O leitor deve notar que o valor 53,16 obtido foi calculado, por aproximação, como a média dos percentis das distribuições qui-quadrado correspondentes a 30 e 40 graus de liberdade: $\chi^2_{0,025;35} = [\chi^2_{0,025;30} + \chi^2_{0,025;40}]/2$. O valor 20,61 foi obtido por meio de um procedimento análogo.

Portanto, H_0 deve ser rejeitada se:

$$\chi^2_0 > 53,16 \text{ ou } \chi^2_0 < 20,61$$

7. Faça os cálculos necessários a partir dos dados amostrais e determine o valor da estatística de teste.

$$s = \sqrt{\frac{1}{n-1}\sum_{i=1}^{n}\left(x_i - \overline{x}\right)^2} = 2,2$$

$$\chi^2_0 = \frac{(n-1)s^2}{\sigma^2_0} = \frac{35 \times (2,2)^2}{(2,0)^2} = 42,35$$

8. Decida se a hipótese nula H_0 deve ser ou não rejeitada.

Como $20,6 < \chi^2_0 = 42,35 < 53,16$, hipótese nula $H_0 : \sigma^2 = 4,0$ não foi rejeitada ao nível de significância $\alpha = 0,05$.

9. Apresente a decisão no contexto do problema que está sendo analisado.

A equipe de trabalho da empresa não obteve uma forte evidência para concluir que o desvio-padrão do teor de gordura tivesse mudado para um valor diferente de 2,0%, o qual era considerado adequado ao processo de fabricação das pizzas.

3.4.3 O p-valor de um teste para a variância

O p-valor associado a um teste para σ^2 é calculado e interpretado da mesma forma já discutida na Seção 3.2.3, utilizando agora a tabela da distribuição qui-quadrado. Como essa tabela apresenta somente 11 pontos críticos para cada valor do número de graus de liberdade da distribuição, será possível obter apenas uma ideia aproximada da magnitude do p-valor, de modo análogo ao que ocorre para a distribuição t.

Para ilustrar a forma de determinação do p-valor associado a um teste para a variância, considere novamente o Exemplo 3.7, no qual foi obtido $\chi^2=42,35$ com 35 graus de liberdade. Realizando a aproximação de tomar as médias dos valores localizados nas linhas correspondentes a 30 e 40 graus de liberdade, na tabela da distribuição qui-quadrado, notamos que $\chi_0^2 = 42,35$ localiza-se entre $\chi_{0,500;35}^2 = 34,34$ e $\chi_{0,100;35}^2 = 46,04$. Portanto, o p-valor de $\chi_0^2 = 42,35$ é maior que 0,100 e menor que 0,500. Utilizando o software estatístico MINITAB, é possível encontrar que o p-valor de $\chi_0^2 = 42,35$, para 35 graus de liberdade, é igual a 0,1855. Note que, como p-valor = 0,1835 > α = 0,05, a decisão do teste deve ser não rejeitar H_0, conforme já foi determinado no Exemplo 3.7.

3.4.4 Determinação do tamanho da amostra – método das CCO

As etapas que devem ser seguidas para a determinação do tamanho da amostra necessária para a realização do teste de $H_0 : \sigma^2 = \sigma_0^2$, utilizando as curvas características de operação, estão apresentadas no **Quadro 3.4**.

Etapas para a determinação do tamanho da amostra para o teste de $H_0 : \sigma^2 = \sigma_0^2$, utilizando as CCO

QUADRO 3.4

1. Especifique o nível de significância α desejado para o teste.
2. Especifique o valor de σ sob H_1 para o qual a probabilidade β do erro tipo II será controlada.

    Identifique este valor pela notação σ_1.
3. Especifique o valor desejado para β em $\sigma = \sigma_1$.
4. Calcule $\lambda = \dfrac{\sigma_1}{\sigma_0}$
5. Obtenha o valor de n a partir da curva característica de operação apropriada, localizando o ponto que representa o par $(\lambda; \beta)$:
    - Se $H_1 : \sigma^2 \neq \sigma_0^2$ $\Rightarrow$ consulte o Gráfico IX (α = 0,05) ou X (α = 0,01) do Anexo C.
    - Se $H_1 : \sigma^2 > \sigma_0^2$ $\Rightarrow$ consulte o Gráfico XI (α = 0,05) ou XII (α = 0,01) do Anexo C.
    - Se $H_1 : \sigma^2 < \sigma_0^2$ $\Rightarrow$ consulte o Gráfico XIII (α = 0,05) ou XIV (α = 0,01) do Anexo C.

> ▸ **Exemplo 3.8**

> Uso do teste de hipóteses para a variância σ^2 na fase de **análise do processo** do Ciclo PDCA para melhorar resultados ou na etapa ***analyze*** do DMAIC. Determinação do tamanho da amostra pelo método das CCO.

Vamos considerar o teste realizado pela rede de pizzarias no Exemplo 3.7. Suponha que a equipe da empresa gostaria de avaliar se o tamanho amostral utilizado foi adequado para garantir que, se o verdadeiro desvio-padrão do teor de gordura fosse igual a 3%, esse fato seria detectado pelo teste com pelo menos 90% de probabilidade (isto é, $H_0 : \sigma^2 = 4,0$ deveria ser rejeitada com pelo menos 90% de probabilidade se, na verdade, $\sigma^2 = 9,0$). Para determinar o tamanho n da amostra adequado à satisfação dessa condição, a equipe seguiu as etapas listadas no **Quadro 3.4**, conforme é apresentado a seguir.

1. $\alpha = 0,05$.

2. $\sigma_1 = 3,0$.

3. $\beta = 1 - 0,90 = 0,10$.

4. $\lambda = \dfrac{\sigma_1}{\sigma_0} = \dfrac{3,0}{2,0} = 1,5$.

5. $(\lambda ; \beta) = (1,5 ; 0,10) \Rightarrow n \simeq 35$, a partir do Gráfico IX do Anexo C.

Portanto, o tamanho da amostra utilizada ($n = 36$) foi adequado aos objetivos da empresa.

3.4.5 Como realizar um teste de hipóteses para a variância σ^2 de uma população não necessariamente normal – grandes amostras

Apresentaremos a seguir como realizar testes de hipóteses para a variância σ^2 de uma população, quando **a população de interesse não tem distribuição normal, mas o**

tamanho n da amostra é grande (nesse caso, $n \geq 40$). Os testes serão baseados no seguinte resultado: se $x_1, x_2, ..., x_n$ é uma amostra aleatória de uma população que tem variância σ^2, o desvio-padrão amostral s tem, aproximadamente, distribuição normal com média σ e variância $\sigma^2/2n$, quando n é grande. Nessas condições:

$$z = \frac{s - \sigma}{\sigma / \sqrt{2n}} \qquad (3.41)$$

tem, aproximadamente, distribuição normal padronizada.

3.4.5.1 Teste bilateral

No teste bilateral, desejamos testar as hipóteses:

$$\begin{aligned} H_0 &: \sigma^2 = \sigma_0^2 \\ H_1 &: \sigma^2 \neq \sigma_0^2 \end{aligned} \qquad (3.42)$$

em que σ_0^2 é um valor de interesse.

Se a hipótese nula é verdadeira, então:

$$z_0 = \frac{s - \sigma_0}{\sigma_0 / \sqrt{2n}} \qquad (3.43)$$

tem, aproximadamente, distribuição normal padronizada e portanto poderemos utilizar z_0 como nossa **estatística de teste**.

Para um teste com nível de significância igual a α, **devemos rejeitar H_0 se:**

$$z_0 > z_{\alpha/2} \text{ ou } z_0 < -z_{\alpha/2} \qquad (3.44)$$

3.4.5.2 Teste unilateral direito

No caso do teste unilateral direito, as hipóteses são:

$$\begin{aligned} H_0 &: \sigma^2 = \sigma_0^2 \\ H_1 &: \sigma^2 > \sigma_0^2 \end{aligned} \qquad (3.45)$$

Para um teste com nível de significância α, **devemos rejeitar H_0 se:**

$$z_0 > z_\alpha \qquad (3.46)$$

3.4.5.3 Teste unilateral esquerdo

Já para o teste unilateral esquerdo, as hipóteses são:

$$H_0 : \sigma^2 = \sigma_0{}^2 \qquad (3.47)$$
$$H_1 : \sigma^2 < \sigma_0{}^2$$

Para um teste com nível de significância α, **devemos rejeitar H_0 se:**

$$z_0 < -z_\alpha \qquad (3.48)$$

Testes para σ^2 – população não necessariamente normal – grandes amostras

Se $n \geq 40$, o teste de $H_0 : \sigma^2 = \sigma_0^2$ é baseado na estatística de teste

$$z_0 = \frac{s - \sigma_0}{\sigma_0 / \sqrt{2n}}$$

que tem, aproximadamente, distribuição normal padronizada. A região crítica, para um teste com nível de significância α, depende da hipótese alternativa.

Hipótese alternativa		Região crítica
$H_1 : \sigma^2 \neq \sigma_0^2$	$\Rightarrow$	$z_0 > z_{\alpha/2}$ ou $z_0 < -z_{\alpha/2}$
$H_1 : \sigma^2 > \sigma_0^2$	$\Rightarrow$	$z_0 > z_\alpha$
$H_1 : \sigma^2 < \sigma_0^2$	$\Rightarrow$	$z_0 > -z_\alpha$

Testes de hipóteses sobre parâmetros de processos

▶ **Exemplo 3.9**

> Uso do teste de hipóteses para a variância σ^2 na etapa de **verificação** do Ciclo PDCA para melhorar resultados ou na etapa *control* do DMAIC.

Uma indústria de autopeças, durante o giro do Ciclo PDCA para melhorar resultados, adquiriu um novo tipo de torno para ser utilizado no processo de usinagem de um tipo especial de peças por ela fabricado. Essa aquisição foi feita com o objetivo de alcançar uma meta de melhoria que havia sido estabelecida pela empresa. Na fase de **verificação** do PDCA, a equipe técnica da indústria suspeitou que a instalação desse novo torno poderia ter provocado um *efeito secundário negativo*: aumento da variabilidade do diâmetro das peças. Com o objetivo de avaliar a veracidade dessa suspeita, os técnicos decidiram realizar um teste de hipóteses para a variância, comparando o valor de s^2 para uma amostra de peças fabricadas pelo novo torno com o valor histórico da variância das peças produzidas pela antiga máquina, que era $\sigma^2 = 0{,}25$ (cm)^2.

A equipe técnica retirou então uma amostra aleatória de $n = 60$ peças, mediu o diâmetro de cada uma delas e calculou o valor do desvio-padrão amostral das medidas do diâmetro, obtendo o valor $s = 0{,}59$ cm. Também foi construído um gráfico de probabilidade normal, que indicou que o diâmetro das peças não seguia uma distribuição normal. No entanto, como o tamanho da amostra era superior a 40, a empresa pôde realizar o teste para variâncias baseado na estatística de teste z_0 [equação (3.43)], que não requer que a população tenha distribuição normal. Para a realização do teste, foram seguidas as etapas apresentadas na **Figura 3.8**, conforme é mostrado a seguir.

1. Identifique o parâmetro de interesse.

   O parâmetro de interesse é a variância do diâmetro das peças usinadas pelo novo torno (σ^2).

2. Estabeleça a hipótese nula H_0.
   $H_0 : \sigma^2 = 0{,}25$ (cm)^2.

3. Estabeleça a hipótese alternativa H_1.
   $H_1 : \sigma^2 > 0{,}25$ (cm)^2.

4. Escolha o nível de significância α.

   $\alpha = 0,01$.

5. Determine a estatística de teste apropriada.

   A estatística de teste, no caso de grandes amostras ($n = 60$), é:

   $$z_0 = \frac{s - \sigma_0}{\sigma_0 / \sqrt{2n}}$$

6. Determine a região crítica do teste.

   A partir da tabela da distribuição normal padronizada (Anexo A), é obtido que:

   $$z_\alpha = z_{0,01} = 2,33$$

   Portanto H_0 deve ser rejeitada se:

   $$z_0 > 2,33$$

7. Faça os cálculos necessários a partir dos dados amostrais e determine o valor da estatística de teste.

   $$z_0 = \frac{s - \sigma_0}{\sigma_0 / \sqrt{2n}} = \frac{0,59 - 0,50}{0,50 / \sqrt{120}} = 1,97$$

8. Decida se a hipótese nula H_0 deve ser ou não rejeitada.

   Como $z_0 = 1,97 < z_\alpha = 2,33$, a hipótese nula $H_0 : \sigma^2 = 0,25$ não foi rejeitada ao nível de significância $\alpha = 0,01$.

9. Apresente a decisão no contexto do problema que está sendo analisado.

   Não foram obtidas evidências suficientemente fortes que permitissem o estabelecimento da conclusão que a instalação do novo torno tivesse provocado um aumento na variabilidade do diâmetro das peças fabricadas. Portanto a ocorrência desse efeito secundário negativo não foi confirmada.

3.5 Testes de hipóteses para o índice de capacidade C_p

É prática comum nas empresas ter que demonstrar que seus processos são capazes de atender às especificações estabelecidas pelos clientes (internos ou externos). Com esse objetivo, é usual que as empresas tenham que avaliar se o índice de capacidade C_p associado a um processo de interesse é superior a algum valor-alvo c_0 predeterminado (muitas vezes $c_0 = 1,33$). O leitor mais atento já deve ter percebido que esse problema pode ser formulado como um teste de hipóteses do tipo:

$$H_0 : C_p \le c_0 \text{ (o processo não é capaz)} \quad (3.49)$$
$$H_1 : C_p > c_0 \text{ (o processo é capaz)}$$

Observe que o objetivo das empresas é que H_0 seja sempre rejeitada, o que estaria demonstrando que o processo é potencialmente capaz. Para esse teste, $\hat{C}_p = (LSE - LIE)/6\hat{\sigma}$ pode ser utilizado como **estatística teste** e regra de decisão deve ser *rejeitar H_0 se $\hat{C}_p$ superar um valor crítico c*.

O teste apresentado na equação (3.49) foi estudado por Kane,[3] que propôs uma tabela de tamanhos amostrais (n) e valores críticos (c) para a realização do teste. Para que essa tabela possa ser utilizada é necessário especificar os seguintes valores.

* C_p (alto): representa o nível de qualidade aceitável, ou seja, é um valor suficientemente alto para C_p, de tal forma que, com probabilidade $1 - \alpha$ gostaríamos de classificar como capazes processos cujos índices fossem superiores a C_p (alto).
* C_p (baixo): representa nível de qualidade inaceitável, ou seja, é um valor suficientemente baixo para C_p, de tal modo que, com probabilidade $1 - \beta$, gostaríamos de classificar como incapazes processos cujos índices fossem inferiores a C_p (baixo).

O teste para C_p é baseado na distribuição qui-quadrado e para sua realização a característica da qualidade que estiver considerada deve ter uma **distribuição aproximadamente normal**. Novamente, a verificação da validade dessa suposição pode ser feita por meio do gráfico de probabilidade normal.

Reproduzimos na **Tabela 3.5** construída por Kane,[3] que fornece valores dos quocientes C_p (alto) /C_p (baixo) e c/C_p (baixo) para vários tamanhos amostrais e para $\alpha = \beta = 0,05$ ou para $\alpha = \beta = 0,10$. O exemplo apresentado a seguir ilustra a forma de utilização da tabela.

Tamanho amostral (n) e valor crítico (c) para o teste de C_p, segundo Kane, VE.[3]

TABELA 3.5

Tamanho amostral (n)	$\alpha = \beta = 0,10$		$\alpha = \beta = 0,05$	
	Cp (alto) / Cp (baixo)	c / Cp (baixo)	Cp (alto) / Cp (baixo)	c / Cp (baixo)
10	1,88	1,27	2,26	1,37
20	1,53	1,20	1,73	1,26
30	1,41	1,16	1,55	1,21
40	1,34	1,14	1,46	1,18
50	1,30	1,13	1,40	1,16
60	1,27	1,11	1,36	1,15
70	1,25	1,10	1,33	1,14
80	1,23	1,10	1,30	1,13
90	1,21	1,10	1,28	1,12
100	1,20	1,09	1,26	1,11

▶ **Exemplo 3.10**

Uso do teste de hipóteses para C_p na fase de **verificação** do Ciclo PDCA para manter resultados (SDCA).

Uma empresa de mineração opera um grande complexo de pelotização, exportando minério de ferro sob a forma de pelotas para diversos países do mundo. A pelotização é um processo de aglomeração cuja finalidade é agregar, com o recurso de um processamento térmico, a parcela ultrafina (abaixo de 0,149 mm) do minério de ferro em esferas de diâmetros adequados, com características de qualidade que permitam sua aplicação direta nos fornos siderúrgicos. A **Figura 3.16** apresenta um fluxograma simplificado do processo de pelotização.

FIGURA 3.16 Fluxograma simplificado do processo de pelotização.

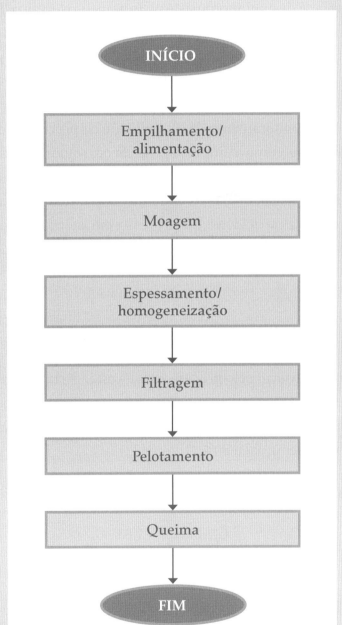

No complexo de pelotização da empresa, o *gerenciamento para manter* é realizado por meio do Ciclo SDCA e durante todo o processo de pelotização é feita a análise estatística dos principais parâmetros do processo, para garantir a qualidade do produto final.

Na **Figura 3.16**, a etapa de queima consiste no tratamento térmico das pelotas cruas em um forno de grelha móvel, sendo uma das principais etapas da pelotização. Um dos itens de controle do processo de queima é a **resistência à compressão das pelotas queimadas**, que deve atender à faixa de especificação estabelecida pelos clientes, com o objetivo de garantir a integridade física das pelotas durante seu manuseio e transporte. Na fase de **verificação** do SDCA, o monitoramento da estabilidade do processo de queima em relação a esse item de controle (que, como a empresa já verificou, segue uma distribuição normal) é feito por meio de gráficos de controle apropriados. Ainda na fase de **verificação**, se o processo estiver estável, são calculadas as estimativas pontuais dos índices C_p e C_{pk}, que permitem a verificação da capacidade do processo em atender à meta-padrão. Com o objetivo de avaliar se o índice de capacidade C_p é superior ao valor 1,33 (processo verde), a empresa deseja estabelecer um procedimento para o teste das hipóteses:

$$H_0 : C_p \le 1,33$$
$$H_1 : C_p > 1,33$$

A equipe técnica responsável pelo processo deseja estar certa de que, se a capacidade do processo for inferior a 1,33, esse fato será detectado com 90% de probabilidade. Por outro lado, se a capacidade do processo for superior a 1,66, a probabilidade de detecção dessa ocorrência também deve ser igual a 90%.

Observe que, para a formulação do teste, essas informações significam que:

$$C_p \text{ (baixo)} = 1,33$$

$$C_p \text{ (alto)} = 1,66$$

$$\alpha = \beta = 0,10$$

Para determinação do tamanho amostral (n) e valor crítico (c), a equipe da empresa calculou:

$$\frac{C_p \text{ (alto)}}{C_p \text{ (baixo)}} = \frac{1,66}{1,33} = 1,25$$

Consultando a **Tabela 3.5**, utilizando o valor anterior na coluna correspondente a α = β = 0,10, os técnicos da empresa obtiveram:

$$n = 70$$

e

$$\frac{c}{C_p \text{(baixo)}} = 1,10$$

O valor crítico c foi calculado a partir da última igualdade:

$$c = 1,10 \times C_p \text{(baixo)} = 1,10 \times 1,33 = 1,46$$

Portanto, na **fase de verificação do SDCA**, para demonstrar a capacidade (nível verde) do processo de queima em relação ao item de controle **resistência à compressão**, a equipe da empresa deve, periodicamente, extrair uma amostra de $n = 70$ pelotas queimadas e obter um valor superior a 1,46 para a estimativa pontual $\hat{C}_p$.

Como no caso do exemplo do intervalo de confiança para C_p apresentado no Capítulo 2, esse último exemplo também nos mostra que, para que seja possível concluir, com confiança, que um processo é potencialmente capaz ($C_p > 1,33$) a estimativa pontual $\hat{C}_p$ deve ser maior que 1,33. Isso é necessário para que a variabilidade amostral presente na estimativa de σ, que é utilizada no cálculo de $\hat{C}_p$, seja levada em consideração.

3.6 Testes de hipóteses para a proporção *p*

Em muitas situações pode ser de interesse avaliar a veracidade de alguma hipótese sobre a proporção de elementos da população que possuem alguma característica de interesse (p). Conforme já foi destacado anteriormente, quando a população considerada é um processo produtivo, é comum que p seja a proporção de itens defeituosos produzidos pelo processo.

Se o tamanho da amostra (n) for suficientemente grande e se p não for muito próximo de 0 ou 1, é possível realizar um teste de hipóteses para p, baseado na distribuição normal, a partir do valor assumido pelo número de elementos da amostra que possuem a característica de interesse (y). O procedimento de teste é válido se $np \geq 5$ e $n(1-p) \geq 5$, e será apresentado a seguir.

3.6.1 Como realizar um teste de hipóteses para a proporção p

Testes para a proporção p grandes amostras — $np \geq 5$ e $n(1-p) \geq 5$

O teste de $H_0 : p = p_0$ é baseado na estatística de teste:

$$z_0 = \frac{y - np_0}{\sqrt{np_0(1 - p_0)}}$$

que tem, aproximadamente, distribuição normal padronizada.

A região crítica, para um teste com nível de significância α, depende da hipótese alternativa.

Hipótese alternativa		Região crítica
$H_1 : p \neq p_0$	$\Rightarrow$	$z_0 > z_{\alpha/2}$ ou $z_0 < -z_{\alpha/2}$
$H_1 : p > p_0$	$\Rightarrow$	$z_0 > z_{\alpha}$
$H_1 : p < p_0$	$\Rightarrow$	$z_0 < -z_{\alpha}$

▶ **Exemplo 3.11**

Uso do teste de hipóteses para a proporção p na fase de **verificação** do Ciclo PDCA para melhorar resultados ou na etapa *control* do DMAIC.

Em uma indústria fabricante de calçados, era um resultado histórico o fato de que 8% dos pares produzidos apresentavam defeitos, tendo então que ser submetidos a algum tipo de retrabalho. Como esse percentual passou a ser considerado muito elevado, ou seja, passou a ser considerado um problema crônico prioritário, foi então gerada uma meta de melhoria que deveria ser atingida por meio do giro do Ciclo PDCA para melhorar resultados. A meta estabelecida foi *reduzir para 4%, até o final do ano, o percentual de pares de calçados defeituosos*.

Na etapa de **ação** do Ciclo PDCA, foram realizadas diversas modificações no processo produtivo. A equipe responsável pelas atividades de melhoria considerava que as ações de bloqueio haviam sido tão efetivas, que o novo patamar alcançado para o percentual de defeituosos estava até mesmo significativamente abaixo da meta estabelecida.

Na etapa de **verificação** do Ciclo PDCA, com o objetivo de avaliar a veracidade dessa suspeita, a equipe decidiu realizar o teste de hipóteses:

$$H_0 : p = 0{,}04$$
$$H_1 : p < 0{,}04$$

adotando o nível de significância $\alpha = 0{,}05$.

Para realizar o teste, os técnicos da indústria extraíram uma amostra aleatória de 500 pares de sapatos produzidos pelo processo modificado (após ter sido avaliado que o processo estava estável). Nessa amostra, oito pares de sapatos foram classificados como defeituosos.

A seguir, a equipe da empresa realizou o teste de hipóteses, seguindo as etapas apresentadas na **Figura 3.8**, conforme é mostrado a seguir.

1. Identifique o parâmetro de interesse.

   O parâmetro de interesse é a proporção de pares de sapatos defeituosos produzidos pelo processo modificado (p).

2. Estabeleça a hipótese nula H_0.

   $H_0 : p = 0{,}04$.

3. Estabeleça a hipótese alternativa H_1.

   $H_1 : p < 0{,}04$.

4. Escolha o nível de significância α.

   $\alpha = 0{,}05$.

5. **Determine a estatística de teste apropriada.**

A estatística de teste é:

$$z_0 = \frac{y - np_0}{\sqrt{np_0(1 - p_0)}}$$

Observe que o procedimento de teste baseado em z_0 é válido porque $n\bar{p} = 500 \times (8/500) = 8 > 5$ e $n(1 - \bar{p}) = 500 \times (1 - 8/500) = 492 > 5$, tendo sido utilizada $\bar{p}$ como estimativa de p.

6. **Determine a região crítica do teste.**

A partir da tabela da distribuição normal padronizada, é obtido que:

$$z_\alpha = z_{0,05} = 1,645.$$

Portanto, H_0 deve ser rejeitada se:

$$z_0 < -z_{0,05} = -1,645.$$

7. **Faça os cálculos necessários a partir dos dados amostrais e determine o valor da estatística de teste.**

$$z_0 = \frac{y - np_0}{\sqrt{np_0(1 - p_0)}} = \frac{8 - 500 \times 0,04}{\sqrt{500 \times 0,04 \times 0,96}} = -2,739$$

8. **Decida se a hipótese nula H_0 deve ser ou não rejeitada.**

Como $z_0 = -2,739 < -1,645 = z_\alpha$, a hipótese nula H_0: $p = 0,04$ foi rejeitada ao nível de significância $\alpha = 0,05$. Observe também que, para $z_0 = -2,739$, p-valor = 0,00307 < $\alpha = 0,05$, sendo, portanto, bastante fortes as evidências contra H_0.

9. **Apresente a decisão no contexto do problema que está sendo analisado.**

A equipe de trabalho da empresa obteve uma forte evidência para concluir que as ações de bloqueio haviam sido muito efetivas, de modo que o novo patamar alcançado para o percentual de calçados defeituosos fabricados estava significativamente abaixo da meta estabelecida inicialmente.

Testes de hipóteses sobre parâmetros de processos

3.6.2 Cálculo do erro β e escolha do tamanho da amostra para a realização de um teste de hipóteses para p

I – Erro β

Teste bilateral

Se p_1 é o valor verdadeiro de p sob a hipótese alternativa $H_1 : p \neq p_0$, a probabilidade do erro tipo II é:

$$\beta = P\left(z \leq \frac{p_0 - p_1 + z_{\alpha/2}\sqrt{p_0(1-p_0)/n}}{\sqrt{p_1(1-p_1)/n}}\right) - P\left(z \leq \frac{p_0 - p_1 - z_{\alpha/2}\sqrt{p_0(1-p_0)/n}}{\sqrt{p_1(1-p_1)/n}}\right) \quad (3.58)$$

Teste unilateral direito

Se p_1 é o valor verdadeiro de p sob a hipótese alternativa $H_1 : p > p_0$, a probabilidade do erro tipo II é:

$$\beta = P\left(z \leq \frac{p_0 - p_1 + z_{\alpha}\sqrt{p_0(1-p_0)/n}}{\sqrt{p_1(1-p_1)/n}}\right) \quad (3.59)$$

Teste unilateral esquerdo

Se p_1 é o valor verdadeiro de p sob a hipótese alternativa $H_1 : p < p_0$, a probabilidade do erro tipo II é:

$$\beta = 1 - P\left(z \leq \frac{p_0 - p_1 - z_{\alpha}\sqrt{p_0(1-p_0)/n}}{\sqrt{p_1(1-p_1)/n}}\right) \quad (3.60)$$

II – Tamanho amostral

Teste bilateral

$$n = \left(\frac{z_{\alpha/2}\sqrt{p_0(1-p_0)} + z_{\beta}\sqrt{p_1(1-p_1)}}{p_1 - p_0}\right)^2 \quad (3.61)$$

Teste unilateral

$$n = \left(\frac{z_\alpha \sqrt{p_0 \left(1 - p_0\right)} + z_\beta \sqrt{p_1 \left(1 - p_1\right)}}{p_1 - p_0} \right)^2 \qquad (3.62)$$

▶ Exemplo 3.12

Uso do procedimento para a determinação do tamanho da amostra necessária para o teste da proporção p na fase de **verificação** do Ciclo PDCA para melhorar resultados, ou na etapa ***control*** do DMAIC.

A equipe de trabalho da indústria de calçados considerada no exemplo 3.10, decidiu calcular qual seria o valor do erro β que poderia ser cometido se a verdadeira proporção de calçados defeituosos produzidos pelo novo processo fosse $p_1 = 0,02$. Como $n = 500$ e $\alpha = 0,05$, foi obtido:

$$\beta = 1 - P\left(z \leq \frac{p_0 - p_1 - z_\alpha \sqrt{p_0 \left(1 - p_0\right)/n}}{\sqrt{p_1 \left(1 - p_1\right)/n}} \right)$$

$$= 1 - P\left(z \leq \frac{0,04 - 0,02 - (1,645)\sqrt{(0,04)(1 - 0,04)/500}}{\sqrt{(0,02)(1 - 0,02)/500}} \right)$$

$$= 1 - P\left(z \leq 0,89 \right) = 1 - 0,81327 = 0,18673$$

O resultado anterior significa que existia uma probabilidade de 18,7% que a equipe da empresa concluísse, incorretamente, que as ações de bloqueio não haviam sido muito efetivas, quando na verdade, a proporção de defeituosos foi reduzida para 0,02 (2%), um valor bem abaixo da meta estabelecida.

Se a empresa considerasse que esse valor estava muito elevado e quisesse garantir que $\beta = 0,10$ para $p_1 = 0,02$, o tamanho amostral necessário seria:

$$n = \left(\frac{z_\alpha \sqrt{p_0 \left(1 - p_0\right)} + z_\beta \sqrt{p_1 \left(1 - p_1\right)}}{p_1 - p_0} \right)^2 =$$

Testes de hipóteses sobre parâmetros de processos

$$= \left(\frac{1{,}645\sqrt{0{,}04 \times 0{,}96} + 1{,}28\sqrt{0{,}02 \times 0{,}98}}{0{,}02 - 0{,}04} \right)^2 = 628{,}9 \simeq 629$$

Portanto, a amostra extraída pela empresa deveria ter o tamanho igual a 629 pares de calçados.

O procedimento para o teste de hipóteses p a partir de pequenas amostras, na situação em que a condição $np \geq 5$ e $n(1 - p) \geq 5$ não é válida, é apresentado no Anexo B.

3.7 Sumário das equações para a realização de testes de hipóteses

A **Tabela 3.6**, apresentada a seguir, mostra um sumário das equações utilizadas para a realização dos testes de hipóteses discutidos neste capítulo.

Em relação a essa tabela, é importante destacar que, **quando a população de interesse é um processo produtivo, somente terá sentido realizar os testes de hipóteses se o processo estiver sob o controle estatístico, isto é, se o processo apresentar um comportamento previsível, podendo então ser caracterizado por uma distribuição de probabilidade**.

Sumário das equações para a realização de testes de hipóteses.

TABELA 3.6

Situação	Hipótese nula	Estatística de teste	Hipótese alternativa	Região crítica
1	$H_0 : \mu = \mu_0$ $n > 30$	$z_0 = \dfrac{\bar{x} - \mu_0}{s / \sqrt{n}}$	$H_1 : \mu \neq \mu_0$ $H_1 : \mu > \mu_0$ $H_1 : \mu < \mu_0$	$|z_0| > z_{\alpha/2}$ $z_0 > z_\alpha$ $z_0 < -z_\alpha$
2	$H_0 : \mu = \mu_0$ $n \leq 30$	$t_0 = \dfrac{\bar{x} - \mu_0}{s / \sqrt{n}}$	$H_1 : \mu \neq \mu_0$ $H_1 : \mu > \mu_0$ $H_1 : \mu < \mu_0$	$|t_0| > t_{\alpha/2;n-1}$ $t_0 > t_{\alpha;n-1}$ $t_0 < -t_{\alpha;n-1}$
3	$H_0 : \sigma^2 = \sigma_0^2$	$\chi_0^2 = \dfrac{(n-1)s^2}{\sigma_0^2}$	$H_1 : \sigma^2 \neq \sigma_0^2$ $H_1 : \sigma^2 > \sigma_0^2$ $H_1 : \sigma^2 < \sigma_0^2$	$\chi_0^2 > \chi_{\alpha/2;n-1}^2$ ou $\chi_0^2 > \chi_{1-\alpha/2;\,n-1}^2$ $\chi_0^2 > \chi_{\alpha;n-1}^2$ $\chi_0^2 < \chi_{1-\alpha;n-1}^2$
4	$H_0 : p = p_0$ $np > 5$ e $n(1-p) > 5$	$z_0 = \dfrac{y - np_0}{\sqrt{np_0(1-p_0)}}$	$H_1 : p \neq p_0$ $H_1 : p > p_0$ $H_1 : p < p_0$	$|z_0| > z_{\alpha/2}$ $z_0 > z_\alpha$ $z_0 < -z_\alpha$

.Capítulo 4

Comparação de parâmetros de processos: o caso de duas populações

"You cannot find peace by avoiding life."
Virginia Woolf

4.1 Introdução

No gerenciamento de processos são muito comuns as situações em que desejamos comparar dois grupos de interesse, mantendo um controle dos riscos associados ao estabelecimento de conclusões incorretas. Alguns exemplos de situações desse tipo são apresentados a seguir.

1. Suponha que uma indústria opere duas linhas de produção. Muito provavelmente os técnicos da empresa terão interesse em comparar as duas linhas, com o objetivo de avaliar se elas trabalham de forma similar. Se isso não acontecer, já terá sido identificada uma **oportunidade de melhoria**, que corresponde a ajustar a linha que apresenta a pior performance até que ela atinja o mesmo nível de desempenho alcançado pela outra linha. Observe que, nessa situação, terá sido **identificado um problema**, o qual deverá ser solucionado por meio do giro do Ciclo PDCA para melhorar resultados.

2. Considere que na fase de **análise do fenômeno** do Ciclo PDCA, uma empresa esteja observando o problema de interesse sob vários pontos de vista diferentes, ou seja, esteja realizando uma estratificação. Nesse caso, as técnicas de comparação permitirão que, por meio do emprego de dados coletados para dois diferentes estratos, seja avaliado se existe uma **diferença significativa** na forma de ocorrência do problema nos dois estratos. Em caso afirmativo, poderá ter sido localizado o **foco do problema**, o que permitirá, nas fases posteriores do PDCA, o direcionamento do estudo das medidas corretivas que devem ser adotadas para a sua solução.

3. Uma indústria está girando o Ciclo PDCA para melhorar resultados com o objetivo de reduzir a variabilidade de um importante item de controle de um de seus processos. Na etapa de **análise do processo** do PDCA, nas fases de escolha e análise de causas mais prováveis para o problema representado pela elevada variabilidade, os métodos de comparação de dois grupos podem ser empregados para mostrar que são diferenças existentes entre duas máquinas empregadas na produção que aumentam a dispersão total do item de controle do processo. Se as diferenças entre as máquinas forem eliminadas, a variabilidade será reduzida.

4. Suponha que uma empresa esteja realizando a etapa de **verificação** do Ciclo PDCA para melhorar resultados. Essa etapa, como sabemos, tem o objetivo de avaliar a eficácia da ação de bloqueio adotada. Nessa situação, as técnicas de comparação permitirão que, por meio do emprego de dados coletados **antes** e **depois** da adoção das medidas para

melhoria do processo, seja avaliado o impacto das mudanças efetuadas e o grau de alcance da meta, sendo possível manter um controle do erro que pode ser cometido no estabelecimento das conclusões.

As comparações de dois grupos geralmente podem ser traduzidas, na linguagem estatística, em comparações de duas médias, duas variâncias ou duas proporções, conforme será apresentado nas próximas seções deste capítulo.

4.2 Comparação de duas médias – amostras independentes

Um estudo de comparação entre dois grupos frequentemente pode ser visto, sob o ponto de vista estatístico, como uma comparação de duas médias populacionais. A seguir apresentaremos como esse estudo pode ser conduzido por meio da realização de um teste de hipóteses ou da construção de um intervalo de confiança. Como no caso dos testes e intervalos para a média de uma população, consideraremos separadamente as duas situações possíveis quanto ao tamanho das amostras – grandes e pequenas amostras.

4.2.1 Grandes amostras

4.2.1.1 Um exemplo

Para introduzir as ideias envolvidas na comparação de duas médias populacionais, vamos considerar novamente a empresa de mineração apresentada no exemplo 3.10, concentrando agora nossa atenção na etapa de pelotamento do processo de produção de pelotas de minério de ferro (**Figura 3.16**).

O processo de pelotamento é realizado em equipamentos denominados discos de pelotamento. Esses discos giram com velocidade e inclinação adequadas, de modo que, por movimentos sucessivos de rolamento, as partículas do material proveniente das etapas anteriores do processamento vão sendo agregadas, até a obtenção das chamadas pelotas cruas. A empresa utiliza dois discos nesse processo e cada disco dispõe de um sistema de aspersão de água que permite o ajuste da umidade das pelotas.

Um importante item de controle do processo de pelotamento é a umidade das pelotas que, segundo as especificações, deve estar situada na faixa de 8,0 a 12,0%, para garantir um funcionamento adequado do forno onde posteriormente ocorrerá a etapa de queima.

Recentemente, foi verificado que o processo de pelotamento estava sob controle estatístico, mas não era capaz de atender às especificações estabelecidas para a umidade das pelotas, gerando várias dificuldades para o processo seguinte.

Essa situação deu origem a uma anomalia crônica, cuja eliminação foi considerada prioritária pela empresa. Foi então iniciado o giro do Ciclo PDCA para melhorar resultados.

Observe que o **problema identificado** na fase 1 da etapa do planejamento do Ciclo PDCA foi gerado pela anomalia crônica prioritária identificada a partir do Ciclo SDCA: *incapacidade do processo de pelotamento em atender às especificações para o teor de umidade das pelotas.*

Na fase de **análise do fenômeno** do Ciclo PDCA, foi feita uma análise do problema, para que as suas características pudessem ser reconhecidas. A análise do fenômeno consistiu em investigar as características específicas do problema, com uma visão ampla e sob vários pontos de vista, por meio da realização de uma estratificação.

Como a equipe técnica da empresa suspeitava que podiam haver diferenças na forma de funcionamento dos dois discos, o que poderia implicar na manifestação do problema em intensidades diferentes em cada disco e, até mesmo, poderia significar que apenas um dos equipamento era o responsável pela falta de capacidade do processo, na fase de análise do fenômeno foram feitas medidas do teor de umidade das pelotas, estratificadas por disco de pelotamento. Os dados obtidos estão apresentados na **Tabela 4.1**.

A partir dos dados coletados, foram construídos histogramas e *boxplots* estratificados por disco de pelotamento (**Figuras 4.1** e **4.2**), para que a equipe da empresa pudesse visualizar melhor o que estava acontecendo em cada disco. Essas figuras **indicaram** que o teor médio de umidade das pelotas produzidas no disco 1 **parecia** ser superior ao teor médio correspondente ao disco 2 e que ambas as médias **pareciam** superiores ao valor nominal de especificação.

Comparação de parâmetros de processos: o caso de duas populações

Medidas do teor de umidade (%) das pelotas cruas

TABELA 4.1

	11,5	11,7	11,8	12,1	10,7	11,7	10,9	10,7
	11,6	12,5	10,7	11,5	11,1	11,2	11,2	11,8
Disco 1	11,2	11,0	11,7	11,1	11,3	11,0	12,2	10,7
	12,2	11,9	11,1	11,4	10,7	11,2	11,6	11,0
	10,9	11,2	11,2	11,3	12,1	10,9	11,7	11,3
	11,4	11,5	11,5	10,4	11,0	9,9	10,5	10,8
	11,4	11,5	10,9	10,2	11,1	11,0	10,2	11,2
Disco 2	11,9	10,8	11,2	11,0	10,2	10,9	11,5	10,9
	10,1	11,2	10,7	11,8	11,1	10,4	11,8	11,9
	10,7	10,8	10,8	10,4	10,8	11,2	10,8	10,6

Note também que os valores amostrais obtidos para os teores médios de umidade das pelotas produzidas nos discos 1 e 2 foram 11,37% e 10,95%, respectivamente. A equipe técnica da indústria desejava então *verificar se essas diferenças entre as médias amostrais correspondentes a cada disco eram significativas ou se elas podiam simplesmente ser atribuídas à variabilidade natural do processo de pelotamento*. Ou seja, o objetivo era verificar se o problema de falta de capacidade do processo poderia estar se manifestando em intensidades diferentes nos dois discos.

Lembre-se de que é possível considerar que todas as medidas do teor de umidade das pelotas produzidas em cada disco constituem uma população. Portanto, o problema da indústria consistia em *verificar se existiam diferenças realmente significativas entre as médias dessas duas populações*. Logo a seguir mostraremos ao leitor como esse problema pode ser resolvido, por meio da realização de um teste de hipóteses ou da construção de um intervalo de confiança.

Além disso, nesse exemplo, é importante destacar que as **Figuras 4.1** e **4.2** estão indicando que **parecia** não haver diferença na variabilidade do teor de umidade das pelotas

Análise descritiva das medidas do teor de umidade, estratificada por disco de pelotamento.

FIGURA 4.1

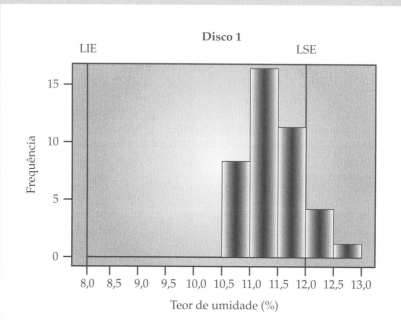

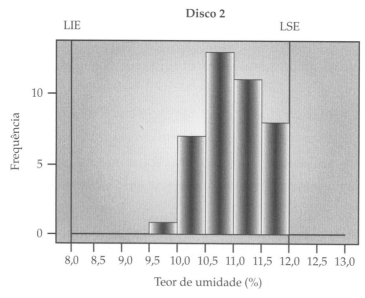

Disco	Teor da umidade (%)			
	Média	Desvio-padrão	*MÍN*	*MÁX*
1	11,37	0,47	10,7	12,5
2	10,95	0,51	9,9	11,9

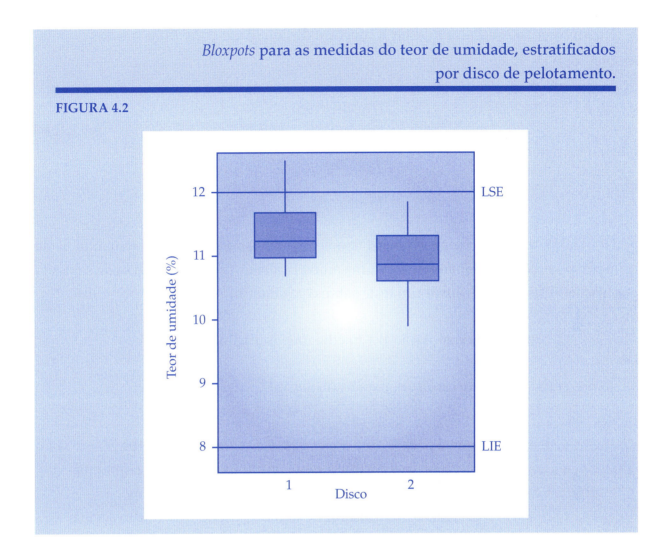

FIGURA 4.2 — *Bloxpots* para as medidas do teor de umidade, estratificados por disco de pelotamento.

produzidas pelos dois discos. Também nesse capítulo apresentaremos como proceder para confirmar se essa indicação é de fato verdadeira.

4.2.1.2 Como realizar um teste de hipóteses para a comparação de duas médias no caso de grandes amostras

Discutiremos agora como realizar testes de hipóteses para comparar as médias μ_1 e μ_2 de duas populações, na situação em que os tamanhos n_1 e n_2 das amostras extraídas das populações são superiores a 30. O leitor perceberá que as ideias fundamentais envolvidas na realização de testes de hipóteses para a média de uma população, apresentadas no Capítulo 3, não sofrerão alterações – apenas a técnica de realização dos vários testes se modificará de forma conveniente.

Nosso objetivo consiste em testar a hipótese de igualdade entre duas médias populacionais, ou seja:

$$H_0 : \mu_1 = \mu_2$$

que também pode ser escrita sob a forma:

$$H_0 : \mu_1 - \mu_2 = 0$$

No caso de amostras independentes, temos uma amostra aleatória de tamanho n_1 da primeira população, **independente** de uma amostra aleatória de tamanho n_2 da segunda população, e desejamos realizar um teste sobre o parâmetro

$$(\text{média da população 1}) - (\text{média da população 2}) = \mu_1 - \mu_2$$

Temos então a seguinte estrutura para os dados.

> ### Estrutura dos dados – amostras aleatórias independentes
>
> (a) $x_{11}, x_{12}, ..., x_{1n_1}$ é uma amostra aleatória de tamanho n_1 da população 1, cuja média é representada por μ_1 e cuja variância é representada por σ_1^2.
>
> (b) $x_{21}, x_{22}, ..., x_{2n_2}$ é uma amostra aleatória de tamanho n_2 da população 2, cuja média é representada por μ_2 e cuja variância é representada por σ_2^2.
>
> (c) $x_{11}, x_{12}, ..., x_{1n_1}$ são independentes de $x_{21}, x_{22}, ..., x_{2n_2}$. Ou seja, as respostas obtidas para uma população não têm qualquer relação com as respostas coletadas para a outra população.

> Duas amostras coletadas de duas populações são independentes
> se a extração da amostra de uma das populações não
> afeta a extração da amostra da outra população.

O exemplo do processo de pelotamento do minério de ferro, que acabamos de considerar, ilustra uma situação em que foram extraídas duas amostras independentes das duas populações de interesse.

Comparação de parâmetros de processos: o caso de duas populações

Observe que, nesse exemplo, a equipe da empresa coletou uma amostra aleatória de 40 pelotas provenientes do disco 1 e outra amostra aleatória também de 40 pelotas produzidas no disco 2 e, a seguir, determinou o teor de umidade de cada pelota (as pelotas que constituíam cada amostra foram extraídas do processo em tempos escolhidos aleatoriamente). A partir dos valores obtidos para o teor de umidade, o teste poderá ser implementado, para verificar se o teor médio de umidade das pelotas produzidas pelo disco 1, estimado por $\bar{x}_1$, é significativamente diferente do teor médio de umidade das pelotas fabricadas pelo disco 2, estimado por $\bar{x}_2$. É importante não esquecer que a diferença entre as médias $\bar{x}_1$ e $\bar{x}_2$ pode ser o resultado da flutuação amostral, de modo que os dois discos sejam na verdade idênticos no que diz respeito ao teor médio de umidade das pelotas fabricadas.

A realização de um teste de hipóteses vai ajudar a equipe da indústria na comparação dos dois discos de pelotamento. Por meio do emprego do teste de hipóteses a comparação dos discos poderá ser feita em termos objetivos, com um conhecimento dos riscos associados ao estabelecimento de conclusões incorretas.

Para que o teste possa ser realizado, no caso de amostras independentes, é essencial que a escolha dos itens que irão compor cada amostra seja feita de forma aleatória, ou seja, que a escolha desses itens seja imparcial (cada escolha é governada pelo acaso), de modo que não atue qualquer mecanismo que favoreça determinada escolha em relação a alguma outra. Na verdade, é o processo de aleatorização que torna possível a suposição de que estamos lidando com amostras aleatórias independentes e que evita que fontes não controladas de variação afetem as respostas de maneira sistemática.

No caso de amostras independentes, um teste de hipóteses para $\mu_1 - \mu_2$ pode ser construído com base na distribuição da diferença das médias amostrais $\bar{x}_1 - \bar{x}_2$. É possível mostrar que a distribuição de $\bar{x}_1 - \bar{x}_2$ será normal se as populações tiverem distribuições normais e será aproximadamente normal se as condições estabelecidas pelo Teorema Central do Limite forem satisfeitas. Além disso, a média da distribuição de $\bar{x}_1 - \bar{x}_2$ é igual a $\mu_1 - \mu_2$ e o desvio-padrão é $\sqrt{\sigma_1^2/n_1 + \sigma_2^2/n_2}$. Ou seja:

$$\bar{x}_1 - \bar{x}_2 \sim N(\mu_1 - \mu_2, \sqrt{\sigma_1^2/n_1 + \sigma_2^2/n_2})$$

Portanto:

$$z = \frac{\left(\bar{x}_1 - \bar{x}_2\right) - \left(\mu_1 - \mu_2\right)}{\sqrt{\dfrac{\sigma_1^2}{n_1} + \dfrac{\sigma_2^2}{n_2}}}$$

tem, pelo menos aproximadamente, distribuição normal padronizada, isto é, $z \sim N(0,1)$.

No entanto, sabemos que, na prática, os valores dos desvios-padrão populacionais σ_1 e σ_2, que aparecem na equação anterior, são desconhecidos. Contudo, quando estamos lidando com grandes amostras ($n_1 > 30$ e $n_2 > 30$), podemos substituir σ_1 e σ_2 pelos desvios-padrão amostrais s_1 e s_2 e ainda considerar que a variável z dada por:

$$z = \frac{\left(\bar{x}_1 - \bar{x}_2\right) - \left(\mu_1 - \mu_2\right)}{\sqrt{\dfrac{s_1^2}{n_1} + \dfrac{s_2^2}{n_2}}} \qquad (4.1)$$

tem, aproximadamente, distribuição normal padronizada e utilizar a equação (4.1) como base para a realização dos testes de hipóteses para $\mu_1 - \mu_2$, conforme será apresentado a seguir.

Teste bilateral

Considere que desejamos testar as hipóteses:

$$H_0 : \mu_1 = \mu_2 \qquad (4.2)$$
$$H_1 : \mu_1 \neq \mu_2$$

Se a hipótese nula $H_0 : \mu_1 = \mu_2$ é verdadeira, então:

$$z_0 = \frac{\bar{x}_1 - \bar{x}_2}{\sqrt{\dfrac{s_1^2}{n_1} + \dfrac{s_2^2}{n_2}}} \qquad (4.3)$$

tem, aproximadamente, distribuição normal padronizada, e, portanto, poderemos utilizar z_0 como **estatística de teste**.

Já sabemos que a probabilidade de que a estatística de teste z_0 assuma valores nas caudas da distribuição ($z_0 > z_{\alpha/2}$ ou $z_0 < -z_{\alpha/2}$) é igual a α quando H_0 é verdadeira. Como a obtenção de valores para a estatística de teste nas caudas da distribuição é pouco provável se H_0 é verdadeira, fica claro que devemos **rejeitar H_0 se:**

$$z_0 > z_{\alpha/2} \text{ ou } z_0 < -z_{\alpha/2} \tag{4.4}$$

Por outro lado, **H_0 não deve ser rejeitada se**:

$$-z_{\alpha/2} \leq z_0 \leq z_{\alpha/2} \tag{4.5}$$

Portanto, a equação (4.4) define a região crítica do teste, enquanto a equação (4.5) define a região de aceitação. É claro que o nível de significância é α.

Teste unilateral direito

O procedimento para a realização dos testes unilaterais é análogo ao que foi apresentado para o teste bilateral. No caso do teste unilateral direito, as hipóteses são:

$$\begin{aligned} H_0 &: \mu_1 = \mu_2 \\ H_1 &: \mu_1 > \mu_2 \end{aligned} \tag{4.6}$$

Se a hipótese nula é verdadeira, não esperamos obter valores muito grandes para a estatística de teste z_0 e então a região crítica deve estar situada na cauda direita da distribuição normal padronizada. Ou seja, para um teste com nível de significância α, devemos **rejeitar H_0 se**:

$$z_0 > z_\alpha \tag{4.7}$$

Teste unilateral esquerdo

Já para o teste unilateral esquerdo, as hipóteses são:

$$\begin{aligned} H_0 &: \mu_1 = \mu_2 \\ H_1 &: \mu_1 < \mu_2 \end{aligned} \tag{4.8}$$

Se a hipótese nula é verdadeira, não esperamos obter valores muito pequenos (com grande valor absoluto, mas de sinal negativo) para a estatística de teste z_0 e, portanto, a região crítica deve estar situada na cauda esquerda da distribuição normal padronizada. Ou seja, para um teste com nível de significância α, devemos **rejeitar H_0 se:**

$$z_0 < -z_\alpha \tag{4.9}$$

Testes para $\mu_1 - \mu_2$ – grandes amostras

Quando $n_1 > 30$ e $n_2 > 30$, o teste de $H_0 : \mu_1 = \mu_2$ é baseado na estatística de teste:

$$z_0 = \frac{\bar{x}_1 - \bar{x}_2}{\sqrt{\dfrac{s_1^2}{n_1} + \dfrac{s_2^2}{n_2}}}$$

que tem, aproximadamente, distribuição normal padronizada. A região crítica, para um teste com nível de significância α, depende da hipótese alternativa.

Hipótese alternativa		Região crítica
$H_1 : \mu_1 \neq \mu_2$	$\Rightarrow$	$z_0 > z_{\alpha/2}$ ou $z_0 < -z_{\alpha/2}$
$H_1 : \mu_1 > \mu_2$	$\Rightarrow$	$z_0 > z_\alpha$
$H_1 : \mu_1 < \mu_2$	$\Rightarrow$	$z_0 < -z_\alpha$

▸ **Exemplo 4.1**

Uso do teste de hipóteses para a comparação de duas médias, na fase de **análise do fenômeno** do Ciclo PDCA para melhorar resultados ou na etapa *measure* do DMAIC.

Vamos considerar novamente a indústria de mineração mencionada no início desta seção, que desejava avaliar se os teores médios de umidade das pelotas produzidas pelos discos 1 e 2 eram equivalentes ou se existiam diferenças significativas entre os teores médios de umidade. Essa avaliação estava sendo realizada durante a etapa de análise do fenômeno do Ciclo PDCA para melhorar resultados, que estava sendo girado para resolver o problema *incapacidade do processo de pelotamento em atender às especificações para o teor de umidade das pelotas.*

Para realizar a avaliação, a equipe técnica da empresa coletou as duas amostras aleatórias independentes apresentadas na **Tabela 4.1** e decidiu realizar um teste de hipóteses para $\mu_1 - \mu_2$, adotando o nível de significância $\alpha = 5\%$. Note que, nesse caso:

μ_i = teor médio de umidade das pelotas produzidas pelo disco i, $i = 1, 2$.

Antes da realização do teste, foi feita uma análise descritiva (histogramas, *boxplots* e medidas de locação e variabilidade), cujos resultados já foram mostrados nas **Figuras 4.1 e 4.2**.

Essas figuras estavam indicando que o teor médio de umidade das pelotas produzidas no disco 1 **parecia** ser superior ao teor médio correspondente ao disco 2 e que ambas as médias **pareciam** ser superiores ao valor nominal da especificação. Essa primeira indicação seria confirmada por meio do teste de hipóteses.

A equipe da empresa de mineração realizou o teste de hipóteses seguindo as etapas apresentadas na **Figura 3.8**, conforme é mostrado a seguir.

1. Identifique o parâmetro de interesse.

    O parâmetro de interesse é a diferença entre os teores médios de umidade das pelotas produzidas pelos discos de pelotamento 1 e 2 ($\mu_1 - \mu_2$).

2. Estabeleça a hipótese nula H_0.

    $H_0 : \mu_1 = \mu_2$

3. Estabeleça a hipótese alternativa H_1.

    $H_0 : \mu_1 \neq \mu_2$

    Note que, antes da coleta dos dados, a suspeita era de que existia **alguma** diferença entre os teores médios de umidade μ_1 e μ_2.

4. Escolha o nível de significância α.

    $\alpha = 0{,}05$

5. **Determine a estatística de teste apropriada.**

    A estatística de teste, no caso de grandes amostras ($n_1 = n_2 = 40$), é:

    $$z_0 = \frac{\bar{x}_1 - \bar{x}_2}{\sqrt{\dfrac{s_1^2}{n_1} + \dfrac{s_2^2}{n_2}}}$$

6. **Determine a região crítica do teste.**

A partir da tabela da distribuição normal padronizada, é obtido que:

$$z_{\alpha/2} = z_{0,05/2} = z_{0,025} = 1,96$$

Portanto, H_0 deve ser rejeitada se:

$$z_0 > 1,96 \text{ ou } z_0 < -1,96$$

7. **Faça os cálculos necessários a partir dos dados amostrais e determine o valor das estatísticas de teste.**

$$\bar{x}_1 = \frac{1}{n_1} \sum_{i=1}^{n_1} x_{1i} = 11,37\%$$

$$s_1 = \sqrt{\frac{1}{n_1-1} \sum_{i=1}^{n_1} \left(x_{1i} - \bar{x}_1\right)^2} = 0,47\%$$

$$\bar{x}_2 = \frac{1}{n_2} \sum_{i=1}^{n_2} x_{2i} = 10,95\%$$

$$s_2 = \sqrt{\frac{1}{n_2-1} \sum_{i=1}^{n_2} \left(x_{2i} - \bar{x}_2\right)^2} = 0,51\%$$

$$z_0 = \frac{\bar{x}_1 - \bar{x}_2}{\sqrt{\dfrac{s_1^2}{n_1} + \dfrac{s_2^2}{n_2}}} = \frac{11,37 - 10,95}{\sqrt{\dfrac{(0,47)^2}{40} + \dfrac{(0,51)^2}{40}}} = 3,83$$

8. **Decida se a hipótese nula H_0 deve ser ou não rejeitada.**

Como $z_0 = 3,83 > z_{\alpha/2} = 1,96$, a hipótese nula $H_0 : \mu_1 = \mu_2$ foi rejeitada ao nível de significância $\alpha = 0,05$.

Uma abordagem alternativa para a tomada da decisão quanto à rejeição, ou não, de H_0 consiste em utilizar o p-valor da estatística de teste observada. Nesse exemplo, como o teste é bilateral, o p-valor correspondente a $z_0 = 3,83$ é:

$$\text{p-valor} = 2P(z \geq |z_0|) = 2P(z \geq 3,83) = 2(1 - 0,99994) = 0,00012 = 0,012\%$$

Comparação de parâmetros de processos: o caso de duas populações

Como p-valor = 0,00012 < α = 0,05, a decisão é rejeitar a hipótese nula $H_0 : \mu_1 = \mu_2$, o que já era esperado, pela equivalência entre a regra de decisão baseada no –p-valor e a regra baseada na comparação do valor da estatística de teste z_0 com a região crítica.

Observe que, como o p-valor é muito baixo, foi obtida uma forte evidência para a rejeição de H_0.

9. **Apresente a decisão no contexto do problema que está sendo analisado.**

    A equipe técnica da empresa de mineração obteve forte evidência para concluir que existiam diferenças significativas entre os teores médios de umidade das pelotas produzidas pelos discos 1 e 2. Esse resultado significava que o problema de falta de capacidade do processo de pelotamento em relação ao item de controle teor de umidade das pelotas manifestava-se com intensidades diferentes em cada disco, sendo mais grave para o disco 1, que era aquele que apresentava a média mais afastada do valor nominal da especificação.

    Para visualizar melhor a situação, os técnicos da empresa também construíram intervalos de 95% de confiança para o teor médio de umidade das pelotas produzidas em cada disco (Capítulo 2), tendo obtido os seguintes resultados:

    - **Disco 1**
    $11,22 \leq \mu_1 \leq 11,51\%$

    - **Disco 2**
    $10,79 \leq \mu_2 \leq 11,11\%$

Observe que o valor nominal da especificação (10%) não pertence a nenhum desses dois intervalos, o que está de acordo com as indicações obtidas anteriormente, de que ambos os discos produziam pelotas com teor médio de umidade superior ao valor nominal. No entanto, a situação é mais grave para o disco 1, conforme a conclusão do teste de hipóteses realizado. Esses resultados, aliados ao conhecimento técnico sobre o funcionamento do processo de pelotamento, foram o ponto de partida para a descoberta das causas fundamentais do problema de falta de capacidade do processo, na etapa de **análise do processo** do Ciclo PDCA para melhorar resultados.

4.2.1.3 Determinação do tamanho da amostra e do erro tipo II

I – Método das curvas características de operação (CCO)

Apresentaremos agora como calcular a probabilidade β de ocorrência do erro tipo II em um teste de hipóteses para $\mu_1 - \mu_2$, **no caso de grandes amostras**, e como determinar os tamanhos amostrais n_1 e n_2 que garantirão a obtenção de um valor prefixado para β. Em nossa apresentação utilizaremos o método das **CCO**.

Os Gráficos I e II, apresentados no Anexo C, são as CCO para o teste bilateral:

$$H_0 : \mu_1 = \mu_2$$
$$H_1 : \mu_1 \neq \mu_2$$

Essas curvas representam a probabilidade β ($P[\text{não rejeitar } H_0 \mid H_0 \text{ é falsa}]$), em função de um parâmetro d que reflete o quanto H_0 é falsa, para vários valores de n. O Gráfico I corresponde ao caso em que $\alpha = 0,05$ e o Gráfico II corresponde a $\alpha = 0,01$. O parâmetro d é definido por:

$$d = \frac{|\mu_1 - \mu_2|}{\sqrt{\sigma_1^2 + \sigma_2^2}} = \frac{|\delta|}{\sqrt{\sigma_1^2 + \sigma_2^2}} \tag{4.10}$$

em que $\mu_1 - \mu_2 = \delta$ é a verdadeira diferença existente entre as médias, que deve ser detectada com elevada probabilidade. **Para a utilização das curvas, é necessário que as amostras sejam de mesmo tamanho, isto é, $n = n_1 = n_2$.**

Se o teste for unilateral direito ($H_1 : \mu_1 > \mu_2$), a expressão para o cálculo de d é:

$$d = \frac{\mu_1 - \mu_2}{\sqrt{\sigma_1^2 + \sigma_2^2}} = \frac{\delta}{\sqrt{\sigma_1^2 + \sigma_2^2}} \tag{4.11}$$

Quando o teste é unilateral esquerdo ($H_1 : \mu_1 < \mu_2$), d deve ser calculado por meio da expressão:

$$d = \frac{\mu_2 - \mu_1}{\sqrt{\sigma_1^2 + \sigma_2^2}} = \frac{\delta}{\sqrt{\sigma_1^2 + \sigma_2^2}} \tag{4.12}$$

Os Gráficos III e IV, também apresentados no Anexo C, são as CCO para os testes unilaterais. **Para a utilização desses gráficos também é necessário que $n = n_1 = n_2$.**

Comparação de parâmetros de processos: o caso de duas populações

As etapas que devem ser seguidas para a determinação dos tamanhos das amostras necessárias para o teste de $H_0: \mu_1 = \mu_2$, utilizando as CCO, estão apresentadas no **Quadro 4.1**. É importante destacar que o procedimento mostrado nesse quadro é apropriado quando o valor resultante para $n = n_1 = n_2$ for superior a 30. Caso isso não aconteça, deverá ser utilizado o **Quadro 4.3**.

▶ **Exemplo 4.2**

> Uso do teste de hipóteses para a comparação de duas médias, na fase de **análise do fenômeno** do Ciclo PDCA para melhorar resultados ou na etapa *measure* do DMAIC.
> Determinação do tamanho da amostra por meio do método das CCO.

Mais uma vez vamos considerar o teste realizado pela empresa de mineração do exemplo 4.1. Suponha que a equipe da empresa gostaria de realizar o teste de tal forma que, se a verdadeira diferença entre os teores médios de umidade fosse igual a 0,5%, esse fato deveria ser detectado pelo teste com pelo menos 90% de probabilidade (ou seja, $H_0: \mu_1 = \mu_2$ deveria ser rejeitada com 90% de probabilidade se, na verdade, $|\mu_1 - \mu_2| = 0,5$). Para determinar os tamanhos das amostras $n = n_1 = n_2$ adequados à satisfação dessa condição, a equipe seguiu as etapas listadas no **Quadro 4.1**, conforme é apresentado a seguir.

1. $\alpha = 0,05$

2. $|\delta| = |\mu_1 - \mu_2| = 0,5\%$

3. $\beta = 1 - 0,90 = 0,10$

4. $\sigma_1 = \sigma_2 = 0,7\%$

5. $d = \dfrac{|\delta|}{\sqrt{\sigma_1^2 + \sigma_2^2}} = \dfrac{0,5}{\sqrt{(0,7)^2 + (0,7)^2}} = 0,51$

6. $(d\,;\,\beta) = (0,51\,;\,0,10) \Rightarrow n \sim 45$, a partir do Gráfico I do Anexo C.

Suponha agora que a equipe da empresa de mineração desejasse determinar o valor da probabilidade do erro tipo II se a verdadeira diferença entre os teores médios de umidade

> ### Etapas para a determinação do tamanho das amostras
> ### para o teste de $H_0 : \mu_1 = \mu_2$, utilizando as CCO
>
> **QUADRO 4.1**
>
> 1. Especifique o nível de significância α desejado para o teste.
>
> 2. Especifique o valor de δ, a verdadeira diferença entre as médias, para a qual a probabilidade β do erro tipo II será controlada.
>
> 3. Especifique o valor desejado para β.
>
> 4. Obtenha estimativas preliminares dos desvios-padrão da população (σ_1 e σ_2). Essas estimativas preliminares podem ser obtidas por meio de dados históricos, resultados de estudos similares ou extração de uma amostra-piloto.
>
> 5. Calcule d.
>
> - Se $H_1 : \mu \neq \mu_2 \ \Rightarrow \ d = \dfrac{|\delta|}{\sqrt{\sigma_1^2 + \sigma_2^2}} = \dfrac{|\mu_1 - \mu_2|}{\sqrt{\sigma_1^2 + \sigma_2^2}}$
>
> - Se $H_1 : \mu > \mu_2 \ \Rightarrow \ d = \dfrac{\delta}{\sqrt{\sigma_1^2 + \sigma_2^2}} = \dfrac{\mu_1 - \mu_2}{\sqrt{\sigma_1^2 + \sigma_2^2}}$
>
> - Se $H_1 : \mu < \mu_2 \ \Rightarrow \ d = \dfrac{\delta}{\sqrt{\sigma_1^2 + \sigma_2^2}} = \dfrac{\mu_2 - \mu_1}{\sqrt{\sigma_1^2 + \sigma_2^2}}$
>
> 6. Obtenha o valor de $n_1 = n_2 = n$ a partir da CCO apropriada, localizando o ponto que representa o par $(d; \beta)$.
>
>   - Se $H_1 : \mu \neq \mu_2 \ \Rightarrow \ $ consulte o gráfico I ($\alpha = 0{,}05$) ou II ($\alpha = 0{,}01$) do Anexo C.
>
>   - Se $H_1 : \mu_1 > \mu_2$ ou $H_1 : \mu_1 < \mu_2 \ \Rightarrow \ $ consulte o gráfico III ($\alpha = 0{,}05$) ou IV ($\alpha = 0{,}01$) do Anexo C.

fosse $\mu_1 - \mu_2 = 0{,}3\%$, para amostras de tamanhos $n_1 = n_2 = 40$ e $\alpha = 0{,}05$. Para a solução desse problema, ainda seria utilizado o método das CCO, de acordo com o seguinte procedimento:

- $\quad d = \dfrac{|\mu_1 - \mu_2|}{\sqrt{\sigma_1^2 + \sigma_2^2}} = \dfrac{0{,}3}{\sqrt{(0{,}7)^2 + (0{,}7)^2}} = 0{,}30$

- $\quad (d\,;\,n) = (0{,}30\,;\,40) \Rightarrow \beta \sim 0{,}4$, a partir do Gráfico I do Anexo C.

Esse resultado significa que, se a verdadeira diferença entre os teores médios de umidade das pelotas produzidas nos discos 1 e 2 for igual a 0,3%, esse fato será detectado com apenas 60% de probabilidade, se for utilizado o teste com α = 0,05 e as amostras de tamanho $n_1 = n_2 = 40$. Se os técnicos da empresa consideram que essa diferença é desprezível do ponto de vista prático, esse baixo valor para a probabilidade de rejeição H_0 não causa preocupação.

Na situação em que as amostras não são de mesmo tamanho ($n_1 \neq n_2$), as CCO do Anexo C ainda poderão ser utilizadas, desde que seja empregado um valor ajustado para n, calculado a partir da equação:

$$n = \frac{\sigma_1^2 + \sigma_2^2}{\sigma_1^2 / n_1 + \sigma_2^2 / n_2} \tag{4.13}$$

Mostraremos a seguir a forma de utilização da equação (4.13), mas, antes disso, é importante destacar que, se o valor obtido para n por meio do emprego dessa equação não for inteiro, ele deve ser arredondado para cima.

- **Utilização da equação (4.13) para a determinação de β:**

    Se as amostras de tamanhos $n_1 \neq n_2$ já tiverem sido coletadas, a equação (4.13) pode ser utilizada pra o cálculo de n. A seguir, o par $(d; n)$, para algum valor d de interesse, é utilizado na CCO apropriada, para a obtenção do valor de β.

- **Utilização da equação (4.13) para a determinação de n_1 e n_2.**

    Se é dado o valor de d e é necessário determinar n_1 e n_2 que garantam um valor β' para a probabilidade do erro tipo II correspondem a d, a equação (4.13) pode ser utilizada para o cálculo de n_1 e n_2 por meio do seguinte procedimento de tentativa e erro:
    - Escolha valores arbitrários para n_1 e n_2.
    - Utilize a equação (4.13) para calcular n.
    - Utilize o par $(d ; n)$, na CCO apropriada, para a obtenção do valor de β.
    - Se β = β' então os valores de n_1 e n_2, escolhidos inicialmente, são adequados. Se β ≠ β', realize ajustes nos valores de n_1 e n_2 e repita o procedimento.

II – Fórmulas para a determinação do tamanho da amostra

Em lugar de utilizar as CCO, também podemos empregar as equações para o cálculo dos tamanhos $n_1 = n_2 = n$ das amostras, a partir da especificação de α, β e $\delta = \mu_1 - \mu_2$.

Inferência estatística – como estabelecer conclusões com confiança no giro do PDCA e DMAIC **ELSEVIER**

As etapas que devem ser seguidas para a determinação dos tamanhos das amostras necessárias para o teste de $H_0 : \mu_1 = \mu_2$ utilizando as equações apropriadas, estão apresentadas no **Quadro 4.2**. No entanto, o leitor deve notar que o procedimento mostrado nesse quadro é apropriado quando o valor resultante para $n_1 = n_2 = n$, for superior a 30. Caso isso não aconteça, deverá ser utilizado o **Quadro 4.3**.

Etapas para a determinação dos tamanhos das amostras para o teste de $H_0 : \mu_1 = \mu_2$, utilizando equações

QUADRO 4.2

1. Especifique o nível de significância α desejado para o teste.

2. Especifique o valor de $\delta = \mu_1 - \mu_2$ para o qual a probabilidade β do erro tipo II será controlada.

3. Especifique o valor desejado para β correspondente a δ.

4. Obtenha estimativas preliminares dos desvios-padrão das populações (σ_1 e σ_2). Essas estimativas preliminares podem ser obtidas por meio de dados históricos, resultados de estudos similares ou extração de uma amostra-piloto.

5. Calcule n.

(a) Se $H_1 : \mu_1 \neq \mu_2$:

$$n \simeq \frac{\left(z_{\alpha/2} + z_\beta\right)^2 (\sigma_1^2 + \sigma_2^2)}{\delta^2} \qquad (4.14)$$

A equação (4.14) pode ser utilizada se $P\left(z \leq -z_{\alpha/2} - \delta\sqrt{n} / \sqrt{\sigma_1^2 + \sigma_2^2}\right)$ for pequena em relação a β.

(b) Se $H_1 : \mu_1 > \mu_2$ ou $H_1 : \mu_1 < \mu_2$:

$$n = \frac{\left(z_\alpha + z_\beta\right)^2 (\sigma_1^2 + \sigma_2^2)}{\delta^2} \qquad (4.15)$$

Notação utilizada nas equações (4.14) e (4.15):

• z_γ é tal que $P(z \geq z_\gamma) = \gamma$

▶ Exemplo 4.3

> Uso do teste de hipóteses para a comparação de duas médias, na fase de **análise do fenômeno** do Ciclo PDCA para Melhorar Resultados, ou na etapa *measure* do DMAIC.
> Determinação do tamanho da amostra por meio do uso de equações.

Vamos considerar o Exemplo 4.2 e determinar o tamanho das amostras por meio da equação apropriada, seguindo as etapas relacionadas no **Quadro 4.2**.

1. $\alpha = 0{,}05$

2. $\delta = \mu_1 - \mu_2 = 0{,}5\%$

3. $\beta = 1 - 0{,}90 = 0{,}10$

4. $\sigma_1 = \sigma_2 = 0{,}7\%$

5. $n \simeq \dfrac{\left(z_{\alpha/2} + z_\beta\right)^2 (\sigma_1^2 + \sigma_2^2)}{\delta^2} = \dfrac{(1{,}96 + 1{,}28)^2 \left[(0{,}7)^2 + (0{,}7)^2\right]}{(0{,}5)^2} = 41{,}1 \simeq 42$

Observe que, como $P\left(z \leq -z_{\alpha/2} - \delta\sqrt{n}/\sqrt{\sigma_1^2 + \sigma_2^2}\right) = P\left(z \leq -1{,}96 - (0{,}5)\sqrt{42}/\sqrt{(0{,}7)^2 + (0{,}7)^2}\right) = P(z \leq -5{,}23) \simeq 0$ é pequena em relação a β, a equação acima pode ser utilizada.

O leitor deve notar que $n = 42$ é próximo ao valor de $n = 45$ determinado a partir do método das CCO utilizado no exemplo 4.2. Além disso, o tamanho amostral $n = 40$, empregado pela empresa de mineração para a realização do teste apresentado anteriormente no exemplo 4.1, foi apropriado, já que está bem próximo dos dois resultados.

4.2.1.4 Relação entre testes de hipóteses e intervalos de confiança para a diferença entre duas médias

> Um intervalo de $100(1-\alpha)\%$ de confiança para $\mu_1 - \mu_2$, no caso de grandes amostras, é dado por:
>
> $$\left(\bar{x}_1 - \bar{x}_2\right) \pm z_{\alpha/2}\sqrt{\frac{s_1^2}{n_1} + \frac{s_2^2}{n_2}} \qquad (4.16)$$

É possível mostrar que, no teste de:

$$H_0 : \mu_1 = \mu_2$$
$$H_1 : \mu_1 \neq \mu_2$$

ou, o que é equivalente:

$$H_0 : \mu_1 - \mu_2 = 0$$
$$H_1 : \mu_1 - \mu_2 \neq 0$$

a hipótese nula H_0 será rejeitada no nível de significância α se o número zero não pertencer ao intervalo de $100(1-\alpha)\%$ de confiança para $\mu_1 - \mu_2$.

Para ilustrar essa afirmação, vamos considerar os dados apresentados no exemplo 4.1 e construir um intervalo de 95% de confiança para $\mu_1 - \mu_2$, a diferença entre os teores médios de umidade das pelotas produzidas pelos discos 1 e 2. Utilizando a equação (4.16), o intervalo de 95% de confiança para $\mu_1 - \mu_2$ é:

$$\bar{x}_1 - \bar{x}_2 \pm z_{\alpha/2}\sqrt{\frac{s_1^2}{n_1} + \frac{s_2^2}{n_2}}$$

$$(11,37 - 10,95) \pm 1,96\sqrt{\frac{(0,47)^2}{40} + \frac{(0,51)^2}{40}} \Rightarrow (0,21\ ;\ 0,63)\%$$

Como o valor $\mu_1 - \mu_2 = 0,0\%$ não pertence ao intervalo de 95% de confiança, no teste:

$$H_0 : \mu_1 = \mu_2$$
$$H_1 : \mu_1 \neq \mu_2$$

ao nível de significância $\alpha = 0{,}05$, a hipótese nula $H_0 : \mu_1 = \mu_2$ deve ser rejeitada. Note que essa é a mesma conclusão já estabelecida anteriormente no exemplo 4.1.

4.2.2 Pequenas amostras

4.2.2.1 Introdução

Discutiremos agora como testar a hipótese de igualdade de duas médias populacionais, na situação em que os tamanhos n_1 e n_2 das amostras extraídas das populações são iguais ou inferiores a 30. Nessa situação, deixa de ser possível considerar que o quociente:

$$\frac{\bar{x}_1 - \bar{x}_2}{\sqrt{\dfrac{s_1^2}{n_1} + \dfrac{s_2^2}{n_2}}}$$

tem, aproximadamente, distribuição normal padronizada quando $H_0 : \mu_1 = \mu_2$ é verdadeira. Além disso, o procedimento para a realização do teste passa a depender da forma das distribuições das populações consideradas.

Quando as amostras são de tamanho pequeno ($n_1 \leq 30$ e $n_2 \leq 30$), para que seja possível realizar o teste de $H_0 : \mu_1 = \mu_2$, utilizando uma abordagem similar à que foi utilizada na Seção 4.2.1, **é necessário que as populações de interesse tenham distribuições normais**. A suposição de normalidade das populações resulta em um teste baseado na **distribuição t de Student**, já apresentada na Seção 2.2.3.

Também é importante destacar que o procedimento para o teste de $\mu_1 = \mu_2$ depende da relação existente entre as variâncias das populações, de modo que iremos considerar duas diferentes situações:

- As variâncias das duas distribuições normais são desconhecidas, mas podem ser consideradas iguais, isto é, $\sigma_1^2 = \sigma_2^2 = \sigma^2$.
- As duas variâncias σ_1^2 e σ_2^2 são desconhecidas, mas não necessariamente iguais.

Na Seção 4.5 será apresentado um teste que permitirá a avaliação da veracidade da suposição de que as duas variâncias populacionais são iguais.

4.2.2.2 Como realizar um teste de hipóteses para comparação de duas médias no caso de pequenas amostras

I – Situação I: variâncias desconhecidas, mas supostamente iguais

Suponha que as populações de interesse tenham distribuições normais com médias μ_1 e μ_2 e variâncias desconhecidas, mas supostamente iguais $\sigma_1^2 = \sigma_2^2 = \sigma^2$. Desejamos testar a hipótese $\mu_1 = \mu_2$ e, para isso, são extraídas uma amostra aleatória de n_1 observações da primeira população $(x_{11}, x_{12}, ..., x_{1n_1})$ e uma amostra aleatória de n_2 observações da segunda população $(x_{21}, x_{22}, ..., x_{2n_2})$. As duas amostras são independentes e possuem médias e variâncias representadas por $\bar{x}_1, \bar{x}_2, s_1^2, s_2^2$, respectivamente.

Nessa situação, nossa estatística de teste será baseada no quociente:

$$\frac{(\bar{x}_1 - \bar{x}_2) - (\mu_1 - \mu_2)}{\sqrt{\dfrac{\sigma_1^2}{n_1} + \dfrac{\sigma_2^2}{n_2}}} = \frac{(\bar{x}_1 - \bar{x}_2) - (\mu_1 - \mu_2)}{\sigma\sqrt{\dfrac{1}{n_1} + \dfrac{1}{n_2}}}$$

No entanto, para que o quociente acima possa ser utilizado, deve ser encontrada uma estimativa de σ.

Como tanto s_1^2 quando s_2^2 estimam a variância comum σ^2, é possível combiná-las em uma única estimativa:

$$s_c^2 = \frac{(n_1 - 1)s_1^2 + (n_2 - 1)s_2^2}{n_1 + n_2 - 2} \quad \text{em que} \tag{4.17}$$

s_c^2 = estimativa combinada (*pooled*) da variância comum σ^2;

s_1^2 e s_2^2 = variâncias das duas amostras.

Quando é feita a substituição de σ por s_c, se a hipótese $H_0 : \mu_1 = \mu_2$ é verdadeira, passamos a trabalhar com a **estatística de teste**:

$$t_0 = \frac{\bar{x}_1 - \bar{x}_2}{s_c\sqrt{\dfrac{1}{n_1} + \dfrac{1}{n_2}}} \tag{4.18}$$

que tem distribuição t de Student com $n_1 + n_2 - 2$ graus de liberdade.

> **Testes para $\mu_1 - \mu_2$ – pequenas amostras**
> **Variâncias desconhecidas, mas supostamente iguais**
>
> Quando $n_1 \leq 30$, $n_2 \leq 30$ e $\sigma_1^2 = \sigma_2^2$, o teste de $H_0 : \mu_1 = \mu_2$ é baseado na estatística de teste:
>
> $$t_0 = \frac{\bar{x}_1 - \bar{x}_2}{s_c\sqrt{\dfrac{1}{n_1}+\dfrac{1}{n_2}}}$$
>
> que tem distribuição t de Student com $n_1 + n_2 - 2$ graus de liberdade. A região crítica para um teste com nível de significância α depende da hipótese alternativa.
>
> | Hipótese alternativa | | Região crítica |
> |---|---|---|
> | $H_1 : \mu_1 \neq \mu_2$ | $\Rightarrow$ | $t_0 > t_{\alpha/2;\, n_1+n_2-2}$ ou $t_0 < -t_{\alpha/2;\, n_1+n_2-2}$ |
> | $H_1 : \mu_1 > \mu_2$ | $\Rightarrow$ | $t_0 > t_{\alpha;\, n_1+n_2-2}$ |
> | $H_1 : \mu_1 < \mu_2$ | $\Rightarrow$ | $t_0 < -t_{\alpha;\, n_1+n_2-2}$ |
>
> A expressão para o cálculo de s_c é apresentada na equação (4.17).

No caso de pequenas amostras e variâncias populacionais desconhecidas, mas supostas iguais, um intervalo de $100(1 - \alpha)\%$ de confiança para $\mu_1 - \mu_2$ é dado pela expressão apresentada a seguir.

> Um intervalo de $100(1 - \alpha)\%$ de confiança para $\mu_1 - \mu_2$, no caso de pequenas amostras e variâncias populacionais desconhecidas, mas supostas iguais, é dado por
>
> $$(\bar{x}_1 - \bar{x}_2) \pm t_{\alpha/2;\, n_1+n_2-2} \times sc\sqrt{\frac{1}{n_1}+\frac{1}{n_2}}$$
>
> A expressão para o cálculo de s_c é apresentada na equação (4.17).

> **Exemplo 4.4**

Uso do teste de hipóteses para a comparação de duas médias, na fase de verificação do Ciclo PDCA para melhorar resultados ou na etapa *control* do DMAIC.

Uma empresa especializada em locação de automóveis vinha recebendo diversas queixas de seus clientes quanto ao *elevado tempo de espera para a retirada de veículos na loja 1* (problema). Essa loja fica localizada em um dos mais movimentados aeroportos do país e vários clientes estavam se queixando que a demora para a realização das operações necessárias ao aluguel do veículo fazia com que eles se atrasassem para os compromissos que haviam marcado na cidade. Alguns clientes, insatisfeitos com esse problema, haviam passado a alugar os veículos de uma empresa concorrente, que também possui uma loja nesse aeroporto e oferece automóveis de categorias e preços equivalentes. Diante dessa situação, que foi considerada uma anomalia crônica prioritária, a empresa deu início ao giro do Ciclo PDCA para melhorar resultados.

Suponha que esteja sendo executada a tarefa de *comparação dos resultados* da fase de **verificação** do PDCA, para que a equipe de trabalho da empresa possa avaliar se a ação de bloqueio adotada foi realmente efetiva, isto é, se essa ação foi capaz de reduzir o tempo médio de espera dos clientes que alugam veículos na loja 1.

Para realizar a avaliação, a equipe técnica da empresa utilizou as duas amostras aleatórias independentes apresentadas na **Tabela 4.2** e decidiu realizar um teste de hipóteses para $\mu_1 - \mu_2$, adotando o nível de significância $\alpha = 5\%$. Note que, nesse caso:

μ_1= tempo médio de espera dos clientes antes da ação de bloqueio.

μ_2 = tempo médio de espera dos clientes depois da ação de bloqueio.

Antes da realização do teste, foi feita uma análise descritiva (diagramas de pontos, *boxplots* e medidas de locação e variabilidade), cujos resultados estão mostrados na **Figura 4.3**.

A **Figura 4.3** estava indicando que o tempo médio de espera dos clientes **parecia** ter diminuído em consequência da adoção da ação de bloqueio. Essa indicação seria confirmada por meio do teste de hipóteses. Além disso, como a análise descritiva também indicou que

Comparação de parâmetros de processos: o caso de duas populações

TABELA 4.2 Medidas do tempo de espera (minutos) dos clientes, antes e depois da adoção de bloqueio.

	16,3	21,0	14,5	14,6	25,9
	6,3	20,8	10,5	15,4	28,5
Antes	13,9	12,4	14,2	21,7	18,0
	29,1	21,0	18,2	17,2	21,3
	16,7	17,0	14,9	14,0	10,1
	12,1	11,1	14,6	12,6	12,9
	13,8	17,3	19,9	13,5	8,6
Depois	12,1	14,2	6,2	21,3	11,4
	10,2	10,7	7,3	6,6	13,8
	4,8	16,0	17,1	7,9	20,1

as variabilidades das medidas do tempo de espera antes e depois da ação de bloqueio eram bastante similares, a equipe decidiu utilizar o teste que supõe que as variâncias populacionais são iguais. A confirmação da validade dessa suposição será realizada na Seção 4.5.

No entanto, para que o teste para comparação das médias pudesse ser realizado, era necessário que o tempo de espera dos clientes, tanto antes quanto depois do bloqueio, seguisse uma distribuição normal. Para verificar se essa condição estava satisfeita, foram construídos os gráficos de probabilidade normal apresentados na **Figura 4.4**. Como os gráficos indicaram que o tempo de espera seguia uma distribuição normal, a equipe da empresa passou a realizar o teste de hipóteses seguindo as etapas da **Figura 3.8**, conforme é mostrado a seguir.

1. Identifique o parâmetro de interesse.

    O parâmetro de interesse é a diferença entre os tempos médios de espera dos clientes para alugar um veículo na loja 1, antes e depois da ação de bloqueio no giro do Ciclo PDCA ($\mu_1 - \mu_2$).

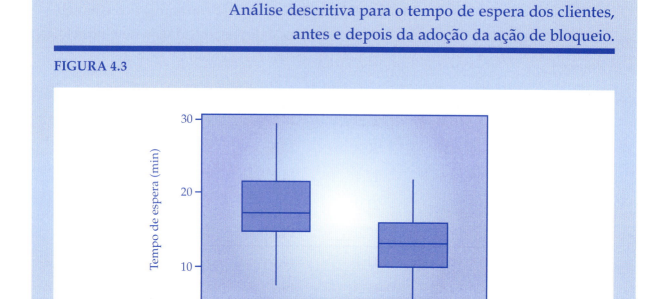

Análise descritiva para o tempo de espera dos clientes, antes e depois da adoção da ação de bloqueio.

FIGURA 4.3

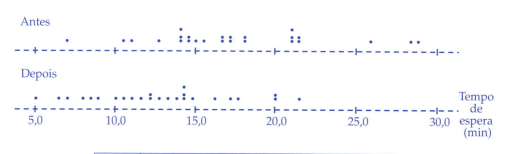

Época	Tempo de espera (minutos)			
	Média	Desvio-padrão	MÍN	MÁX
Antes	17,34	5,46	6,3	29,1
Depois	12,64	4,41	4,8	21,3

2. Estabeleça a hipótese nula H_0.

   $H_0 : \mu_1 = \mu_2$

3. Estabeleça a hipótese alternativa H_1.

   $H_0 : \mu_1 > \mu_2$

   Observe que a equipe da empresa deseja provar que o tempo médio para locação de um veículo na loja 1 era maior antes da ação de bloqueio.

Gráficos de probabilidade normal para o tempo de espera dos clientes, antes e depois da adoção da ação de bloqueio.

FIGURA 4.4

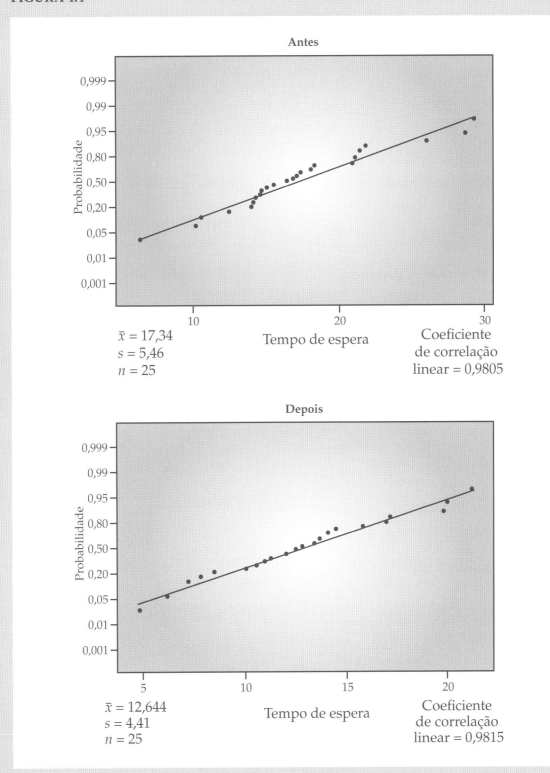

4. **Escolha o nível de significância α.**

   $\alpha = 0,01$

5. **Determine a estatística de teste apropriada.**

   A estatística de teste, no caso de pequenas amostras ($n_1 = n_2 = 25$) e variâncias supostas iguais, é:

   $$t_0 = \frac{\bar{x}_1 - \bar{x}_2}{s_c\sqrt{\dfrac{1}{n_1} + \dfrac{1}{n_2}}}$$

6. **Determine a região crítica do teste.**

   A partir da tabela da distribuição t de Student, é obtido que:

   $$t_{\alpha;n_1 + n_2 - 2} = t_{0,01;48} \approx 2,41$$

   Portanto, H_0 deve ser rejeitada se:

   $$t_0 > 2,41$$

7. **Faça os cálculos necessários a partir dos dados amostrais e determine o valor da estatística de teste.**

   $$\bar{x}_1 = \frac{1}{n_1}\sum_{i=1}^{n_1} x_{1i} = 17,34 \text{ minutos}$$

   $$s_1 = \sqrt{\frac{1}{n_1 - 1}\sum_{i=1}^{n_1}\left(x_{1i} - \bar{x}_1\right)^2} = 5,46 \text{ minutos}$$

   $$\bar{x}_2 = \frac{1}{n_2}\sum_{i=1}^{n_2} x_{2i} = 12,64 \text{ minutos}$$

   $$s_2 = \sqrt{\frac{1}{n_2 - 1}\sum_{i=1}^{n_2}\left(x_{2i} - \bar{x}_2\right)^2} = 4,41 \text{ minutos}$$

   $$s_c = \sqrt{\frac{(n_1 - 1)s_1^2 + (n_2 - 1)s_2^2}{n_1 + n_2 - 2}} = \sqrt{\frac{(24)\times(5,46)^2 + (24)\times(4,41)^2}{48}} = 4,96 \text{ min}$$

Comparação de parâmetros de processos: o caso de duas populações

$$t_0 = \frac{\bar{x}_1 - \bar{x}_2}{s_c\sqrt{\frac{1}{n_1} + \frac{1}{n_2}}} = \frac{17,34 - 12,64}{4,96\sqrt{\frac{1}{25} + \frac{1}{25}}} = 3,35$$

8. Decida se a hipótese nula H_0 deve ser ou não rejeitada.

   Como $t_0 = 3,35 > t_{\alpha;n_1 + n_2 - 2} = 2,41$, a hipótese nula $H_0 : \mu_1 = \mu_2$ foi rejeitada ao nível de significância $\alpha = 0,01$.

   Uma abordagem alternativa para a tomada da decisão quanto à rejeição, ou não, de H_0 consiste em utilizar o p-valor da estatística de teste observada. Nesse exemplo, o p-valor correspondente a $t_0 = 3,35$, com 48 graus de liberdade, é 0,0008 (obtido a partir do software estatístico MINITAB).

   Como p-valor = 0,0008 < $\alpha = 0,01$, a decisão é rejeitar a hipótese nula $H_0 : \mu_1 = \mu_2$, o que já era esperado, devido à equivalência entre a regra de decisão baseada no p-valor e a regra de decisão baseada na comparação do valor da estatística de teste z_0 com a região crítica.

9. Apresente a decisão no contexto do problema que está sendo analisado.

   A equipe técnica da empresa obteve forte evidência para concluir que o tempo médio de espera antes da ação de bloqueio era superior ao tempo médio verificado depois da adoção dessa ação. Ou seja, a ação de bloqueio foi efetiva.

I.I – Determinação do tamanho da amostra e do erro tipo II: método das curvas características de operação (CCO)

Apresentaremos agora, para o **caso de pequenas amostras e variâncias populacionais consideradas iguais**, como calcular a probabilidade β de ocorrência do erro tipo II em um teste de hipóteses para $\mu_1 - \mu_2$ e como determinar os tamanhos amostrais $n_1 = n_2 = n$ que garantirão a obtenção de um valor pré-fixado para β. Novamente será utilizado o método das **CCO**.

Os Gráficos V e VI, apresentados no Anexo C, são as CCO para o teste bilateral:

$$H_0 : \mu_1 = \mu_2$$
$$H_1 : \mu_1 \neq \mu_2$$

Essas curvas representam a probabilidade β em função de um parâmetro d que reflete o quanto H_0 é falsa, para vários valores de n^*. O Gráfico V corresponde ao caso em que α = 0,05 e o Gráfico VI corresponde a α = 0,01. O parâmetro d é definido por:

$$d = \frac{|\mu_1 - \mu_2|}{2\sigma} = \frac{|\delta|}{2\sigma} \tag{4.19}$$

em que $\mu_1 - \mu_2 = \delta$ é a verdadeira diferença existente entre as médias. **Para a utilização das curvas, o tamanho amostral deve ser $n^* = 2n - 1$.**

Se o teste for unilateral direito ($H_1 : \mu_1 > \mu_2$), a expressão para o cálculo de d é:

$$d = \frac{\mu_1 - \mu_2}{2\sigma} = \frac{\delta}{2\sigma} \tag{4.20}$$

Quando o teste é unilateral esquerdo ($H_1 : \mu_1 < \mu_2$), d deve ser calculado por meio da expressão:

$$d = \frac{\mu_2 - \mu_1}{2\sigma} = \frac{\delta}{2\sigma} \tag{4.21}$$

Os Gráficos VII e VIII, também apresentados no Anexo C, são as curvas características de operação para os testes unilaterais.

As etapas que devem ser seguidas para a determinação dos tamanhos das amostras necessárias para o teste de $H_0 : \mu_1 = \mu_2$, utilizando as CCO, estão apresentadas no Quadro 4.3. **Para a utilização das CCO, é necessário que $n = n_1 = n_2$.**

Comparação de parâmetros de processos: o caso de duas populações

> Etapas para a determinação do tamanho da amostra para o teste de $H_0: \mu_1 = \mu_2$, utilizando as CCO: pequenas amostras – variâncias iguais

QUADRO 4.3

1. Especifique o nível de significância α desejado para o teste.

2. Especifique o valor de δ, a verdadeira diferença entre as médias, para a qual a probabilidade β do erro tipo II será controlada.

3. Especifique o valor desejado para β.

4. Obtenha uma estimativa preliminar do desvio-padrão das populações (σ). Essa estimativa preliminar pode ser obtida por meio de dados históricos, resultados de estudos similares ou extração de uma amostra-piloto.

5. Calcule d.

   - Se $H_1: \mu_1 \neq \mu_2$ $\Rightarrow$ $d = \dfrac{|\mu_1 - \mu_2|}{2\sigma} = \dfrac{|\delta|}{2\sigma}$

   - Se $H_1: \mu_1 > \mu_2$ $\Rightarrow$ $d = \dfrac{\mu_1 - \mu_2}{2\sigma} = \dfrac{\delta}{2\sigma}$

   - Se $H_1: \mu_1 < \mu_2$ $\Rightarrow$ $d = \dfrac{\mu_2 - \mu_1}{2\sigma} = \dfrac{\delta}{2\sigma}$

6. Obtenha o valor de $n^* = 2n - 1$ a partir da CCO apropriada, localizando o ponto que representa o par $(d\,;\beta)$.

   - Se $H_1: \mu_1 \neq \mu_2$ $\Rightarrow$ consulte o gráfico V (α = 0,05) ou VI (α = 0,01) do Anexo C.

   - Se $H_1: \mu_1 > \mu_2$ ou $H_1: \mu_1 < \mu_2$ $\Rightarrow$ consulte o gráfico VII (α = 0,05) ou VIII (α = 0,01) do Anexo C.

7. Calcule $n = n_1 = n_2 = \dfrac{n^* + 1}{2}$

▶ Exemplo 4.5

> **Uso do teste de hipóteses para a comparação de duas médias,
> na fase de verificação do Ciclo PDCA para melhorar resultados
> ou na etapa *control* do DMAIC.
> Determinação do tamanho da amostra por meio do método das CCO.**

Mais uma vez vamos considerar o teste realizado pela empresa especializada em locação de veículos do exemplo 4.4. Suponha que a equipe da empresa gostaria de realizar o teste de tal forma que, se a verdadeira diferença entre os tempos médios de espera para locação dos automóveis, antes e depois da ação de bloqueio, fosse igual a 5 minutos, esse fato deveria ser detectado pelo teste com pelo menos 90% de probabilidade (isto é, $H_0 : \mu_1 = \mu_2$ deveria ser rejeitada com 90% de probabilidade se, na verdade, $\mu_1 - \mu_2 = 5$). Para determinar o tamanho $n_1 = n_2 = n$ das amostras, adequado à satisfação dessa condição, a equipe seguiu as etapas listadas no **Quadro 4.3**, conforme é apresentado a seguir.

1. $\alpha = 0,01$.

2. $\delta = \mu_1 - \mu_2 = 5$ minutos.

3. $\beta = 1 - 0,90 = 0,10$.

4. $\sigma_1 = \sigma_2 = 5$ minutos.

5. $d = \dfrac{\delta}{2\sigma} = \dfrac{5}{2 \times 5} = 0,5$.

6. $(d ; \beta) = (0,5 ; 0,10) \Rightarrow n^* \sim 50$, a partir do Gráfico VIII do Anexo C.

7. $n = n_1 = n_2 = \dfrac{n^* + 1}{2} = \dfrac{50 + 1}{2} = 25,5 \approx 26$

Portanto, as amostras devem ser, aproximadamente, de tamanho igual a 26.

Comparação de parâmetros de processos: o caso de duas populações

I.2 – Relação entre testes de hipóteses e intervalos de confiança para a diferença entre duas médias – pequenas amostras e variâncias supostamente iguais

> Um intervalo de $100(1-\alpha)\%$ de confiança para $\mu_1 - \mu_2$, no caso de pequenas amostras e variâncias populacionais supostamente iguais, é dado por:
>
> $$(\bar{x}_1 - \bar{x}_2) \pm t_{\alpha/2; n_1+n_2-2} \times s_c \sqrt{\frac{1}{n_1} + \frac{1}{n_2}} \quad (4.22)$$

A relação existente ente o intervalo $100(1-\alpha)\%$ de confiança para $\mu_1 - \mu_2$ e o teste de:

$$H_0: \mu_1 = \mu_2$$
$$H_1: \mu_1 \neq \mu_2$$

é a mesma já apresentada para o caso de grandes amostras.

II – Situação 2: variâncias desconhecidas e desiguais

Em algumas situações, não podemos considerar que as variâncias desconhecidas σ_1^2 e σ_2^2 das duas **populações normais** de interesse sejam iguais. Nesse caso, não existe uma estatística com distribuição t exata que possa ser utilizada para o teste da hipótese de igualdade das duas médias populacionais. Contudo, se a hipótese nula $H_0: \mu_1 = \mu_2$ é verdadeira, a estatística:

$$t_0^* = \frac{(\bar{x}_1 - \bar{x}_2)}{\sqrt{\dfrac{s_1^2}{n_1} + \dfrac{s_2^2}{n_2}}} \quad (4.23)$$

tem, aproximadamente, distribuição t de Student com número de graus de liberdade dado por:

$$\nu = \frac{(\omega_1 + \omega_2)^2}{\omega_1^2/(n_1+1) + \omega_2^2/(n_2+1)} - 2 \quad (4.24)$$

em que,

$$\omega_1 = \frac{s_1^2}{n_1} \text{ e } \omega_2 = \frac{s_2^2}{n_1}.$$

Portanto, se $\sigma_1^2 \neq \sigma_2^2$, o teste de $H_0 : \mu_1 = \mu_2$ deve ser realizado de acordo com o mesmo procedimento já apresentado para o caso em que $\sigma_1^2 = \sigma_2^2$, com a seguinte alteração: utilizar t_0^*, com número de graus de liberdade dado pela equação (4.24), como estatística de teste.

É importante destacar que, no teste de $H_0 : \mu_1 = \mu_2$, quando $\sigma_1^2 \neq \sigma_2^2$, a distribuição de t_0^* não é conhecida se a hipótese nula é falsa e, portanto, **nesse caso não existem CCO que possam ser utilizadas para a determinação do tamanho das amostras.**

Testes para $\mu_1 - \mu_2$ – pequenas amostras
Variâncias desconhecidas e desiguais

Quando $n_1 \leq 30$, $n_2 \leq 30$ e $\sigma_1^2 \neq \sigma_2^2$, o teste de $H_0 : \mu_1 = \mu_2$ é baseado na estatística de teste:

$$t_0^* = \frac{\bar{x}_1 - \bar{x}_2}{\sqrt{\dfrac{s_1^2}{n_1} + \dfrac{s_2^2}{n_2}}}$$

que tem, aproximadamente, distribuição t de Student com ν graus de liberdade, sendo ν apresentado na equação (4.24). A região crítica, para um teste com nível de significância α, depende da hipótese alternativa.

Hipótese alternativa		Região crítica
$H_1 : \mu_1 \neq \mu_2$	$\Rightarrow$	$t_0^* > t_{\alpha/2;\,\nu}$ ou
		$t_0^* < -t_{\alpha/2;\,\nu}$
$H_1 : \mu_1 > \mu_2$	$\Rightarrow$	$t_0^* > t_{\alpha;\nu}$
$H_1 : \mu_1 < \mu_2$	$\Rightarrow$	$t_0^* < -t_{\alpha;\nu}$

No caso de pequenas amostras e variâncias populacionais desiguais, um intervalo de $100(1 - \alpha)\%$ de confiança para $\mu_1 - \mu_2$, é dado pela expressão mostrada a seguir.

Comparação de parâmetros de processos: o caso de duas populações

> Um intervalo de $100(1 - \alpha)\%$ de confiança para $\mu_1 - \mu_2$, no caso de pequenas amostras e variâncias populacionais desiguais, é dado por:
>
> $$(\bar{x}_1 - \bar{x}_2) \pm t^*_{\alpha/2;v}\sqrt{\frac{s_1^2}{n_1} + \frac{s_2^2}{n_2}}$$
>
> O número de graus de liberdade v é apresentado na equação (4.24).

▶ **Exemplo 4.6**

> Uso do teste de hipóteses para a comparação de duas médias, na fase de **verificação** do Ciclo PDCA para melhorar resultados ou na etapa *control* do DMAIC.

Uma indústria siderúrgica estava girando o Ciclo PDCA para melhorar resultados, com o objetivo de aumentar a eficiência do sistema de corte e pesagem de tarugos da laminação contínua. Uma característica da qualidade crítica do tarugo é o seu *comprimento*. A laminação contínua necessita do *peso do tarugo* dentro de uma faixa de especificação, para que o processo de laminação funcione de modo adequado. O sistema tradicional da laminação contínua controla o *comprimento* como uma forma de manter o *peso* dentro da especificação, sem que seja necessário utilizar um sistema de pesagem.

Atualmente a indústria utiliza um sistema de corte do tarugo por meio de um batente denominado "pêndulo" e de uma tesoura. A regulagem do sensor do pêndulo que determina o comprimento é executada manualmente e a medição do comprimento dos tarugos também é realizada manualmente. As especificações estabelecem que o comprimento dos tarugos deve estar na faixa de (500,0 ± 30,0) mm. Nos últimos meses, a empresa verificou que o processo de corte estava estável, mas que a distribuição das medidas do comprimento dos tarugos estava centrada em um valor superior ao valor nominal da especificação.

Diante dessa situação, a indústria instalou, em caráter experimental, um novo sistema de corte em uma das máquinas utilizadas no processo, com o objetivo de avaliar se esse sistema experimental produz melhores resultados em comparação ao sistema atualmente empregado. No sistema experimental, o controle do comprimento é feito por meio de um contador de pulsos (com balança) e o corte também é feito por meio de uma tesoura.

Suponha que esteja sendo executada a tarefa de *comparação dos resultados* da fase de **verificação** do PDCA, para que a equipe de trabalho da empresa possa avaliar o desempenho do sistema experimental. Um dos itens dessa avaliação consiste em comparar o comprimento médio dos tarugos cortados pelo sistema atual (μ_1) com o comprimento médio dos tarugos cortados pelo sistema experimental (μ_2).

Para realizar essa comparação, a equipe técnica da empresa utilizou as duas amostras aleatórias independentes apresentadas na **Tabela 4.3** e decidiu realizar um teste de hipóteses para $\mu_1 - \mu_2$, adotando o nível de significância $\alpha = 5\%$. Antes da realização do teste, foi feita uma análise descritiva (diagramas de pontos, *boxplots* e medidas de locação e variabilidade), cujos resultados estão mostrados na **Figura 4.5**.

Medidas do comprimento dos tarugos (mm) obtidas para os sistemas de corte atual e experimental.

TABELA 4.3

Atual	521,3	522,8	508,6	513,1	518,6
	518,4	514,7	511,5	515,3	509,8
	509,6	506,7	513,6	501,3	513,9
Experimental	477,0	499,0	524,3	499,9	505,4
	485,5	515,7	499,8	501,2	485,2
	485,3	485,7	502,2	517,5	489,3

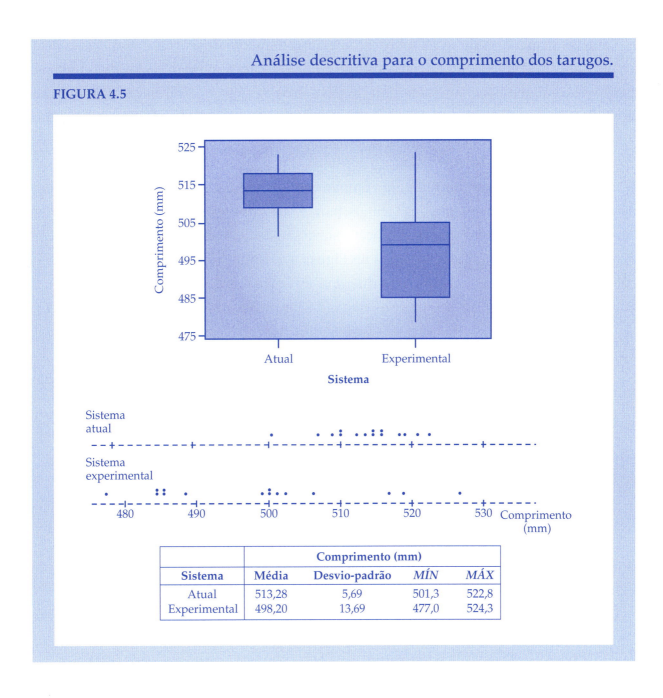

FIGURA 4.5 Análise descritiva para o comprimento dos tarugos.

A **Figura 4.5** estava indicando que o comprimento médio dos tarugos **parecia** ser maior para o sistema atual de corte e pesagem do que para o sistema experimental. Além disto, a distribuição das medidas do comprimento dos tarugos, para o sistema experimental, **parecia** estar centrada no valor nominal da especificação. Em relação à variabilidade, a distribuição das medidas do comprimento para o sistema experimental **parecia** ter maior dispersão do que a distribuição das medidas obtidas quando foi empregado o sistema atual.

Para confirmar as indicações sobre o comprimento médio dos tarugos, fornecidas pela análise descritiva, a equipe realizou o teste de hipóteses para a comparação de duas médias, para o caso em que as variâncias populacionais são desiguais. A confirmação da indicação de que as duas variâncias populacionais são diferentes pode se realizada por meio da utilização do teste apresentado na Seção 4.5.

No entanto, para que o teste para comparação das médias pudesse se realizado, era necessário que o comprimento dos tarugos, para os dois sistemas, seguisse uma distribuição normal. Para verificar se essa condição estava satisfeita, foram construídos os gráficos de probabilidade normal apresentados na **Figura 4.6**. Como os gráficos indicaram que o comprimento dos tarugos seguia uma distribuição normal, a equipe da empresa passou a realizar o teste de hipóteses seguindo as etapas da **Figura 3.8**, conforme é mostrado a seguir.

1. **Identifique o parâmetro de interesse.**

   O parâmetro de interesse é a diferença entre os comprimentos médios dos tarugos cortados pelo sistema atual e experimental ($\mu_1 - \mu_2$).

2. **Estabeleça a hipótese nula H_0.**

   $H_0 : \mu_1 = \mu_2$

3. **Estabeleça a hipótese alternativa H_1.**

   $H_0 : \mu_1 \neq \mu_2$

   Observe que a equipe da empresa desejava avaliar se existia **alguma** diferença entre os comprimentos médios dos tarugos cortados pelos dois sistemas.

4. **Escolha o nível de significância α.**

   $\alpha = 0,05$

5. **Determine a estatística de teste apropriada.**

   A estatística de teste, no caso de pequenas amostras ($n_1 = n_2 = 15$) e variâncias supostas desiguais, é:

$$t_0^* = \frac{\bar{x}_1 - \bar{x}_2}{\sqrt{\dfrac{s_1^2}{n_1} + \dfrac{s_2^2}{n_2}}}$$

Gráficos de probabilidade normal para o comprimento dos tarugos.

FIGURA 4.6

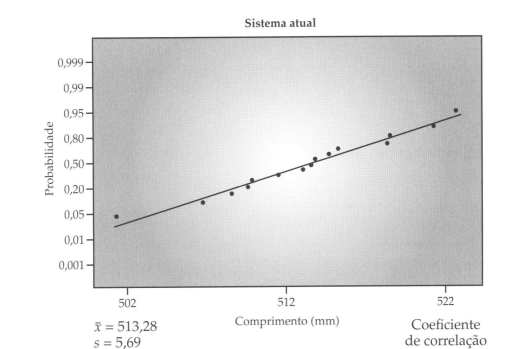

$\bar{x} = 513,28$
$s = 5,69$
$n = 15$

Coeficiente de correlação linear = 0,9902

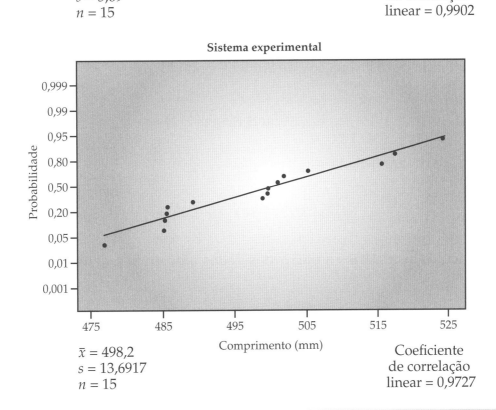

$\bar{x} = 498,2$
$s = 13,6917$
$n = 15$

Coeficiente de correlação linear = 0,9727

com:

$$v = \frac{(\omega_1 + \omega_2)^2}{\omega_1^2 / (n_1 + 1) + \omega_2^2 / (n_2 + 1)} - 2,$$

em que:

$$\omega_1 = \frac{s_1^2}{n_1} \text{ e } \omega_2 = \frac{s_2^2}{n_1}.$$

6. Determine a região crítica do teste.

$$\omega_1 = \frac{s_1^2}{n_1} = \frac{(5,69)^2}{15} = 2,158$$

$$\omega_2 = \frac{s_2^2}{n_2} = \frac{(13,69)^2}{15} = 12,494$$

$$v = \frac{(\omega_1 + \omega_2)^2}{\omega_1^2 / (n_1 + 1) + \omega_2^2 / (n_2 + 1)} - 2 = \frac{(2,158 + 12,494)^2}{(2,158)^2 / 16 + (12,494)^2 / 16} - 2 = 19,36 \approx 19$$

A partir da tabela de distribuição t de Student, é obtido que:

$$t_{\alpha/2;v} = t_{0,025;19} = 2,093$$

Portanto, H_0 deve ser rejeitada se:

$$t_0^* > 2,093 \text{ ou se } t_0^* < -2,093$$

7. Faça os cálculos necessários a partir dos dados amostrais e determine o valor das estatísticas de teste.

$$t_0^* = \frac{(\bar{x}_1 - \bar{x}_2)}{\sqrt{\dfrac{s_1^2}{n_1} + \dfrac{s_2^2}{n_2}}} = \frac{513,28 - 498,20}{\sqrt{\dfrac{(5,96)^2}{15} + \dfrac{(13,69)^2}{15}}} = 3,94$$

8. Decida se a hipótese nula H_0 deve ser ou não rejeitada.

Como $t_0^* = 3{,}94 > t_{\alpha/2;\nu} = 2{,}093$, a hipótese nula $H_0 : \mu_1 = \mu_2$ foi rejeitada ao nível de significância $\alpha = 0{,}05$.

9. Apresente a decisão no contexto do problema que está sendo analisado.

A equipe técnica da empresa obteve forte evidência para concluir que os dois sistemas de corte produziam tarugos com comprimentos médios diferentes.

Para complementar a análise dos dados coletados no estudo, foram construídos intervalos de 95% de confiança para o comprimento médio dos tarugos cortados pelos dois sistemas, tendo sido obtidos os seguintes resultados:

* Sistema atual:

$$510{,}1 \leq \mu_1 \leq 516{,}4 \text{ mm}$$

* Sistema experimental:

$$490{,}6 \leq \mu_1 \leq 505{,}8 \text{ mm}$$

Portanto, o sistema experimental pode estar centrado no valor nominal da especificação (o intervalo de confiança para μ_2 contém o valor 500,0), enquanto o mesmo não acontece com o sistema atual. Deixamos para o leitor, como exercício, a comparação das variabilidades dos dois sistemas, seguindo os procedimentos apresentados na Seção 4.5.

4.3 Comparação de duas médias – amostras emparelhadas

4.3.1 Introdução

Um caso especial de comparação de duas médias populacionais surge quando as observações das duas populações de interesse são coletadas em pares, dando origem às chamadas amostras dependentes ou emparelhadas. Cada par de observações (x_{1i}, x_{2i}) é coletado sob condições homogêneas, mas essas condições podem variar de um par para outro.

> **As amostras extraídas de duas populações são emparelhadas quando seus elementos são coletados em pares, de modo que os dois elementos de um mesmo par são muito similares ou homogêneos em relação às características que possam estar relacionadas à variável de interesse no estudo.**

Dizemos então que os resultados das duas amostras constituem dados emparelhados quando estão relacionados dois a dois segundo algum critério que introduza uma diferença marcante entre os diversos pares, mas que influa igualmente sobre os elementos de cada par.

A utilização de amostras dependentes tende a reduzir os efeitos da variabilidade entre os elementos da amostra, a qual pode confundir os resultados do estudo realizado.

Para tornar mais claras as ideias discutidas até o momento, vamos analisar o exemplo apresentado a seguir.

4.3.2 Um exemplo

Uma indústria metalúrgica recentemente passou a produzir um tipo especial de barras de aço para atender a um novo cliente. Essas barras são produzidas com um aço de baixa liga e são submetidas a um processo de têmpera em óleo (óleo I). É importante destacar que a têmpera é o tratamento térmico usual praticado pela indústria, quando é necessário aumentar a dureza do produto para atender às especificações estabelecidas pelos clientes. A têmpera consiste essencialmente em aquecer uma peça de aço a uma certa temperatura e, a seguir, resfriá-la rapidamente em um banho, usualmente água, óleo ou soluções salinas. Seu objetivo é, em geral, aumentar a dureza e a resistência à tração do aço. Nesse caso, o item de controle dureza, medida no centro das barras temperadas, deve estar na faixa de 31 a 37 Rockwell C (HR(c)), para satisfazer às especificações do novo cliente.

O processo de produção do tipo especial de barras de aço não vem sendo capaz de atender às especificações, tendo sido produzidas várias barras com dureza acima do limite superior de especificação (LSE).

Diante desse problema, que havia se transformado em uma anomalia crônica prioritária para a empresa, os responsáveis pelo processo de produção das peças iniciaram o giro do Ciclo PDCA para melhorar resultados, com o objetivo de fazer com que o processo se tornasse capaz de atender às especificações estabelecidas pelo novo cliente.

Durante a realização da etapa de **análise do processo** do Ciclo PDCA, a equipe técnica da empresa concluiu, com base na experiência e no conhecimento teórico do grupo sobre os tratamentos térmicos para o aço, que a causa mais provável para o problema era a utilização de um banho de têmpera inadequado. A suspeita era que o óleo 1 estivesse provocando um endurecimento excessivo das barras. O grupo também considerou que se fosse utilizado um outro tipo de óleo (óleo 2), em lugar do óleo 1, talvez o processo se tornasse capaz de atender às especificações, já que o óleo 2, pelo valor de sua viscosidade, é considerado um meio de têmpera mais brando. Com o objetivo de avaliar a veracidade dessa hipótese, o grupo decidiu realizar um experimento para comparar as eficácias do óleo 1 e do óleo 2, como banhos de têmpera para o tipo especial de barras de aço produzidas pela indústria.

Um experimento poderia ser realizado da seguinte forma. Um determinado número de barras – vinte, por exemplo – seria selecionado ao acaso da produção. Dez dessas barras poderiam ser submetidas à têmpera em óleo 1 e as outras dez seriam tratadas pela têmpera em óleo 2. A distribuição exata das barras aos banhos de têmpera seria feita ao acaso. Após a realização da têmpera, seria feita a medição da dureza das barras e os valores obtidos para a dureza média de cada amostra poderiam ser comparados por meio do teste t para comparação de duas médias populacionais descrito na seção anterior.

No entanto, um pouco de reflexão irá revelar que pode haver uma séria desvantagem associada a essa forma de condução do estudo. Suponha que as vinte barras sejam provenientes de corridas diferentes, ou que tenham sido submetidas a aquecimentos diferentes ou que não sejam exatamente homogêneas em relação a alguma outra característica que possa afetar a dureza, além do banho de têmpera. Essa falta de homogeneidade entre as barras irá acrescentar uma variabilidade adicional às medidas de dureza, o que poderá mascarar os efeitos decorrentes da variável de interesse (banho têmpera). Em outras palavras, a diferença observada entre as durezas médias das duas amostras também poderá incluir diferenças de dureza entre as barras de aço que não são resultantes da diferença entre os banhos de têmpera.

Para eliminar essa possibilidade, a equipe de trabalho da empresa delineou um plano alternativo para a condução do estudo. Nesse plano, cada barra será dividida em duas partes iguais, sendo cada parte submetida a um diferente banho de têmpera. Desse modo, dentro de cada par formado pelas duas partes de uma mesma barra, a influência devida às características particulares da barra, que também afetam a dureza, deverá ocorrer de forma aproximadamente igual para cada um dos banhos de têmpera. Logo, se forem tomadas as diferenças entre os pares de dureza, a influência individual de cada tipo de barra tenderá a desaparecer dos resultados, o que realçará os efeitos produzidos pelos diferentes banhos de têmpera. Esse plano alternativo corresponde, portanto, ao caso das amostras emparelhadas.

Logo a seguir, mostraremos ao leitor como esse estudo pode ser conduzido, por meio da realização de um teste de hipóteses.

4.3.3 Como realizar um teste de hipóteses para comparação de duas médias no caso de amostras dependentes ou emparelhadas

Como na formulação geral da comparação de duas médias, temos duas amostras $x_{11}, x_{12}, ..., x_{2n}$, e $x_{21}, x_{22}, ..., x_{2n}$, só que agora as observações estão emparelhadas, isto é, a amostra é formada pelos pares:

$$(x_{11}, x_{21}); (x_{12}, x_{22}); ...; (x_{1n}, x_{2n})$$

em que os pares são independentes entre si.

Definindo as diferenças entre cada par de observações como:

$$D_i = x_{1i} - x_{2i}$$

Passamos a ter a amostra aleatória:

$$D_1, D_2, ..., D_n$$

É possível mostrar que podemos testar hipóteses sobre a diferença entre as duas médias populacionais μ_1 e μ_2 por meio da realização de testes sobre a média da distribuição das diferenças (μ_D), sendo válida a relação:

Comparação de parâmetros de processos: o caso de duas populações

$$\mu_D = \mu_1 - \mu_2$$

Logo, testar as hipóteses:

$$H_0 : \mu_1 = \mu_2$$
$$H_1 : \mu_1 \neq \mu_2$$

É equivalente a testar as hipóteses:

$$H_0 : \mu_D = 0$$
$$H_1 : \mu_D \neq 0$$

É fácil notar que, ao tomarmos as diferenças D_i, reduzimos o problema ao teste de uma única média. Portanto, realizaremos o teste simplesmente por meio da comparação do valor da estatística de teste t_0 calculado para os dados com o valor crítico de distribuição t de Student com $n - 1$ graus de liberdade, obtido em função do nível de significância α para o teste. Ou seja, devemos calcular a estatística de teste:

$$t_0 = \frac{\bar{D}}{s_D / \sqrt{n}}, \text{ em que:}$$

- $\bar{D} = \frac{1}{n}\sum_{i=1}^{n} D_i$ é a média da amostra das diferenças;

- $s_D^2 = \frac{1}{n-1}\sum_{i=1}^{n}(D_i - \bar{D})^2$ é a variância da amostra das diferenças;

- n é o tamanho da amostra das diferenças.

No caso do teste bilateral, por exemplo, rejeitamos H_0 se $t_0 > t_{\alpha/2;n-1}$ ou se $t_0 < -t_{\alpha/2;n-1}$.

É importante observar que, para a realização desse teste, conhecido como **teste-t emparelhado**, está implícito que a distribuição das diferenças é suposta aproximadamente normal, quando $n \leq 30$. Se $n > 30$, essa condição deixa de ser necessária e também passa a ser possível trabalhar com a distribuição normal padronizada em lugar da distribuição t de Student.

Teste-t emparelhado

O teste de $H_0 : \mu_D = 0$ é baseado na estatística de teste:

$$t_0 = \frac{\bar{D}}{s_D / \sqrt{n}}$$

que tem distribuição t de Student com $n - 1$ graus de liberdade. A região crítica, para um teste com nível de significância α, depende da hipótese alternativa.

Hipótese alternativa		Região crítica
$H_1 : \mu_D \neq 0$	$\Rightarrow$	$t_0 > t_{\alpha/2;\, n-1}$ ou
		$t_0 < -t_{\alpha/2;\, n-1}$
$H_1 : \mu_1 > 0$	$\Rightarrow$	$t_0 > t_{\alpha;\, n-1}$
$H_1 : \mu_1 < 0$	$\Rightarrow$	$t_0 < -t_{\alpha;\, n-1}$

▶ Exemplo 4.7

Uso do teste de hipóteses para a comparação de duas médias, no caso de amostras emparelhadas, na fase de **análise do processo** do Ciclo PDCA para melhorar resultados ou na etapa ***analyze*** do DMAIC.

Vamos considerar novamente a indústria metalúrgica mencionada no início desta seção, que desejava comparar as durezas médias de barras de aço submetidas a dois diferentes banhos de têmpera. Essa avaliação estava sendo realizada durante a etapa de **análise do processo** do Ciclo PDCA para melhorar resultados e os técnicos da empresa desejavam testar a hipótese de que a dureza média das barras submetidas à têmpera em óleo 2 era inferior à dureza média das barras tratadas pela têmpera em óleo 1.

Com o objetivo de testar a hipótese, foram escolhidas aleatoriamente dez barras da produção da indústria, antes de serem submetidas ao processo de têmpera, e a seguir cada uma das barras foi cortada em duas partes. Para cada par resultante dessa divisão, escolheu-se aleatoriamente uma parte da barra para ser submetida à têmpera em óleo 1, enquanto a outra parte foi tratada pela têmpera em óleo 2. Os dados obtidos após a realização desse procedimento são apresentados na **Tabela 4.4**. Observe então que essa forma de coleta dos dados conduziu à realização de um teste-t emparelhado e que, nesse caso,

- μ_1 = dureza média das barras de aço submetidas à têmpera em óleo 1.
- μ_2 = dureza média das barras de aço submetidas à têmpera em óleo 2.
- $\mu_D = \mu_1 - \mu_2$.

A análise descritiva para os dados apresentados na **Tabela 4.4** é mostrada na **Figura 4.7**.

Para que a comparação das médias pudesse ser realizada por meio do teste-t emparelhado, era necessário que a diferença entre as medidas de dureza obtidas para os dois banhos seguisse uma distribuição normal. Para verificar se essa condição estava satisfeita, a equipe de trabalho da empresa construiu o gráfico de probabilidade normal apresentado na **Figura 4.8**. Como o gráfico indicou que a diferença entre as medidas de dureza seguia uma distribuição normal, a equipe da empresa passou a realizar o teste de hipóteses seguindo as etapas apresentadas na **Figura 3.8**, conforme é mostrado a seguir.

TABELA 4.4 — Medidas da dureza [HR(c)] das barras de aço

Óleo 1	Óleo 2	Diferença (D)
37	36	1
33	33	0
33	35	−2
34	33	1
38	38	0
33	32	1
32	34	−2
39	38	−1
35	34	1
34	35	−1

FIGURA 4.7 Análise descritiva para as medidas de dureza das barras de aço.

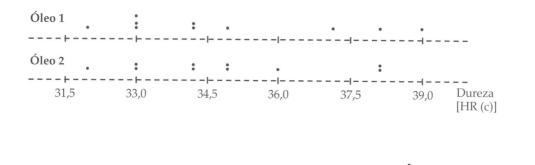

	Dureza das barras de aço [HR (c)]			
	Média	Desvio-padrão	*MÍN*	*MÁX*
Óleo 1	34,8	2,39	32,0	39,0
Óleo 2	34,8	2,04	32,0	38,0
D	−0,2	1,23	−2,0	1,0

FIGURA 4.8 Gráfico de probabilidade normal para a diferença entre as medidas de dureza.

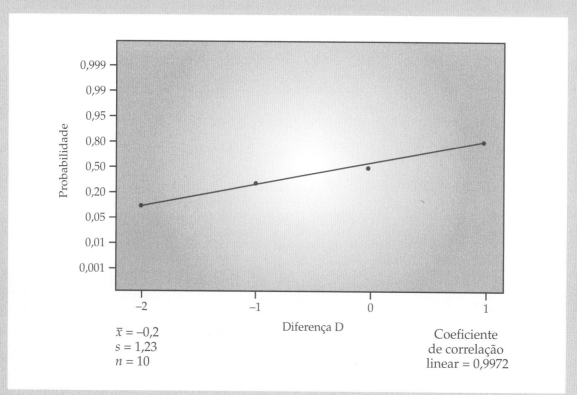

1. Identifique o parâmetro de interesse.

    O parâmetro de interesse é a diferença entre a dureza média das barras de aço submetidas à têmpera em óleo 1 e dureza média das barras tratadas pela têmpera em óleo 2: $\mu_D = \mu_1 - \mu_2$.

2. Estabeleça a hipótese nula H_0.

    $H_0 : \mu_D = 0$

3. Estabeleça a hipótese alternativa H_1.

    $H_0 : \mu_D > 0$

4. Escolha o nível de significância α.

    $\alpha = 0{,}05$

5. Determine a estatística de teste apropriada.

    A estatística de teste, no caso de amostras emparelhadas, é:

    $$t_0 = \frac{\bar{D}}{s_D / \sqrt{n}}$$

6. Determine a região crítica do teste.

    A partir da tabela da distribuição t de Student, é obtido que:

    $$t_{\alpha; n-1} = t_{0{,}05; 9} = 1{,}833$$

    Portanto, H_0 deve ser rejeitada se:

    $$t_0 > 1{,}833$$

7. Faça os cálculos necessários a partir dos dados amostrais e determine o valor da estatística de teste.

    $$\bar{D} = \frac{1}{n} \sum_{i=1}^{n} D_i = -0{,}2 \text{ HR(c)}$$

    $$s_D = \sqrt{\frac{1}{n-1} \sum_{i=1}^{n} (D_i - \bar{D})^2} = 1{,}23 \text{ HR(c)}$$

    $$t_0 = \frac{\bar{D}}{s_D / \sqrt{n}} = \frac{-0{,}2}{1{,}23 / \sqrt{10}} = -0{,}51$$

8. Decida se a hipótese nula H_0 deve ser ou não rejeitada.

Como $t_0 = -0,51 < t_{\alpha;n-1} = 1,833$, a hipótese nula $H_0 : \mu_D = 0$ não foi rejeitada ao nível de significância $\alpha = 0,05$.

9. Apresente a decisão no contexto do problema que está sendo analisado.

A equipe técnica da empresa não obteve evidências para concluir que a dureza média das barras submetidas à têmpera em óleo 2 era menor que a dureza média das peças tratadas pela têmpera em óleo 1.

4.3.4 Intervalo de confiança para a diferença entre duas médias no caso de amostras emparelhadas

Um intervalo de $100(1 - \alpha)\%$ de confiança para μ_D é dado por:

$$\bar{D} \pm t_{\alpha/2;n-1} \times \frac{s_D}{\sqrt{n}}$$

4.3.5 Vantagens da utilização de dados emparelhados

Antes de concluir esta seção, é importante fazer alguns comentários sobre as vantagens de utilização de dados emparelhados. No exemplo anterior, observe que, apesar de $2n = 2(10) = 20$ observações terem sido coletadas, somente $n - 1 = 9$ graus de liberdade estão disponíveis para a estatística t (à medida que aumenta o número de graus de liberdade da estatística t, o teste se torna mais sensível). Portanto, em consequência da formação dos pares, "perdemos" $n - 1$ graus de liberdade, mas esperamos ter adquirido um melhor conhecimento da situação graças à eliminação de uma fonte adicional de variação (as diferenças entre as barras de aço). É possível obter uma indicação da qualidade da informação produzida pelo emparelhamento por meio da comparação do desvio-padrão das diferenças (s_D) com o desvio-padrão combinado (s_c) que teria resultado se o experimento tivesse sido realizado de modo totalmente aleatorizado e os mesmos dados tivessem sido obtidos. Interpretando os dados da **Tabela 4.4** como se fossem de duas amostras independentes, calculamos o desvio-padrão combinado como $s_c = 2,23$. Comparando esse valor com $s_D = 1,23$, verificamos que o emparelhamento reduziu a estimativa da variabilidade em quase 50%.

Mas o emparelhamento nem sempre é a melhor estratégia. Se a variabilidade dentro de cada par é aproximadamente igual à variabilidade entre pares, então a variância de $x_1 - x_2$ será a mesma, independentemente da forma de coleta dos dados. Na realidade, o emparelhamento nessa situação não é uma boa opção, já que resultará na perda de $n - 1$ graus de liberdade, o que torna o teste menos sensível, e não reduzirá a estimativa da variância.

4.4 Resumo do procedimento para a realização de testes de hipóteses para comparação de duas médias populacionais

A **Figura 4.9** apresenta um resumo, sob forma de um fluxograma, do procedimento para a realização de testes de hipóteses para comparação de duas médias populacionais. O teste F para comparação de duas variâncias, que é mencionado nessa figura, será apresentado na próxima seção.

Quando estiver utilizando o fluxograma, o leitor deve observar que, **para realizar as ações que resultam da resposta "NÃO" à pergunta "$n_1 > 30$ e $n_2 > 30$?" e para realizar o teste-t emparelhado para $n \leq 30$, é necessário que as populações tenham distribuições normais.**

4.5 Comparação de duas variâncias

Para que seja possível realizar testes de hipóteses para a comparação de duas variâncias populacionais, utilizando uma abordagem similar à que vem sendo empregada até agora, **é necessário que as populações de interesse tenham distribuição normal**. A suposição de normalidade das populações resulta em um teste de hipóteses baseado em uma distribuição conhecida como **distribuição F.**

O conhecimento da distribuição F torna simples o teste da igualdade das variâncias de duas populações com distribuição normal.

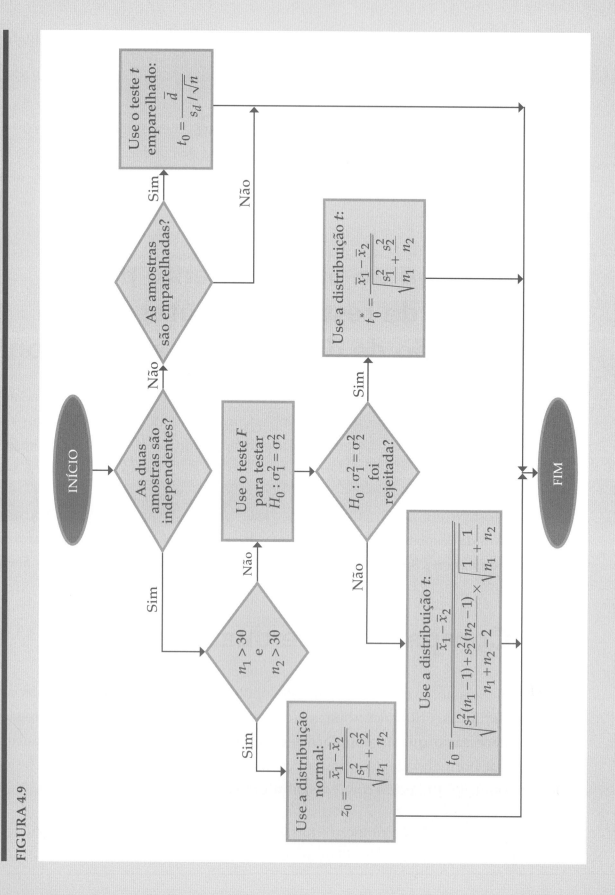

FIGURA 4.9 Resumo do procedimento para a realização de testes de hipóteses para a comparação de duas médias populacionais.

4.5.1 A distribuição F – distribuição amostral do quociente de duas variâncias

Suponha que duas amostras independentes, de tamanhos n_1 e n_2, são retiradas de duas populações com distribuição normal com mesma variância σ^2. Representaremos as variâncias amostrais por s_1^2 e s_2^2, respectivamente. Nessas condições, o quociente:

$$F_0 = \frac{s_1^2}{s_2^2}$$

tem distribuição F com $(n_1 - 1, n_2 - 1)$ graus de liberdade. Simbolicamente:

$$F_0 = \frac{s_1^2}{s_2^2} \sim F(n_1 - 1, n_2 - 1)$$

Como no caso da distribuição t, a qualificação *com $(n_1 - 1, n_2 - 1)$ graus de liberdade* é necessária porque para cada valor diferente dos tamanhos das amostras n_1 e n_2 (ou o que é equivalente, para cada valor diferente de $(n_1 - 1, n_2 - 1)$ existe uma distribuição F específica.

A distribuição F é contínua e assimétrica, com F assumindo apenas valores maiores ou iguais a zero. A **Figura 4.10** apresenta duas distribuições F, para diferentes valores dos graus de liberdade.

Assim como as distribuições normal padronizada e t, a distribuição F também é tabelada. As tabelas fornecem os valores $F_{\gamma:v_1, v_2}$, tais que:

$$P(F \geq F_{\gamma:v_1, v_2}) = \gamma,$$

para vários números de graus de liberdade (v_1, v_2). Ou seja, $F_{\gamma:v_1, v_2}$ é o ponto que determina na curva da distribuição F, com (v_1, v_2) graus de liberdade, uma cauda à direita com área (probabilidade) γ (**Figura 4.11**). As tabelas da distribuição F para $\gamma = 0{,}25$; $0{,}10$; $0{,}05$; $0{,}025$ e $0{,}01$ são apresentadas no Anexo A.

Algumas distribuições *F*, para diferentes valores dos graus de liberdade, segundo Montgomery, DC & Runger, GC.[1]

FIGURA 4.10

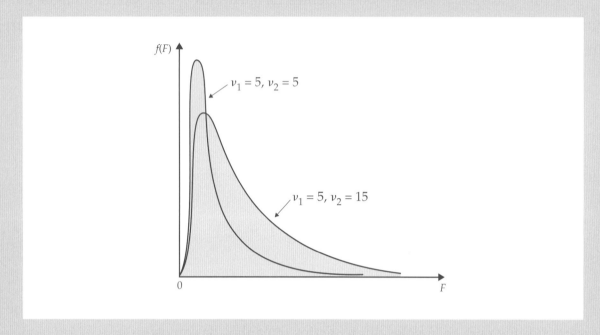

Percentis da distribuição *F*.

FIGURA 4.11

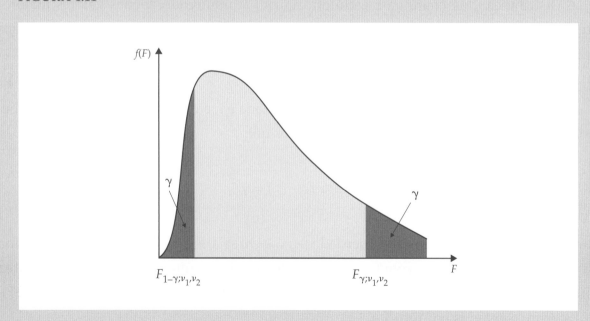

É possível demonstrar que:

$$F_\gamma(v_1, v_2) = \frac{1}{F_{1-\gamma}(v_2, v_1)}$$

Observe que, como as tabelas do Anexo A fornecem apenas os percentis superiores da distribuição F, a equação anterior pode ser utilizada para a determinação dos valores $F_{\gamma;v_1,v_2}$, para $\gamma = 0{,}75;\ 0{,}90;\ 0{,}95;\ 0{,}975$ e $0{,}99$.

Exemplos de utilização das tabelas da distribuição F

1. Determinar F_0 tal que $P(F > F_0) = 0{,}01$, para $v_1 = 12$ e $v_2 = 9$ graus de liberdade. Da tabela do Anexo A para $\gamma = 0{,}01$: $F_0 = F_{0{,}01}(12{,}9) = 5{,}11$.

2. Determinar F_0 tal que $P(F > F_0) = 0{,}05$, para $v_1 = 10$ e $v_2 = 15$ graus de liberdade.

   Da tabela do Anexo A: $F_0 = F_{0{,}05}(10{,}15) = 2{,}54$.

3. Determinar F_0 tal que $P(F > F_0) = 0{,}95$, para $v_1 = 6$ e $v_2 = 8$ graus de liberdade.

$$F_0 = F_{0{,}95}(6{,}8) = \frac{1}{F_{0{,}05}(8{,}6)} = \frac{1}{4{,}15} = 0{,}241$$

4.5.2 Como realizar testes de hipóteses para comparação das variâncias de duas populações

Apresentaremos a seguir como realizar testes de hipóteses para a comparação das variâncias σ_1^2 e σ_2^2 de duas populações, supondo que **as populações de interesse têm distribuição normal**. A suposição de normalidade das populações resulta em um teste baseado na **distribuição F**.

O procedimento estatístico para comparar as variâncias de duas populações é baseado no seguinte conjunto de **suposições**:

(a) $x_{11}, x_{12}, ..., x_{1n_1}$ é uma amostra aleatória de uma população normal $N(\mu_1, \sigma_1)$.

(b) $x_{21}, x_{22}, ..., x_{2n_2}$ é uma amostra aleatória de uma população normal $N(\mu_2, \sigma_2)$.

(c) As duas amostras são independentes.

As inferências sobre as variâncias populacionais são baseadas, naturalmente, nas variâncias amostrais:

$$s_1^2 = \frac{1}{n_1 - 1} \sum_{i=1}^{n_1} (x_{1i} - \bar{x}_1)^2 \quad e \quad s_2^2 = \frac{1}{n_2 - 1} \sum_{i=1}^{n_2} (x_{2i} - \bar{x}_2)^2$$

Em particular, para testar a hipótese nula de que as variâncias populacionais são iguais $(H_0 : \sigma_1^2 = \sigma_2^2)$, podemos escrever:

$$H_0 : \frac{\sigma_1^2}{\sigma_2^2} = 1.$$

A questão que surge agora consiste em determinar se a razão s_1^2/s_2^2 está muito afastada de 1 para ser explicada apenas por causas aleatórias. Observe que, ao contrário da comparação de duas médias, que é feita em termos da diferença $\mu_1 - \mu_2$, a comparação de duas variâncias é formulada em termos da razão σ_1^2/σ_2^2. A explicação para esse fato é que, para a presente situação de inferência, uma distribuição amostral conveniente – a distribuição F – envolve os parâmetros σ_1^2 e σ_2^2 apenas por meio de seu quociente.

Assim, sob H_0, a razão:

$$F = \frac{s_1^2}{s_2^2},$$

que é a **estatística de teste**, tem distribuição F com $n_1 - 1$ e $n_2 - 1$ graus de liberdade. Essa propriedade possibilita a realização do teste da igualdade das variâncias de duas populações normais.

Comparação de parâmetros de processos: o caso de duas populações

Testes para a comparação de duas variâncias – populações normais

O teste de $H_0: \sigma_1^2/\sigma_2^2 = 1$ é baseado na estatística de teste:

$$F_0 = \frac{s_1^2}{s_2^2} \tag{4.25}$$

que tem distribuição F com $(n_1 - 1, n_2 - 1)$ graus de liberdade. A região crítica, para um teste com nível de significância α, depende da hipótese alternativa.

Hipótese alternativa		Região crítica
$H_1: \sigma_1^2 \neq \sigma_2^2$	$\Rightarrow$	$F_0 > F_{\alpha/2;\, n_1-1,\, n_2-1}$ ou $F_0 < F_{1-\alpha/2;\, n_1-1,\, n_2-1}$
$H_1: \sigma_1^2 > \sigma_2^2$	$\Rightarrow$	$F_0 > F_{\alpha;\, n_1-1,\, n_2-1}$
$H_1: \sigma_1^2 < \sigma_2^2$	$\Rightarrow$	$F_0 < F_{1-\alpha;\, n_1-1,\, n_2-1}$

Conforme foi destacado no início da seção, para realizar o teste é necessário que as populações de interesse tenham distribuições normais – o teste é bastante sensível a qualquer desvio da normalidade. Como já sabemos, a validade da suposição de normalidade pode ser verificada por meio do gráfico de probabilidade normal.

▶ **Exemplo 4.8**

Uso do teste de hipóteses para a comparação de duas variâncias na fase de **verificação** do Ciclo PDCA para melhorar resultados ou na etapa *control* do DMAIC.

Vamos considerar novamente o Exemplo 4.2, no qual uma empresa especializada em locação de automóveis estava executando a tarefa de *comparação dos resultados* da fase de **verificação** do Ciclo PDCA para melhorar resultados, com o objetivo de avaliar se a ação de bloqueio adotada foi capaz de reduzir o tempo médio de espera dos clientes que alugam veículos na loja 1.

Para realizar a avaliação, a equipe técnica da empresa utilizou duas amostras aleatórias independentes, já apresentadas na **Tabela 4.2**, e decidiu realizar um teste de hipóteses para $\mu_1 - \mu_2$, supondo que as variâncias populacionais eram iguais. Agora a equipe de

Inferência estatística – como estabelecer conclusões com confiança no giro do PDCA e DMAIC   **ELSEVIER**

trabalho da empresa irá confirmar a validade dessa suposição, realizando um teste de hipóteses para σ_1^2/σ_2^2. Observe que o teste pode ser realizado porque já foi verificado que o tempo de espera dos clientes, tanto antes quanto depois do bloqueio, seguia uma distribuição normal.

As etapas do teste de hipóteses para a comparação das duas variâncias são mostradas a seguir.

1. Identifique o parâmetro de interesse.

    Os parâmetros de interesse são as variâncias dos tempos de espera dos clientes para alugar um veículo na loja 1, antes e depois da ação de bloqueio adotada no giro do Ciclo PDCA (σ_1^2 e σ_2^2).

2. Estabeleça a hipótese nula H_0.

    $H_0 : \sigma_1^2 = \sigma_2^2$

3. Estabeleça a hipótese alternativa H_1.

    $H_0 : \sigma_1^2 \neq \sigma_2^2$

4. Escolha o nível de significância α.

    $\alpha = 0,01$

5. Determine a estatística de teste apropriada.

    A estatística de teste é:

    $$F_0 = \frac{s_1^2}{s_2^2}$$

6. Determine a região crítica do teste.

    A partir do software estatístico MINITAB, é obtido que:

    $$F_{\alpha/2;n_1 - 1, n_2 - 1} = F_{0,005;24,24} = 2,97$$

    $$F_{1-\alpha/2;n_1-1,n_2-1} = F_{0,995;24,24} = \frac{1}{F_{0,005;24,24}} = \frac{1}{2,97} = 0,34$$

Portanto, H_0 deve ser rejeitada se:

$$F_0 > 2{,}97 \text{ ou } F_0 < 0{,}34$$

7. Faça os cálculos necessários a partir dos dados amostrais e determine o valor da estatística de teste.

$$s_1 = \sqrt{\frac{1}{n_1-1}\sum_{i=1}^{n_1}(x_{1i}-\bar{x}_1)^2} = 5{,}46 \text{ minutos}$$

$$s_2 = \sqrt{\frac{1}{n_2-1}\sum_{i=1}^{n_2}(x_{2i}-\bar{x}_2)^2} = 4{,}41 \text{ minutos}$$

$$F_0 : \frac{s_1^2}{s_2^2} = \frac{(5{,}46)^2}{(4{,}41)^2} = 1{,}53$$

8. Decida se a hipótese nula H_0 deve ser ou não rejeitada.

Como $F_{0{,}995;24{,}24} = 0{,}34 < F_0 = 1{,}53 < F_{0{,}005;24{,}24} = 2{,}97$, a hipótese nula $H_0 : \sigma_1^2 = \sigma_2^2$ não foi rejeitada ao nível de significância $\alpha = 0{,}01$.

9. Apresente a decisão no contexto do problema que está sendo analisado.

A equipe técnica da empresa não encontrou evidências de que a suposição de igualdade das variâncias populacionais estava incorreta. Dessa forma, foi apropriado supor $\sigma_1^2 = \sigma_2^2$ no teste de $H_0 : \mu_1 = \mu_2$, realizado anteriormente pela equipe de trabalho da empresa.

4.5.3 O p-valor de um teste para a comparação de duas variâncias

O p-valor associado a um teste de $H_0 : \sigma_1^2 = \sigma_2^2$ é calculado e interpretado da mesma forma já discutida na Seção 3.2.3, utilizando agora as tabelas da distribuição F ou um software estatístico.

Para ilustrar a forma de determinação do p-valor para um teste para a igualdade de duas variâncias, considere novamente o Exemplo 4.7, no qual foi obtido:

$$F_0 = \frac{s_1^2}{s_2^2} = \frac{(5,46)^2}{(4,41)^2} = 1,53 \, ,$$

com (24, 24) graus de liberdade. Como $F_{0,50;24,24} = 1,00$, o valor calculado para F_0 está mais próximo da cauda superior do que da cauda inferior da distribuição F. Temos então que calcular a seguinte probabilidade:

$$P(F_{24,24} > 1,53) = 0,1522$$

Como a escolha da população que é identificada pelo índice 1 é arbitrária, a estatística de teste também poderia ter sido calculada como:

$$F_0 = \frac{(4,41)^2}{(5,46)^2} = 0,65$$

e, então:

$$P(F_{24,24} < 0,65) = 0,1491$$

Portanto, o p-valor de $F_0 = 1,53$ é a soma das duas probabilidades anteriores:

$$\text{p-valor} = 0,1522 + 0,1491 = 0,3013$$

Como p-valor = 0,3013 > α = 0,01, a hipótese nula H_0: $\sigma_1^2 = \sigma_2^2$ não pode ser rejeitada, conforme já foi determinando no Exemplo 4.7.

É importante ressaltar que as probabilidades apresentadas acima foram calculadas por meio do software estatístico MINITAB.

4.5.4 Determinação do tamanho da amostra – método das CCO

As etapas que devem ser seguidas para a determinação do tamanho das amostras necessárias para a realização do teste de $H_0 : \sigma_1^2 = \sigma_2^2$, utilizando as CCO e considerando $n_1 = n_2 = n$, estão apresentadas no **Quadro 4.4**.

Comparação de parâmetros de processos: o caso de duas populações

> Etapas para a determinação do tamanho das amostras para o teste de
> $H_0 : \sigma_1^2 = \sigma_2^2$, com $n_1 = n_2 = n$, utilizando as CCO

QUADRO 4.4

1. Especifique o nível de significância α desejado para o teste.
2. Especifique o valor de σ_1/σ_2 sob H_1, para o qual a probabilidade β do erro tipo II será controlada. Identifique esse valor pela notação λ.
3. Especifique o valor desejado para β correspondente a λ.
4. Obtenha o valor de n a partir da CCO apropriada, localizando o ponto que representa o par (λ ; β):
   - Se $H_1 : \sigma_1^2 \neq \sigma_2^2$ ⇒ consulte o gráfico XV (α = 0,05) ou XVI (α = 0,01) do Anexo C.
   - Se $H_1 : \sigma_1^2 > \sigma_2^2$ ou se $H_1 : \sigma_1^2 < \sigma_2^2$ ⇒ consulte o gráfico XVII (α = 0,05) ou XVIII (α = 0,01) do Anexo C.

▶ **Exemplo 4.9**

> Uso do teste de hipóteses para a comparação de duas
> variâncias na fase de **verificação** do Ciclo PDCA para melhorar
> resultados ou na etapa *control* do DMAIC.
> Determinação do tamanho das amostras por meio do método das CCO.

Vamos considerar o teste realizado pela empresa especializada em locação de automóveis do Exemplo 4.7. Suponha que a equipe da empresa gostaria de avaliar se o tamanho amostral utilizado foi adequado para garantir que, se a verdadeira razão entre os desvios-padrão σ_1 / σ_2 fosse igual a 2, esse fato seria detectado pelo teste com pelo menos 80% de probabilidade (isto é, $H_0 : \sigma_1^2 = \sigma_2^2$ deveria ser rejeitada com pelo menos 80% de probabilidade se, na verdade, $\sigma_1^2 / \sigma_2^2 = 4,0$). Para determinar o tamanho de n das amostras adequado à satisfação dessa condição, a equipe seguiu as etapas listadas no **Quadro 4.4**, conforme é apresentado a seguir.

1. α = 0,01.

2. $\lambda = \sigma_1 / \sigma_2 = 2$.

3. $\beta = 1 - 0,80 = 0,20$.

4. $(\lambda ; \beta) = (2 ; 0,20) \Rightarrow n \simeq 25$, a partir do Gráfico XVI do Anexo C.

Portanto, o tamanho da amostra utilizada ($n = 25$) foi adequado aos objetivos da empresa.

4.5.5 Intervalo de confiança para a razão das variâncias de duas populações normais

Um intervalo de $100(1 - a)\%$ de confiança

para σ_1^2 / σ_2^2 é dado por:

$$\frac{s_1^2}{s_2^2} F_{1-\alpha/2;n_2-1,n_1-1} \leq \frac{\sigma_1^2}{\sigma_2^2} \leq \frac{s_1^2}{s_2^2} F_{\alpha/2;n_2-1,n_1-1}$$

4.5.6 Como realizar um teste de hipóteses para comparação das variâncias de duas populações não necessariamente normais – grandes amostras

Apresentaremos a seguir como realizar testes de hipóteses para a comparação de duas variâncias σ_1^2 e σ_2^2 e de duas populações, quando **as populações de interesse não têm distribuição normal, mas os tamanhos n_1 e n_2 das amostras são grandes ($n_1 \geq 40$ e $n_2 \geq 40$).**

Comparação de parâmetros de processos: o caso de duas populações

> **Testes para $H_0 : \sigma_1^2 = \sigma_2^2$ populações não necessariamente normais – grandes amostras**
>
> Se $n_1 \geq 40$ e $n_2 \geq 40$, o teste de $H_0 : \sigma_1^2 = \sigma_2^2$ é baseado na estatística de teste:
>
> $$z_0 = \frac{s_1 - s_2}{s_c \sqrt{\dfrac{1}{2n_1} + \dfrac{1}{2n_2}}} \qquad (4.26)$$
>
> que tem, aproximadamente, distribuição normal padronizada. A região crítica, para um teste com nível de significância α, depende da hipótese alternativa.
>
> | Hipótese alternativa | | Região crítica |
> |---|---|---|
> | $H_1 : \sigma_1^2 \neq \sigma_2^2$ | $\Rightarrow$ | $z_0 > z_{\alpha/2}$ ou $z_0 < -z_{\alpha/2}$ |
> | $H_1 : \sigma_1^2 > \sigma_2^2$ | $\Rightarrow$ | $z_0 > z_\alpha$ |
> | $H_1 : \sigma_1^2 < \sigma_2^2$ | $\Rightarrow$ | $z_0 < -z_\alpha$ |
>
> Na equação (4.26) s_c é a estimativa combinada do desvio-padrão σ, que é apresentada na equação (4.17).

4.6 Comparação de duas proporções

Em muitas situações pode ser de interesse avaliar a veracidade de alguma hipótese sobre as proporções de elementos de duas populações que possuem alguma característica de interesse (p_1 e p_2). Conforme já foi destacado anteriormente, quando as populações consideradas são processos produtivos, é comum que p_1 e p_2 sejam as proporções de itens defeituosos produzidos pelos processos.

Se os tamanhos das amostras (n_1 e n_2) forem suficientemente grandes e se p_1 e p_2 não forem muito próximos de zero ou um, é possível realizar um teste de hipóteses para comparar p_1 e p_2, baseado na distribuição normal, a partir dos valores assumidos pelo número de elementos das amostras que possuem a característica de interesse (x_1 e x_2). O procedimento de teste, que é válido se $n_1 p_1$, $n_1(1 - p_1)$, $n_2 p_2$ e $n_2(1 - p_2)$ forem maiores ou iguais a 5, será apresentado a seguir.

4.6.1 Como realizar um teste de hipóteses para comparar duas proporções p_1 e p_2

Na comparação de duas proporções p_1 e p_2, se a hipótese nula $H_0 : p_1 = p_2$ é verdadeira ($p_1 = p_2 = p$), então:

$$z = \frac{\bar{p}_1 - \bar{p}_2}{\sqrt{p(1-p)\left(\dfrac{1}{n_1} + \dfrac{1}{n_2}\right)}}$$

em que $\bar{p}_1 = x_1/n_1$ e $\bar{p}_2 = x_2/n_2$ tem, aproximadamente, distribuição normal. Um estimador do parâmetro p é:

$$\bar{p} = \frac{x_1 + x_2}{n_1 + n_2}$$

e, nessas condições, podemos utilizar:

$$z_0 = \frac{\bar{p}_1 - \bar{p}_2}{\sqrt{\bar{p}(1-\bar{p})\left(\dfrac{1}{n_1} + \dfrac{1}{n_2}\right)}}$$

como a **estatística de teste**.

Testes para a comparação de duas proporções p_1 e p_2 no caso de grandes amostras ($n_1 p_1 \geq 5$, $n_1(1 - p_1) \geq 5$, $n_2 p_2 \geq 5$ e $n_2(1 - p_2) \geq 5$)

O teste de $H_0 : p_1 = p_2$ é baseado na estatística de teste:

$$z_0 = \frac{\bar{p}_1 - \bar{p}_2}{\sqrt{\bar{p}(1-\bar{p})\left(\dfrac{1}{n_1} + \dfrac{1}{n_2}\right)}} \tag{4.27}$$

que tem, aproximadamente, distribuição normal padronizada. A região crítica, para um teste com nível de significância α, depende da hipótese alternativa.

Hipótese alternativa		Região crítica
$H_1 : p_1 \neq p_2$	$\Rightarrow$	$z_0 > z_{\alpha/2}$ ou $z_0 < -z_{\alpha/2}$
$H_1 : p_1 > p_2$	$\Rightarrow$	$z_0 > z_\alpha$
$H_1 : p_1 < p_2$	$\Rightarrow$	$z_0 < -z_\alpha$

▶ **Exemplo 4.10**

Uso do teste de hipóteses para a proporção na fase de **análise do processo** do Ciclo PDCA para melhorar resultados ou na etapa ***analyze*** do DMAIC.

Uma empresa, durante a etapa de **análise do processo** do Ciclo PDCA para melhorar resultados, desejava comparar o desempenho dos motores fabricados pela indústria fornecedora (fábrica 1) com o desempenho dos motores vendidos por outra indústria (fábrica 2). A variável escolhida para a realização da comparação foi a proporção de motores que funcionam sem necessidade de reparos por um período de um mês, quando submetidos a condições específicas de estresse. No estudo realizado, foram tomados $n_1 = n_2 = 100$ motores de cada uma das fábricas, sendo encontrados $x_1 = 66$ e $x_2 = 73$ motores que funcionaram sem necessidade de reparos.

Com o objetivo de avaliar os motores das duas fábricas, a equipe técnica da empresa decidiu realizar um teste de hipóteses para comparação de duas proporções, adotando o nível de significância $\alpha = 0,05$. Para a realização do teste foram seguidas as etapas apresentadas na **Figura 3.8**, conforme é mostrado a seguir.

1. Identifique o parâmetro de interesse.

    Os parâmetro de interesse são p_1 e $p2$, as proporções de motores das fábricas 1 e 2, respectivamente, que funcionam sem necessidade de reparos por um período de um mês, quando submetidos a condições específicas de estresse.

2. Estabeleça a hipótese nula H_0.

    $H_0 : p_1 = p_2$

3. Estabeleça a hipótese alternativa H_1.

    $H_1 : p_1 \neq p_2$

4. Escolha o nível de significância α.

    $\alpha = 0,05$.

Inferência estatística – como estabelecer conclusões com confiança no giro do PDCA e DMAIC **ELSEVIER**

5. **Determine a estatística de teste apropriada.**

A estatística de teste é:

$$z_0 = \frac{\bar{p}_1 - \bar{p}_2}{\sqrt{\bar{p}(1-\bar{p})\left(\dfrac{1}{n_1} + \dfrac{1}{n_2}\right)}}$$

Observe que o procedimento de teste baseado em z_0 é válido porque:

$n_1\bar{p}_1 = 100 \times (66/100) = 66 > 5$
$n_1(1 - \bar{p}_1) = 100 \times (1 - 66/100) = 34 > 5$

$n_2\bar{p}_2 = 100 \times (73/100) = 73 > 5$
$n_2(1 - \bar{p}_2) = 100 \times (1 - 73/100) = 27 > 5$

6. **Determine a região crítica do teste.**

A partir da tabela da distribuição normal padronizada, é obtido que:

$$z_{\alpha/2} = z_{0,025} = 1,96$$

Portanto, H_0 deve ser rejeitada se:

$$z_0 > 1,96 \text{ ou } z_0 < -1,96$$

7. **Faça os cálculos necessários a partir dos dados amostrais e determine o valor da estatística de teste.**

$$\bar{p}_1 = \frac{x_1}{n_1} = \frac{66}{100} = 0,66$$

$$\bar{p}_2 = \frac{x_2}{n_2} = \frac{73}{100} = 0,73$$

$$\bar{p} = \frac{x_1 + x_2}{n_1 + n_2} = \frac{66 + 73}{100 + 100} = 0,695$$

Comparação de parâmetros de processos: o caso de duas populações

$$z_0 = \frac{\bar{p}_1 - \bar{p}_2}{\sqrt{\bar{p}(1-\bar{p})\left(\frac{1}{n_1} + \frac{1}{n_2}\right)}} = \frac{0{,}66 - 0{,}73}{\sqrt{0{,}695 \times (1 - 0{,}695)\left(\frac{1}{100} + \frac{1}{100}\right)}} = -1{,}08$$

8. Decida se a hipótese nula H_0 deve ser ou não rejeitada.

Como $-z_{\alpha/2} = -1{,}96 < z_0 = -1{,}08 < z_{\alpha/2} = 1{,}96$, a hipótese nula $H_0 : p_1 = p_2$ não foi rejeitada no nível de significância $\alpha = 0{,}05$.

9. Apresente a decisão no contexto do problema que está sendo analisado.

A equipe técnica da empresa não encontrou evidências para concluir que o desempenho dos motores produzidos pela fábrica 1 era diferente do desempenho dos motores produzidos pela fábrica 2.

4.6.2 Escolha do tamanho da amostra para a realização de um teste de hipóteses para a comparação de duas proporções

Apresentaremos a seguir como determinar os tamanhos amostrais $n_1 = n_2 = n$ que garantem, para valores especificados p_1 e p_2, que a probabilidade do erro tipo II será igual a β, quando o teste tem nível de significância α.

Teste bilateral

$$n = \frac{\left(z_{\alpha/2}\sqrt{(p_1 + p_2)[(1-p_1) + (1-p_2)]/2} + z_\beta \sqrt{p_1(1-p_1) + p_2(1-p_2)}\right)^2}{(p_1 - p_2)^2}$$

Teste unilateral

$$n = \frac{\left(z_{\alpha}\sqrt{(p_1 + p_2)[(1-p_1) + (1-p_2)]/2} + z_\beta \sqrt{p_1(1-p_1) + p_2(1-p_2)}\right)^2}{(p_1 - p_2)^2}$$

4.6.3 Intervalo de confiança para a diferença entre duas proporções

Um intervalo de $100(1 - \alpha)\%$ de confiança para $p_1 - p_2$ é dado por

$$(\bar{p}_1 - \bar{p}_2) \pm z_{\alpha/2} \sqrt{\frac{\bar{p}_1(1 - \bar{p}_1)}{n_1} + \frac{\bar{p}_2(1 - \bar{p}_2)}{n_2}}$$

4.7 Sumário das equações para a realização de testes de hipóteses e construção de intervalos de confiança

As **Tabelas 4.5** e **4.6**, mostradas a seguir, apresentam um sumário das equações utilizadas para a realização dos testes de hipóteses e construção dos intervalos de confiança discutidos neste capítulo.

Em relação às **Tabelas 4.5** e **4.6**, novamente é importante destacar que, **quando as populações de interesse são processos produtivos, somente terá sentido realizar os testes de hipóteses e construir os intervalos de confiança se os processos estiverem sob controle estatístico**.

Sumário das equações utilizadas para a realização dos testes de hipóteses para comparação de duas populações

TABELA 4.5

Situação	Hipótese nula	Estatística de teste	Hipótese alternativa	Região crítica
1	$H_0 : \mu_1 = \mu_2$ $n_1 > 30$ e $n_2 > 30$ (amostras independentes)	$z_0 = \dfrac{\bar{x}_1 - \bar{x}_2}{\sqrt{\dfrac{s_1^2}{n_1} + \dfrac{s_2^2}{n_2}}}$	$H_1 : \mu_1 \neq \mu_2$ $H_1 : \mu_1 > \mu_2$ $H_1 : \mu_1 < \mu_2$	$\lvert z_0 \rvert > z_{\alpha/2}$ $z_0 > z_\alpha$ $z_0 < -z_\alpha$
2	$H_0 : \mu_1 = \mu_2$ $n_1 \leq 30$ e/ou $n_2 \leq 30$ $\sigma_1^2 = \sigma_2^2$ (amostras independentes)	$t_0 = \dfrac{\bar{x}_1 - \bar{x}_2}{s_c \sqrt{\dfrac{1}{n_1} + \dfrac{1}{n_2}}}$ $s_c = \sqrt{\dfrac{(n_1 - 1)s_1^2 + (n_2 - 1)s_2^2}{n_1 + n_2 - 2}}$	$H_1 : \mu_1 \neq \mu_2$ $H_1 : \mu_1 > \mu_2$ $H_1 : \mu_1 < \mu_2$	$\lvert t_0 \rvert > t_{\alpha/2; n_1 + n_2 - 2}$ $t_0 > t_{\alpha; n_1 + n_2 - 2}$ $t_0 < -t_{\alpha; n_1 + n_2 - 2}$
3	$H_0 : \mu_1 = \mu_2$ $n_1 \leq 30$ e/ou $n_2 \leq 30$ $\sigma_1^2 \neq \sigma_2^2$ (amostras independentes)	$t_0 = \dfrac{\bar{x}_1 - \bar{x}_2}{\sqrt{\dfrac{s_1^2}{n_1} + \dfrac{s_2^2}{n_2}}}$ $v = \dfrac{\left(\dfrac{s_1^2}{n_1} + \dfrac{s_2^2}{n_2}\right)^2}{\dfrac{(s_1^2/n_1)^2}{n_1 + 1} + \dfrac{(s_2^2/n_2)^2}{n_2 + 1}} - 2$	$H_1 : \mu_1 \neq \mu_2$ $H_1 : \mu_1 > \mu_2$ $H_1 : \mu_1 < \mu_2$	$\lvert t_0 \rvert > t_{\alpha/2; v}$ $t_0 > t_{\alpha; v}$ $t_0 < -t_{\alpha; v}$

(continua)

Sumário das equações utilizadas para a realização dos testes de hipóteses para comparação de duas populações

TABELA 4.5 *(continuação)*

Situação	Hipótese nula	Estatística de teste	Hipótese alternativa	Região crítica
4	$H_0 : \mu_d \neq 0$ (amostras emparelhadas)	$t_0 = \dfrac{\bar{d}}{s_d / \sqrt{n}}$	$H_1 : \mu_d \neq 0$ $H_1 : \mu_d > 0$ $H_1 : \mu_d < 0$	$|t_0| > t_{\alpha/2;\, n-1}$ $t_0 > t_{\alpha;\, n-1}$ $t_0 < -t_{\alpha;\, n-1}$
5	$H_0 : \sigma_1^2 = \sigma_2^2$	$F_0 = \dfrac{s_1^2}{s_2^2}$	$H_1 : \sigma_1^2 \neq \sigma_2^2$ $H_1 : \sigma_1^2 > \sigma_2^2$ $H_1 : \sigma_1^2 < \sigma_2^2$	$F_0 > F_{\alpha/2;\, n_1-1,\, n_2-1}$ ou $F_0 < F_{1-\alpha/2;\, n_1-1,\, n_2-1}$ $F_0 > F_{\alpha;\, n_1-1,\, n_2-1}$ $F_0 < F_{1-\alpha;\, n_1-1,\, n_2-1}$
6	$H_1 : p_1 = p_2$ $(n_1 p_1 \geq 5,\ n_1(1-p_1) \geq 5,$ $n_2 p_2 \geq 5,\ n_2(1-p_2) \geq 5)$	$z_0 = \dfrac{\bar{p}_1 - \bar{p}_2}{\sqrt{\bar{p}\left(1-\bar{p}\right)\left[\dfrac{1}{n_1} + \dfrac{1}{n_2}\right]}}$	$H_1 : p_1 \neq p_2$ $H_1 : p_1 > p_2$ $H_1 : p_1 < p_2$	$|z_0| > z_{\alpha/2}$ $z_0 > z_\alpha$ $z_0 < -z_\alpha$

Sumário das equações utilizadas para a construção de intervalos de confiança para comparação de duas populações

TABELA 4.6

Situação	Parâmetro	Estimador pontual	Intervalo de $100(1 - \alpha)\%$ de confiança
1	$\mu_1 - \mu_2$ $n_1 > 30$ e $n_2 > 30$ (amostras independentes)	$\bar{x}_1 - \bar{x}_2$	$(\bar{x}_1 - \bar{x}_2) - z_{\alpha/2}\sqrt{\dfrac{s_1^2}{n_1} + \dfrac{s_2^2}{n_2}} \leq \mu_1 - \mu_2 \leq$ $(\bar{x}_1 - \bar{x}_2) + z_{\alpha/2}\sqrt{\dfrac{s_1^2}{n_1} + \dfrac{s_2^2}{n_2}}$
2	$\mu_1 - \mu_2$ $n_1 \leq 30$ e/ou $n_2 \leq 30$ $\sigma_1^2 = \sigma_2^2$ (amostras independentes)	$\bar{x}_1 - \bar{x}_2$	$(\bar{x}_1 - \bar{x}_2) - t_{\alpha/2;n_1+n_2-2} \times s_c\sqrt{\dfrac{1}{n_1} + \dfrac{1}{n_2}} \leq \mu_1 - \mu_2 \leq$ $\leq (\bar{x}_1 - \bar{x}_2) + t_{\alpha/2;n_1+n_2-2} \times s_c\sqrt{\dfrac{1}{n_1} + \dfrac{1}{n_2}}$ em que $s_c = \sqrt{\dfrac{(n_1-1)s_1^2 + (n_2-1)s_2^2}{n_1+n_2-2}}$
3	$\mu_1 - \mu_2$ $n_1 \leq 30$ e/ou $n_2 \leq 30$ $\sigma_1^2 \neq \sigma_2^2$ (amostras independentes)	$\bar{x}_1 - \bar{x}_2$	$(\bar{x}_1 - \bar{x}_2) - t_{\alpha/2;v} \times \sqrt{\dfrac{s_1^2}{n_1} + \dfrac{s_2^2}{n_2}} \leq \mu_1 - \mu_2 \leq$ $\leq (\bar{x}_1 - \bar{x}_2) + t_{\alpha/2;v} \times \sqrt{\dfrac{s_1^2}{n_1} + \dfrac{s_2^2}{n_2}}$ em que $v = \dfrac{\left(\dfrac{s_1^2}{n_1} + \dfrac{s_2^2}{n_2}\right)^2}{\dfrac{(s_1^2/n_1)^2}{n_1+1} + \dfrac{(s_2^2/n_2)^2}{n_2+1}} - 2$

(continua)

Sumário das equações utilizadas para a construção de intervalos de confiança para comparação de duas populações

TABELA 4.6 *(continuação)*

Situação	Parâmetro	Estimador pontual	Intervalo de $100(1 - \alpha)\%$ de confiança
4	μ_d (amostras emparelhadas)	$\bar{d}$	$\bar{d} - t_{\alpha/2;n-1} \times \dfrac{s_d}{\sqrt{n}} \leq \mu_d \leq \bar{d} + t_{\alpha/2;n-1} \times \dfrac{s_d}{\sqrt{n}}$
5	$\dfrac{\sigma_1^2}{\sigma_2^2}$	$\dfrac{s_1^2}{s_2^2}$	$\dfrac{s_1^2}{s_2^2} \times F_{1-\alpha/2;n_2-1,n_1-1} \leq \dfrac{\sigma_1^2}{\sigma_2^2} \leq \dfrac{s_1^2}{s_2^2} \times F_{\alpha/2;n_2-1,n_1-1}$
6	$p_1 - p_2$ $(n_1p_1 \geq 5,\ n_1(1-p_1) \geq 5,$ $n_2p_2 \geq 5,\ n_2(1-p_2) \geq 5)$	$p_1 - p_2$	$\left(\bar{p}_1 - \bar{p}_2\right) - z_{\alpha/2}\sqrt{\dfrac{\bar{p}_1\left(1-\bar{p}_1\right)}{n_1} + \dfrac{\bar{p}_2\left(1-\bar{p}_2\right)}{n_2}} \leq p_1 - p_2 \leq$ $\leq \left(\bar{p}_1 - \bar{p}_2\right) - z_{\alpha/2}\sqrt{\dfrac{\bar{p}_1\left(1-\bar{p}_1\right)}{n_1} + \dfrac{\bar{p}_2\left(1-\bar{p}_2\right)}{n_2}}$

.Anexo A

Tabelas

"Nobody can bring you peace but yourself."
Ralph Waldo Emerson

TABELA I Distribuição normal padronizada.

$$\phi(z) = P(Z \leq z) = \int_{n}^{n} \frac{1}{\sqrt{2\pi}} e^{\frac{-n^2}{2}} du$$

z	,00	,01	,02	,03	,04	,05	,06	,07	,08	,09	z
0,0	0,50000	0,50399	0,50798	0,51197	0,51595	0,51994	0,52392	0,52790	0,53188	0,53586	0,0
0,1	0,53983	0,54380	0,54776	0,55172	0,55567	0,55962	0,56356	0,56749	0,57142	0,57535	0,1
0,2	0,57926	0,58317	0,58706	0,59095	0,59483	0,59871	0,60257	0,60642	0,61026	0,61409	0,2
0,3	0,61791	0,62172	0,62552	0,62930	0,63307	0,63683	0,64058	0,64431	0,64803	0,65173	0,3
0,4	0,65542	0,65910	0,66276	0,66640	0,67003	0,67364	0,67724	0,68082	0,68439	0,68793	0,4
0,5	0,69146	0,69497	0,69847	0,70194	0,70540	0,70884	0,71226	0,71566	0,71904	0,72240	0,5
0,6	0,72575	0,72907	0,73237	0,73565	0,73891	0,74215	0,74537	0,74857	0,75175	0,75490	0,6
0,7	0,75804	0,76115	0,76424	0,76730	0,77035	0,77337	0,77637	0,77935	0,78230	0,78524	0,7
0,8	0,78814	0,79103	0,79389	0,79673	0,79955	0,80234	0,80511	0,80785	0,81057	0,81327	0,8
0,9	0,81594	0,81859	0,82121	0,82381	0,82639	0,82894	0,83147	0,83398	0,83646	0,83891	0,9
1,0	0,84134	0,84375	0,84614	0,84849	0,85083	0,85314	0,85543	0,85769	0,85993	0,86214	1,0
1,1	0,86433	0,86650	0,86864	0,87076	0,87286	0,87493	0,87698	0,87900	0,88100	0,88298	1,1
1,2	0,88493	0,88686	0,88877	0,89065	0,89251	0,89435	0,89617	0,89796	0,89973	0,90147	1,2
1,3	0,90320	0,90490	0,90658	0,90824	0,90988	0,91149	0,91309	0,91466	0,91621	0,91774	1,3
1,4	0,91924	0,92073	0,92220	0,92364	0,92507	0,92647	0,92785	0,92922	0,93056	0,93189	1,4
1,5	0,93319	0,93448	0,93574	0,93699	0,93822	0,93943	0,94062	0,94179	0,94295	0,94408	1,5
1,6	0,94520	0,94630	0,94738	0,94845	0,94950	0,95053	0,95154	0,95254	0,95352	0,95449	1,6
1,7	0,95543	0,95637	0,95728	0,95818	0,95907	0,95994	0,96080	0,96164	0,96246	0,96327	1,7
1,8	0,96407	0,96485	0,96562	0,96638	0,96712	0,96784	0,96856	0,96926	0,96995	0,97062	1,8
1,9	0,97128	0,97193	0,97257	0,97320	0,97381	0,97441	0,97500	0,97558	0,97615	0,97670	1,9
2,0	0,97725	0,97778	0,97831	0,97882	0,97932	0,97982	0,98030	0,98077	0,98124	0,98169	2,0

Continua

Distribuição normal padronizada (continuação)

TABELA I

$$\phi(z) = P(Z \le z) = \int_{n}^{n} \frac{1}{\sqrt{2\pi}} e^{\frac{-n^2}{2}}\, du$$

z	,00	,01	,02	,03	,04	,05	,06	,07	,08	,09
2,1	0,98214	0,98257	0,98300	0,98341	0,98382	0,98422	0,98461	0,98500	0,98537	0,98574
2,2	0,98610	0,98645	0,98679	0,98713	0,98745	0,98778	0,98809	0,98840	0,98870	0,98899
2,3	0,98928	0,98956	0,98983	0,99010	0,99036	0,99061	0,99086	0,99111	0,99134	0,99158
2,4	0,99180	0,99202	0,99224	0,99245	0,99266	0,99286	0,99305	0,99324	0,99343	0,99361
2,5	0,99379	0,99396	0,99413	0,99430	0,99446	0,99461	0,99477	0,99492	0,99506	0,99520
2,6	0,99534	0,99547	0,99560	0,99573	0,99585	0,99598	0,99609	0,99621	0,99632	0,99643
2,7	0,99653	0,99664	0,99674	0,99683	0,99693	0,99702	0,99711	0,99720	0,99728	0,99736
2,8	0,99744	0,99752	0,99760	0,99767	0,99774	0,99781	0,99788	0,99795	0,99801	0,99807
2,9	0,99813	0,99819	0,99825	0,99831	0,99836	0,99841	0,99846	0,99851	0,99856	0,99861
3,0	0,99865	0,99869	0,99874	0,99878	0,99882	0,99886	0,99889	0,99893	0,99896	0,99900
3,1	0,99903	0,99906	0,99910	0,99913	0,99916	0,99918	0,99921	0,99924	0,99926	0,99929
3,2	0,99931	0,99934	0,99936	0,99938	0,99940	0,99942	0,99944	0,99946	0,99948	0,99950
3,3	0,99952	0,99953	0,99955	0,99957	0,99958	0,99960	0,99961	0,99962	0,99964	0,99965
3,4	0,99966	0,99968	0,99969	0,99970	0,99971	0,99972	0,99973	0,99974	0,99975	0,99976
3,5	0,99977	0,99978	0,99978	0,99979	0,99980	0,99981	0,99981	0,99982	0,99983	0,99983
3,6	0,99984	0,99985	0,99985	0,99986	0,99986	0,99987	0,99987	0,99988	0,99988	0,99989
3,7	0,99989	0,99990	0,99990	0,99990	0,99991	0,99991	0,99992	0,99992	0,99992	0,99992
3,8	0,99993	0,99993	0,99993	0,99994	0,99994	0,99994	0,99994	0,99995	0,99995	0,99995
3,9	0,99995	0,99995	0,99996	0,99996	0,99996	0,99996	0,99996	0,99996	0,99997	0,99997

Tabela gerada em software específico.

TABELA II Distribuição qui-quadrado.

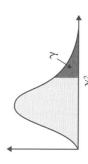

ν \ γ	0,995	0,990	0,975	0,950	0,900	0,500	0,100	0,050	0,025	0,010	0,005
1	0,00	0,00	0,00	0,00	0,02	0,45	2,71	3,84	5,02	6,63	7,88
2	0,01	0,02	0,05	0,10	0,21	1,39	4,61	5,99	7,38	9,21	10,60
3	0,07	0,11	0,22	0,35	0,58	2,37	6,25	7,81	9,35	11,34	12,84
4	0,21	0,30	0,48	0,71	1,06	3,36	7,78	9,49	11,14	13,28	14,86
5	0,41	0,55	0,83	1,15	1,61	4,35	9,24	11,07	12,83	15,09	16,75
6	0,68	0,87	1,24	1,64	2,20	5,35	10,64	12,59	14,45	16,81	78,55
7	0,99	1,24	1,69	2,17	2,83	6,35	12,02	14,07	16,01	18,48	20,28
8	1,34	1,65	2,18	2,73	3,49	7,34	13,36	15,51	17,53	20,09	21,95
9	1,73	2,09	2,70	3,33	4,17	8,34	14,68	16,92	19,02	21,67	23,59
10	2,16	2,56	3,25	3,94	4,87	9,34	15,99	18,31	20,48	23,21	25,19
11	2,60	3,05	3,82	4,57	5,58	10,34	17,28	19,68	21,92	24,72	26,76
12	3,07	3,57	4,40	5,23	6,30	11,34	18,55	21,03	23,34	26,22	28,30
13	3,57	4,11	5,01	5,89	7,04	12,34	19,81	22,36	24,74	27,69	29,82
14	4,07	4,66	5,63	6,57	7,79	13,34	21,06	23,68	26,12	29,14	31,32
15	4,60	5,23	6,26	7,26	8,55	14,34	22,31	25,00	27,49	30,58	32,80
16	5,14	5,81	6,91	7,96	9,31	15,34	23,54	26,30	28,85	32,00	34,27
17	5,70	6,41	7,56	8,67	10,09	16,34	24,77	27,59	30,19	33,41	35,72
18	6,26	7,01	8,23	9,39	10,86	17,34	25,99	28,87	31,53	34,81	37,16
19	6,84	7,63	8,91	10,12	11,65	18,34	27,20	30,14	32,85	36,19	38,58

Continua

TABELA II
Distribuição qui-quadrado (*continuação.*)

ν \ γ	0,995	0,990	0,975	0,950	0,900	0,500	0,100	0,050	0,025	0,010	0,005
20	7,43	8,26	9,59	10,85	12,44	19,34	28,41	31,41	34,17	37,57	40,00
21	8,03	8,90	10,28	11,59	13,24	20,34	29,62	32,67	35,48	38,93	41,40
22	8,64	9,54	10,98	12,34	14,04	21,34	30,81	33,92	36,78	40,29	42,80
23	9,26	10,20	11,69	13,09	14,85	22,34	32,01	35,17	38,08	41,64	44,18
24	9,89	10,86	12,40	13,85	15,66	23,34	33,20	36,42	39,36	42,98	45,56
25	10,52	11,52	13,12	14,61	16,47	24,34	34,38	37,65	40,65	44,31	46,93
26	11,16	12,20	13,84	15,38	17,29	25,34	35,56	38,89	41,92	45,64	48,29
27	11,81	12,88	14,57	16,15	18,11	26,34	36,74	40,11	43,19	46,96	49,64
28	12,46	13,56	15,31	16,93	18,94	27,34	37,92	41,34	44,46	48,28	50,99
29	13,12	14,26	16,05	17,71	19,77	28,34	39,09	42,56	45,72	49,59	52,34
30	13,79	14,95	16,79	18,49	20,60	29,34	40,26	43,77	46,98	50,89	53,67
40	20,71	22,16	24,43	26,51	29,05	39,34	51,81	55,76	59,34	63,69	66,77
50	27,99	29,71	32,36	34,76	37,69	49,33	63,17	67,50	71,42	76,15	79,49
60	35,53	37,48	40,48	43,19	46,46	59,33	74,40	79,08	83,30	88,38	91,95
70	43,28	45,44	48,76	51,74	55,33	69,33	85,53	90,53	95,02	100,43	104,21
80	51,17	53,54	57,15	60,39	64,28	79,33	96,58	101,88	106,63	112,33	116,32
90	59,20	61,75	65,65	69,13	73,29	89,33	107,57	113,15	118,14	124,12	128,30
100	67,33	70,06	74,22	77,93	82,36	99,33	118,50	124,34	129,56	135,81	140,17

Tabela gerada em software específico.

Distribuição t.

TABELA III

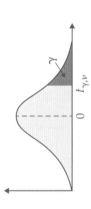

v \ γ	0,40	0,25	0,10	0,05	0,025	0,010	0,005	0,0025	0,0010	0,0005
1	0,325	1,000	3,078	6,314	12,706	31,821	63,657	127,321	318,309	636,619
2	0,289	0,816	1,886	2,920	4,303	6,965	9,925	14,089	22,327	31,599
3	0,277	0,765	1,638	2,353	3,182	4,541	5,841	7,453	10,215	12,924
4	0,271	0,741	1,533	2,132	2,776	3,747	4,604	5,598	7,173	8,610
5	0,267	0,727	1,476	2,015	2,571	3,365	4,032	4,773	5,893	6,869
6	0,265	0,718	1,440	1,943	2,447	3,143	3,707	4,317	5,208	5,959
7	0,263	0,711	1,415	1,895	2,365	2,998	3,499	4,029	4,785	5,408
8	0,262	0,706	1,397	1,860	2,306	2,896	3,355	3,833	4,501	5,041
9	0,261	0,703	1,383	1,833	2,262	2,821	3,250	3,690	4,297	4,781
10	0,260	0,700	1,372	1,812	2,228	2,764	3,169	3,581	4,144	4,587
11	0,260	0,697	1,363	1,796	2,201	2,718	3,106	3,497	4,025	4,437
12	0,259	0,695	1,356	1,782	2,179	2,681	3,055	3,428	3,930	4,318
13	0,259	0,6944	1,350	1,771	2,160	2,650	3,012	3,372	3,852	4,221
14	0,258	0,692	1,345	1,761	2,145	2,624	2,977	3,326	3,787	4,140
15	0,258	0,691	1,341	1,753	2,131	2,602	2,947	3,286	3,733	4,073
16	0,258	0,690	1,337	1,746	2,120	2,583	2,921	3,252	3,686	4,015
17	0,257	0,689	1,333	1,740	2,110	2,567	2,898	3,222	3,646	3,965

γ = graus de liberdade

Continua

Distribuição *t* (*continuação*).

TABELA III

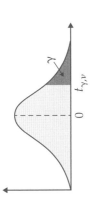

ν \ γ	0,40	0,25	0,10	0,05	0,025	0,010	0,005	0,0025	0,0010	0,0005
18	0,257	0,688	1,330	1,734	2,101	2,552	2,878	3,197	3,610	3,922
19	0,257	0,688	1,328	1,729	2,093	2,539	2,861	3,174	3,579	3,883
20	0,257	0,687	1,325	1,725	2,086	2,528	2,845	3,153	3,552	3,850
21	0,257	0,686	1,323	1,721	2,080	2,518	2,831	3,135	3,527	3,819
22	0,256	0,686	1,321	1,717	2,074	2,508	2,819	3,119	3,505	3,792
23	0,256	0,685	1,319	1,714	2,069	2,500	2,807	3,104	3,485	3,768
24	0,256	0,685	1,318	1,711	2,064	2,492	2,797	3,091	3,467	3,745
25	0,256	0,684	1,316	1,708	2,060	2,485	2,787	3,078	3,450	3,725
26	0,256	0,684	1,315	1,706	2,056	2,479	2,779	3,067	3,435	3,707
27	0,256	0,684	1,314	1,703	2,052	2,473	2,771	3,057	3,421	3,690
28	0,256	0,683	1,313	1,701	2,048	2,467	2,763	3,047	3,408	3,674
29	0,256	0,683	1,311	1,699	2,045	2,462	2,756	3,038	3,396	3,659
30	0,256	0,683	1,310	1,697	2,042	2,457	2,750	3,030	3,385	3,646
40	0,255	0,681	1,303	1,684	2,021	2,423	2,704	2,971	3,307	3,551
60	0,254	0,679	1,296	1,671	2,000	2,390	2,660	2,915	3,232	3,460
100	0,254	0,677	1,290	1,660	2,984	2,364	2,626	2,871	3,174	3,390
120	0,254	0,677	1,289	1,658	2,980	2,358	2,617	2,860	3,160	3,373
∞	0,253	0,675	1,282	1,645	2,960	2,327	2,576	2,808	3,091	3,300

Tabela gerada em software específico.   γ = graus de liberdade

TABELA IV-A

Distribuição F com $\gamma = 0{,}005$.

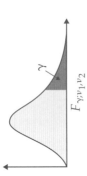

F_{γ, v_1, v_2}

$v_2 \backslash v_1$	1	2	3	4	5	6	7	8	9	10	12	15	20	24	30	40	50	60	120	∞
1	16211	19999	21615	22500	23056	23437	23715	23925	24091	24224	24426	24630	24836	24940	25044	25148	25211	25253	25359	25463
2	198,50	199,00	199,17	199,25	199,30	199,33	199,36	199,37	199,39	199,40	199,42	199,43	199,45	199,46	199,47	199,47	199,48	199,48	199,49	199,50
3	55,55	49,80	47,47	46,19	45,39	44,84	44,43	44,13	43,88	43,69	43,39	43,08	42,78	42,62	42,47	42,31	42,21	42,15	41,99	41,83
4	31,33	26,28	24,26	23,15	22,46	21,97	21,62	21,35	21,14	20,97	20,70	20,44	20,17	20,03	19,89	19,75	19,67	19,61	19,47	19,33
5	22,78	18,31	16,53	15,56	14,94	14,51	14,20	13,96	13,77	13,62	13,38	13,15	12,90	12,78	12,66	12,53	12,45	12,40	12,27	12,15
6	18,63	14,54	12,92	12,03	11,46	11,07	10,79	10,57	10,39	10,25	10,03	9,81	9,59	9,47	9,36	9,24	9,17	9,12	9,00	8,88
7	16,24	12,40	10,88	10,5	9,52	9,16	8,89	8,68	8,51	8,38	8,18	7,97	7,75	7,64	7,53	7,42	7,35	7,31	7,19	7,08
8	14,69	11,04	9,60	8,81	8,30	7,95	7,69	7,50	7,34	7,21	7,01	6,81	6,61	6,50	6,40	6,29	6,22	6,18	6,06	5,96
9	13,61	10,11	8,72	7,96	7,47	7,13	6,88	6,69	6,54	6,42	6,23	6,03	5,83	5,73	5,62	5,52	5,45	5,41	5,30	5,22
10	12,83	9,43	8,08	7,34	6,87	6,54	6,30	6,12	5,97	5,85	5,66	5,47	5,27	5,17	5,07	4,97	5,90	5,86	4,75	5,72
11	12,23	8,91	7,60	6,88	6,42	6,10	5,86	5,68	5,54	5,42	5,24	5,05	5,86	5,76	5,65	4,55	4,49	4,45	4,34	4,39
12	11,75	8,51	7,23	6,52	6,07	5,76	5,52	5,35	5,20	5,09	4,91	4,72	4,53	4,43	4,33	4,23	4,17	4,12	4,01	4,16
13	11,37	8,19	6,93	6,23	5,79	5,48	5,25	5,08	4,94	4,82	4,64	4,46	4,27	4,17	4,07	3,97	3,91	3,87	3,76	3,98
14	11,06	7,92	6,68	6,00	5,556	5,26	5,03	4,86	4,72	4,60	4,43	4,25	4,06	3,96	3,86	3,76	3,70	3,66	3,55	3,71
15	10,80	7,70	6,48	5,80	5,37	5,07	4,85	4,67	4,54	4,42	4,25	4,07	3,88	3,79	3,69	3,58	3,52	3,48	3,37	3,47
16	10,58	7,51	6,30	5,64	5,21	4,91	4,69	4,52	4,38	4,27	4,10	3,92	3,73	3,64	3,54	3,44	3,37	3,33	3,22	3,27
17	10,38	7,35	6,16	5,50	5,07	4,78	4,56	4,39	4,25	4,14	3,97	3,79	3,61	3,51	3,41	3,31	3,25	3,21	3,10	3,11

Graus de liberdade para o numerador (v_1)

Graus de liberdade para o denominador (v_2)

Continua

TABELA IV-A

Distribuição F com γ = 0,005 (continuação).

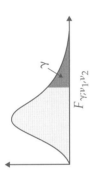

Graus de liberdade para o numerador (v1)

v_2 \ v_1	1	2	3	4	5	6	7	8	9	10	12	15	20	24	30	40	50	60	120	∞
18	10,22	7,21	6,03	5,37	4,96	4,66	4,44	4,28	4,14	4,03	3,86	3,68	3,50	3,40	3,30	3,20	3,14	3,10	2,99	2,97
19	10,07	7,09	5,92	5,27	4,85	4,56	4,34	4,18	4,04	3,93	3,76	3,59	3,40	3,31	3,21	3,11	3,04	3,00	2,89	2,85
20	9,94	6,99	5,82	5,17	4,76	4,47	4,26	4,09	3,96	3,85	3,68	3,50	3,32	3,22	3,12	3,02	2,96	2,92	2,81	2,75
21	9,83	6,89	5,73	5,09	4,68	4,39	4,18	4,01	3,88	3,77	3,60	3,43	3,24	3,15	3,05	2,95	2,88	2,84	2,73	2,66
22	9,73	6,81	5,65	5,02	4,61	4,32	4,11	3,94	3,81	3,70	3,54	3,36	3,18	2,08	2,98	2,88	2,82	2,77	2,66	2,58
23	9,63	6,73	5,58	4,95	4,54	4,26	4,05	3,88	3,75	3,64	3,47	3,30	3,12	2,02	2,92	2,82	2,76	2,71	2,60	2,52
24	9,55	6,66	5,52	4,89	4,49	4,20	3,99	3,83	3,69	3,59	3,42	3,25	3,06	2,97	2,87	2,77	2,70	2,66	2,55	2,45
25	9,48	6,60	5,46	4,84	4,43	4,15	3,94	3,78	3,64	3,54	3,37	3,20	3,01	2,92	2,82	2,72	2,65	2,61	2,50	2,40
26	9,41	6,54	5,41	4,79	4,38	4,10	3,89	3,73	3,60	3,49	3,33	3,15	2,97	2,87	2,77	2,67	2,61	2,56	2,45	2,35
27	9,34	6,49	5,36	4,74	4,34	4,06	3,85	3,69	3,56	3,45	3,28	3,11	2,93	2,83	2,73	2,63	2,57	2,52	2,41	2,30
28	9,28	6,44	5,32	4,70	4,30	4,02	3,81	3,65	3,52	3,41	3,25	3,07	2,89	2,79	2,69	2,59	2,53	2,48	2,37	2,26
29	9,23	6,40	5,28	4,66	4,26	3,98	3,77	3,61	3,48	3,38	3,21	3,04	2,86	2,76	2,66	2,56	2,49	2,45	2,33	2,22
30	9,18	6,35	5,24	4,62	4,23	3,95	3,74	3,58	3,45	3,34	3,18	3,01	2,82	2,73	2,63	2,52	2,46	2,42	2,30	2,18
40	8,83	6,07	4,98	4,37	3,99	3,71	3,51	3,35	3,22	3,12	2,95	2,78	2,60	2,50	2,40	2,30	2,23	2,18	2,06	1,93
50	8,63	5,90	4,83	4,23	3,85	3,58	3,38	3,22	3,09	2,99	2,82	2,65	2,47	2,37	2,27	2,16	2,10	1,05	1,93	1,73
60	8,49	5,79	4,73	4,14	3,76	3,49	3,29	3,13	3,01	2,90	2,74	2,57	2,39	2,29	2,19	2,08	2,01	1,96	1,83	1,69
120	8,18	5,54	4,50	3,92	3,55	3,28	3,09	2,93	2,81	2,71	2,54	2,37	2,19	2,09	1,98	1,87	1,80	1,75	1,61	1,43
∞	7,88	5,30	4,28	3,72	3,35	3,09	2,90	2,75	2,62	2,52	2,36	2,19	2,00	1,90	1,79	1,67	1,59	1,54	1,37	1,05

Graus de liberdade para o denominador (v2)

Tabela gerada em software específico.

TABELA IV-B
Distribuição F com $\gamma = 0,01$.

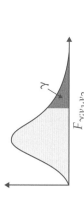

$F_{\gamma; v_1, v_2}$

Graus de liberdade para o numerador (v1)

v_2 \ v_1	1	2	3	4	5	6	7	8	9	10	12	15	20	24	30	40	50	60	120	∞
1	4052	4999	5403	5625	5764	5859	5928	5981	6022	6056	6106	6157	6209	6235	6261	6287	6303	6313	6339	6366
2	98,50	99,00	99,17	99,25	99,30	99,33	99,36	99,37	99,39	99,40	99,42	99,43	99,45	99,46	99,47	99,47	99,48	99,48	99,49	99,50
3	34,12	30,82	29,46	28,71	28,24	27,91	27,67	27,49	27,35	27,23	27,05	26,87	26,69	26,60	26,50	26,41	26,35	26,32	26,22	26,13
4	21,20	18,00	16,69	15,98	15,52	15,21	14,98	14,80	14,66	14,55	14,37	14,20	14,02	13,93	13,84	13,75	13,69	13,65	13,56	13,46
5	16,23	13,27	12,06	11,39	10,97	10,67	10,46	10,29	10,16	10,05	9,89	9,72	9,55	9,47	9,38	9,29	9,24	9,20	9,11	9,02
6	13,75	10,92	9,78	9,15	8,75	8,47	8,26	8,10	7,98	7,87	7,72	7,56	7,40	7,31	7,23	7,14	7,09	7,06	6,97	6,88
7	12,25	9,55	8,45	7,85	7,46	7,19	6,99	6,84	6,72	6,62	6,47	6,31	6,16	6,07	5,99	5,91	50,00	5,87	5,74	5,65
8	11,26	8,65	7,59	7,01	6,63	6,37	6,18	6,03	5,91	5,81	5,67	5,52	5,36	5,28	5,20	5,12	5,07	5,03	4,95	4,86
9	10,56	8,02	6,99	6,42	6,06	5,80	5,61	5,47	5,35	5,26	5,11	4,96	4,81	4,73	4,65	4,57	4,52	4,48	4,40	4,31
10	10,04	7,56	6,55	5,99	5,64	5,39	5,20	5,06	4,94	4,85	4,71	4,56	4,41	4,33	4,25	4,17	4,12	4,08	4,00	3,91
11	9,65	7,21	6,22	5,67	5,32	5,07	4,89	4,74	4,63	4,54	4,40	4,25	4,10	4,02	3,94	3,86	3,81	3,78	3,69	3,61
12	9,33	6,93	5,95	5,41	5,06	4,82	4,64	4,50	4,39	4,30	4,16	4,01	3,86	3,78	3,70	3,62	3,57	3,54	3,45	3,36
13	9,07	6,70	5,74	5,21	4,86	4,62	4,44	4,30	4,19	4,10	3,96	3,82	3,66	3,59	3,51	3,43	3,38	3,34	3,25	3,17
14	8,86	6,51	5,56	5,04	4,69	4,46	4,28	4,14	4,03	3,94	3,80	3,66	3,51	3,43	3,35	3,27	3,22	3,18	3,09	3,01
15	8,68	6,36	5,42	4,89	4,56	4,32	4,14	4,00	3,89	3,80	3,67	3,52	3,37	3,29	3,21	3,13	3,08	3,05	2,96	2,87
16	8,53	6,23	5,29	4,77	4,44	4,20	4,03	3,89	3,78	3,69	3,55	3,41	3,26	3,18	3,10	3,02	2,97	2,93	2,84	2,76
17	8,40	6,11	5,18	4,67	4,34	4,10	3,93	3,79	3,68	3,59	3,46	3,31	3,16	3,08	3,00	2,92	2,87	2,83	2,75	2,66

Graus de liberdade para o denominador (v2)

Continua

TABELA IV-B

Distribuição F com $\gamma = 0{,}01$ (continuação).

Graus de liberdade para o numerador (v_1)

v_2 \ v_1	1	2	3	4	5	6	7	8	9	10	12	15	20	24	30	40	50	60	120	∞
18	8,29	6,01	5,09	4,58	4,25	4,01	3,84	3,71	3,60	3,51	3,37	3,23	3,08	3,00	2,92	2,84	2,78	2,75	2,99	2,97
19	8,18	5,93	5,01	4,50	4,17	3,94	3,77	3,63	3,52	3,43	3,30	3,15	3,00	2,92	2,84	2,76	2,71	2,67	2,89	2,85
20	8,10	5,85	4,94	4,43	4,10	3,87	3,70	3,56	3,46	3,37	3,23	3,09	2,94	2,86	2,78	2,69	2,64	2,61	2,81	2,75
21	8,02	5,78	4,97	4,37	4,04	3,81	3,64	3,51	3,40	3,31	3,17	3,03	2,88	2,80	2,72	2,64	2,28	2,55	2,73	2,66
22	7,95	5,72	4,92	4,31	3,99	3,76	3,59	3,45	3,35	3,26	3,12	2,98	2,83	2,75	2,67	2,58	2,53	2,50	2,66	2,58
23	7,88	5,66	4,76	4,26	3,94	3,71	3,54	3,41	3,30	3,21	3,07	2,93	2,78	2,70	2,62	2,54	2,48	2,45	2,60	2,52
24	7,82	5,61	4,72	4,22	3,90	3,67	3,50	3,36	3,26	3,17	2,03	2,89	2,74	2,66	2,58	2,49	2,44	2,40	2,55	2,45
25	7,77	5,57	4,68	4,18	3,85	3,63	3,46	3,32	3,22	3,13	2,99	2,85	2,70	2,62	2,54	2,45	2,40	2,36	2,50	2,40
26	7,72	5,53	4,64	4,14	3,82	3,59	3,42	3,29	3,18	3,09	2,96	2,81	2,66	2,58	2,50	2,42	2,36	2,33	2,45	2,35
27	7,68	5,49	4,60	4,11	3,78	3,56	3,39	3,26	3,15	3,06	2,93	2,78	2,63	2,55	2,47	2,38	2,33	2,29	2,41	2,30
28	7,64	5,45	4,57	4,07	3,75	3,53	3,36	3,23	3,12	3,03	2,90	2,75	2,60	2,52	244,	2,35	2,30	2,26	2,37	2,26
29	7,60	5,42	4,54	4,04	3,73	3,50	3,33	3,20	3,09	3,00	2,87	2,73	2,57	2,49	2,41	2,33	2,27	2,23	2,33	2,22
30	7,56	5,39	4,51	4,02	3,70	3,47	3,30	3,17	3,07	2,98	2,84	2,70	2,55	2,47	2,39	2,30	2,25	2,21	2,30	2,18
40	7,31	5,18	4,31	3,83	3,51	3,29	3,12	2,99	2,89	2,80	2,66	2,52	2,37	2,29	2,20	2,11	2,06	2,02	2,06	1,93
50	7,17	5,06	4,20	3,72	3,41	3,19	3,02	2,89	2,78	2,70	2,56	2,42	2,27	2,18	2,10	2,01	1,95	1,91	1,93	1,73
60	7,08	4,98	4,13	3,65	3,34	3,12	2,95	2,82	2,72	2,63	2,50	2,35	2,20	2,12	2,03	1,94	1,88	1,84	1,83	1,69
120	6,85	4,79	3,95	3,48	3,17	2,96	2,79	2,66	2,56	2,47	2,34	2,19	2,03	1,95	1,86	1,76	1,70	1,66	1,61	1,43
∞	6,64	4,61	3,78	3,32	3,02	2,80	2,54	2,51	2,41	2,32	2,19	2,04	1,88	1,79	1,70	1,59	1,53	1,48	1,37	1,05

Graus de liberdade para o denominador (v_2)

Tabela gerada em software específico.

TABELA IV-C

Distribuição F com $\gamma = 0,025$.

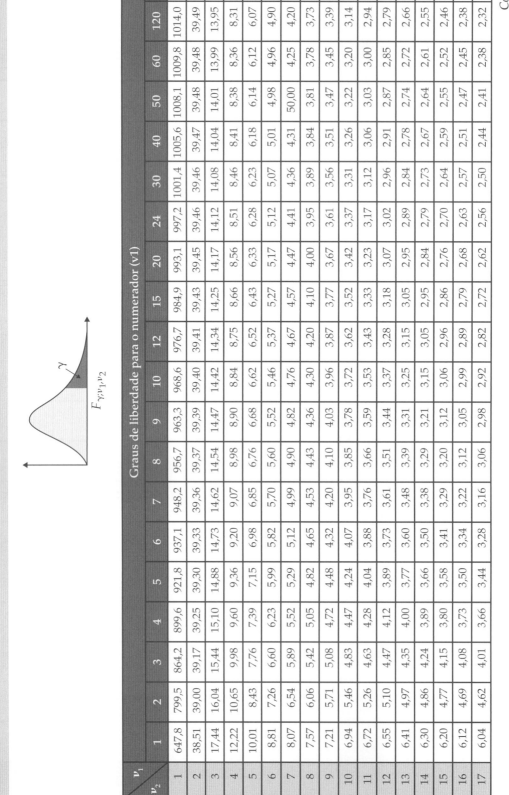

Graus de liberdade para o numerador (v_1)

v_2 \ v_1	1	2	3	4	5	6	7	8	9	10	12	15	20	24	30	40	50	60	120	∞
1	647,8	799,5	864,2	899,6	921,8	937,1	948,2	956,7	963,3	968,6	976,7	984,9	993,1	997,2	1001,4	1005,6	1008,1	1009,8	1014,0	1018,2
2	38,51	39,00	39,17	39,25	39,30	39,33	39,36	39,37	39,39	39,40	39,41	39,43	39,45	39,46	39,46	39,47	39,48	39,48	39,49	39,50
3	17,44	16,04	15,44	15,10	14,88	14,73	14,62	14,54	14,47	14,42	14,34	14,25	14,17	14,12	14,08	14,04	14,01	13,99	13,95	13,90
4	12,22	10,65	9,98	9,60	9,36	9,20	9,07	8,98	8,90	8,84	8,75	8,66	8,56	8,51	8,46	8,41	8,38	8,36	8,31	8,26
5	10,01	8,43	7,76	7,39	7,15	6,98	6,85	6,76	6,68	6,62	6,52	6,43	6,33	6,28	6,23	6,18	6,14	6,12	6,07	6,02
6	8,81	7,26	6,60	6,23	5,99	5,82	5,70	5,60	5,52	5,46	5,37	5,27	5,17	5,12	5,07	5,01	4,98	4,96	4,90	4,85
7	8,07	6,54	5,89	5,52	5,29	5,12	4,99	4,90	4,82	4,76	4,67	4,57	4,47	4,41	4,36	4,31	50,00	4,25	4,20	4,14
8	7,57	6,06	5,42	5,05	4,82	4,65	4,53	4,43	4,36	4,30	4,20	4,10	4,00	3,95	3,89	3,84	3,81	3,78	3,73	3,67
9	7,21	5,71	5,08	4,72	4,48	4,32	4,20	4,10	4,03	3,96	3,87	3,77	3,67	3,61	3,56	3,51	3,47	3,45	3,39	3,33
10	6,94	5,46	4,83	4,47	4,24	4,07	3,95	3,85	3,78	3,72	3,62	3,52	3,42	3,37	3,31	3,26	3,22	3,20	3,14	3,08
11	6,72	5,26	4,63	4,28	4,04	3,88	3,76	3,66	3,59	3,53	3,43	3,33	3,23	3,17	3,12	3,06	3,03	3,00	2,94	2,88
12	6,55	5,10	4,47	4,12	3,89	3,73	3,61	3,51	3,44	3,37	3,28	3,18	3,07	3,02	2,96	2,91	2,87	2,85	2,79	2,73
13	6,41	4,97	4,35	4,00	3,77	3,60	3,48	3,39	3,31	3,25	3,15	3,05	2,95	2,89	2,84	2,78	2,74	2,72	2,66	2,60
14	6,30	4,86	4,24	3,89	3,66	3,50	3,38	3,29	3,21	3,15	3,05	2,95	2,84	2,79	2,73	2,67	2,64	2,61	2,55	2,49
15	6,20	4,77	4,15	3,80	3,58	3,41	3,29	3,20	3,12	3,06	2,96	2,86	2,76	2,70	2,64	2,59	2,55	2,52	2,46	2,40
16	6,12	4,69	4,08	3,73	3,50	3,34	3,22	3,12	3,05	2,99	2,89	2,79	2,68	2,63	2,57	2,51	2,47	2,45	2,38	2,32
17	6,04	4,62	4,01	3,66	3,44	3,28	3,16	3,06	2,98	2,92	2,82	2,72	2,62	2,56	2,50	2,44	2,41	2,38	2,32	2,25

Continua

TABELA IV-C

Distribuição F com $\gamma = 0{,}025$ (continuação).

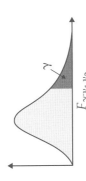

F_{γ, v_1, v_2}

Graus de liberdade para o numerador (v1)

v_2 \ v_1	1	2	3	4	5	6	7	8	9	10	12	15	20	24	30	40	50	60	120	∞
18	5,98	4,56	3,95	3,61	3,38	3,22	3,10	3,01	2,93	2,87	2,77	2,67	2,56	2,50	2,44	2,38	2,35	2,32	2,26	2,19
19	5,92	4,51	3,90	3,56	3,33	3,17	3,05	2,96	2,88	2,82	2,72	2,62	2,51	2,45	2,39	2,33	2,30	2,27	2,20	2,13
20	5,87	4,46	3,86	3,51	3,29	3,13	3,01	2,91	2,84	2,77	2,68	2,57	2,46	2,41	2,35	2,29	2,25	2,22	2,16	2,09
21	5,83	4,42	3,82	3,48	3,25	3,09	2,97	2,87	2,80	2,73	2,64	2,53	2,42	2,37	2,31	2,25	2,21	2,18	2,11	2,04
22	5,79	4,38	3,78	3,44	3,22	3,05	2,93	2,84	2,76	2,70	2,60	2,50	2,39	2,33	2,27	2,21	2,17	2,14	2,08	2,00
23	5,75	4,35	3,75	3,41	3,18	3,02	2,90	2,81	2,73	2,67	2,57	2,47	2,36	2,30	2,24	2,18	2,14	2,11	2,04	1,97
24	5,72	4,32	3,72	3,38	3,15	2,99	2,87	2,78	2,70	2,64	2,54	2,44	2,33	2,27	2,21	2,15	2,11	2,08	2,01	1,94
25	5,69	4,29	3,69	3,35	3,13	2,97	2,85	2,75	2,68	2,61	2,51	2,41	2,30	2,24	2,18	2,12	2,08	2,05	1,98	1,91
26	5,66	4,27	3,67	3,33	3,10	2,94	2,82	2,73	2,65	2,59	2,49	2,39	2,28	2,22	2,16	2,09	2,05	2,03	1,95	1,88
27	5,63	4,24	3,65	3,31	3,08	2,92	2,80	2,71	2,63	2,57	2,47	2,36	2,25	2,19	2,13	2,07	2,03	2,00	1,93	1,85
28	5,61	4,22	3,63	3,29	3,06	2,90	2,78	2,69	2,61	2,55	2,45	2,34	2,23	2,17	2,11	2,05	2,01	1,98	1,91	1,83
29	5,59	4,20	3,61	3,27	3,04	2,88	2,76	2,67	2,59	2,53	2,43	2,32	2,21	2,15	2,09	2,03	1,99	1,96	1,89	1,81
30	5,57	4,18	3,59	3,25	3,03	2,87	2,75	2,65	2,57	2,51	2,41	2,31	2,20	2,14	2,07	2,01	1,97	1,94	1,87	1,79
40	5,42	4,05	3,46	3,13	2,90	2,74	2,62	2,53	2,45	2,39	2,29	2,18	2,07	2,01	1,94	1,88	1,83	1,80	1,72	1,64
50	5,34	3,97	3,39	3,05	2,83	2,67	2,55	2,46	2,38	2,32	2,22	2,11	1,99	1,93	1,87	1,80	1,75	1,72	1,64	1,55
60	5,29	3,93	3,34	3,01	2,79	2,63	2,51	2,41	2,33	2,27	2,17	2,06	1,94	1,88	1,82	1,74	1,70	1,67	1,58	1,48
120	5,15	3,80	3,23	2,89	2,67	2,52	2,39	2,30	2,22	2,16	2,05	1,94	1,82	1,76	1,69	1,61	1,56	1,53	1,43	1,31
∞	5,03	3,69	3,12	2,79	2,57	2,41	2,29	2,19	2,11	2,05	1,95	1,83	1,71	1,64	1,57	1,49	1,43	1,39	1,27	1,04

Graus de liberdade para o denominador (v2)

Tabela gerada em software específico.

TABELA IV-D
Distribuição F com γ = 0,05.

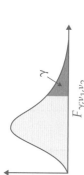

v_2 \ v_1	1	2	3	4	5	6	7	8	9	10	12	15	20	24	30	40	50	60	120	∞
1	161,4	199,5	215,7	224,6	230,2	234,0	236,8	238,9	240,5	241,9	243,9	245,9	248,0	249,1	250,1	251,1	251,8	252,2	253,3	254,3
2	18,51	19,00	19,16	19,25	19,30	19,33	19,35	19,37	19,38	19,40	19,41	19,43	19,45	19,45	19,46	19,47	19,48	19,48	19,49	19,50
3	10,13	9,55	9,28	9,12	9,01	8,94	8,89	8,85	8,81	8,79	8,74	8,70	8,66	8,64	8,62	8,59	8,58	8,57	8,55	8,53
4	7,71	6,94	6,59	6,39	6,26	6,16	6,09	6,04	6,00	5,96	5,91	5,86	5,80	5,77	5,75	5,72	5,70	5,69	5,66	5,63
5	6,61	5,79	5,41	5,19	5,05	4,95	4,88	4,82	4,77	4,74	4,68	4,62	4,56	4,53	4,50	4,46	4,44	4,43	4,40	4,37
6	5,99	5,14	4,76	4,53	4,39	4,28	4,21	4,15	4,10	4,06	4,00	3,94	3,87	3,84	3,81	3,77	3,75	3,74	3,70	3,67
7	5,59	4,74	4,35	4,12	3,97	3,87	3,79	3,73	3,68	3,64	3,57	3,51	3,44	3,41	3,38	3,34	3,75	3,30	3,27	3,23
8	5,32	4,46	4,07	3,84	3,69	3,58	3,50	3,44	3,39	3,35	3,28	3,22	3,15	3,12	3,08	3,04	3,02	3,01	2,97	2,93
9	5,12	4,26	3,86	3,63	3,48	3,37	3,29	3,23	3,18	3,14	3,07	3,01	2,94	2,90	2,86	2,83	2,80	2,79	2,75	2,71
10	4,96	4,10	3,71	3,48	3,33	3,22	3,14	3,07	3,02	2,98	2,91	2,85	2,77	2,74	2,70	2,66	2,64	2,62	2,58	2,54
11	4,84	3,98	3,59	3,36	3,20	3,09	3,01	2,95	2,90	2,85	2,79	2,72	2,65	2,61	2,57	2,53	2,51	2,49	2,45	2,41
12	4,75	3,89	3,49	3,26	3,11	3,00	2,91	2,85	2,80	2,75	2,69	2,62	2,54	2,51	2,47	2,43	2,40	2,38	2,34	2,30
13	4,67	3,81	3,41	3,18	3,03	2,92	2,83	2,77	2,71	2,67	2,60	2,53	2,46	2,42	2,38	2,34	2,31	2,30	2,25	2,21
14	4,60	3,74	3,34	3,11	2,96	2,85	2,76	2,70	2,65	2,60	2,53	2,46	2,39	2,35	2,31	2,27	2,24	2,22	2,18	2,13
15	4,54	3,68	3,29	3,06	2,90	2,79	2,71	2,64	2,59	2,54	2,48	2,40	2,33	2,29	2,25	2,20	2,18	2,16	2,11	2,07
16	4,49	3,63	3,24	3,01	2,85	2,74	2,66	2,59	2,54	2,49	2,42	2,35	2,28	2,24	2,19	2,15	2,12	2,11	2,06	2,01
17	4,45	3,59	3,20	2,96	2,81	2,70	2,61	2,55	2,49	2,45	2,38	2,31	2,23	2,19	2,15	2,10	2,08	2,06	2,01	1,96

Continua

TABELA IV-D

Distribuição F com γ = 0,05 (continuação).

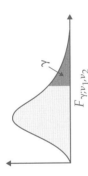

$F_{\gamma;\nu_1,\nu_2}$

Graus de liberdade para o numerador (v1)

ν_2 \ ν_1	1	2	3	4	5	6	7	8	9	10	12	15	20	24	30	40	50	60	120	∞
18	4,41	3,55	3,16	2,93	2,77	2,66	2,58	2,51	2,46	2,41	2,34	2,27	2,19	2,15	2,11	2,06	2,04	2,02	1,97	1,92
19	4,38	3,52	3,13	2,90	2,74	2,63	2,54	2,48	2,42	2,38	2,31	2,23	2,16	2,11	2,07	2,03	2,00	1,98	1,93	1,88
20	4,35	3,49	3,10	2,87	2,71	2,60	2,51	2,45	2,39	2,35	2,28	2,20	2,12	2,08	2,04	1,99	1,97	1,95	1,90	1,84
21	4,32	3,47	3,07	2,84	2,68	2,57	2,49	2,42	2,37	2,32	2,25	2,18	2,10	2,05	2,01	1,96	1,94	1,92	1,87	1,81
22	4,30	3,44	3,05	2,82	2,66	2,55	2,46	2,40	2,34	2,30	2,23	2,15	2,07	2,03	1,98	1,94	1,91	1,89	1,84	1,78
23	4,28	3,42	3,03	2,80	2,64	2,53	2,44	2,37	2,32	2,27	2,20	2,13	2,05	2,01	1,96	1,91	1,88	1,86	1,81	1,76
24	4,26	3,40	3,01	2,78	2,62	2,51	2,42	2,36	2,30	2,25	2,18	2,11	2,03	1,98	1,94	1,89	1,86	1,84	1,79	1,73
25	4,24	3,39	2,99	2,76	2,60	2,49	2,40	2,34	2,28	2,24	2,16	2,09	2,01	1,96	1,92	1,87	1,84	1,82	1,77	1,71
26	4,23	3,37	2,98	2,74	2,59	2,47	2,39	2,32	2,27	2,22	2,15	2,07	1,99	1,95	1,90	1,85	1,82	1,80	1,75	1,69
27	4,21	3,35	2,96	2,73	2,57	2,46	2,37	2,31	2,25	2,20	2,13	2,06	1,97	1,93	1,88	1,84	1,81	1,79	1,73	1,67
28	4,20	3,34	2,95	2,71	2,56	2,45	2,36	2,29	2,24	2,19	2,12	2,04	1,96	1,91	1,87	1,82	1,79	1,77	1,71	1,65
29	4,18	3,33	2,93	2,70	2,55	2,43	2,35	2,28	2,22	2,18	2,10	2,03	1,94	1,90	1,85	1,81	1,77	1,75	1,70	1,64
30	4,17	3,32	2,92	2,69	2,53	2,42	2,33	2,27	2,21	2,16	2,09	2,01	1,93	1,89	1,84	1,79	1,76	1,74	1,68	1,62
40	4,08	3,23	2,84	2,61	2,45	2,34	2,25	2,18	2,12	2,08	2,00	1,92	1,84	1,79	1,74	1,69	1,66	1,64	1,58	1,51
50	4,03	3,18	2,79	2,56	2,40	2,29	2,20	2,13	2,07	2,03	1,95	1,87	1,78	1,74	1,69	1,63	1,60	1,58	1,51	1,44
60	4,00	3,15	2,76	2,53	2,37	2,25	2,17	2,10	2,04	1,99	1,92	1,84	1,75	1,70	1,65	1,59	1,56	1,53	1,47	1,39
120	3,92	3,07	2,68	2,45	2,29	2,18	2,09	2,02	1,96	1,91	1,83	1,75	1,66	1,61	1,55	1,50	1,46	1,43	1,35	1,26
∞	3,84	3,00	2,61	2,37	2,21	2,10	2,01	1,94	1,88	1,83	1,75	1,67	1,57	1,52	1,46	1,40	1,35	1,32	1,22	1,03

Graus de liberdade para o denominador (v2)

Tabela gerada em software específico.

TABELA IV-E

Distribuição F com $\gamma = 0{,}10$.

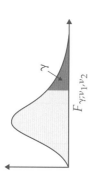

v_2 \ v_1	1	2	3	4	5	6	7	8	9	10	12	15	20	24	30	40	50	60	120	∞
1	39,86	49,50	53,59	55,83	57,24	58,20	58,91	59,44	59,86	60,19	60,71	61,22	61,74	62,00	62,26	62,53	62,69	62,79	63,06	63,32
2	8,53	9,00	9,16	9,24	9,29	9,33	9,35	9,37	9,38	9,39	9,41	9,42	9,44	9,45	9,46	9,47	9,47	9,47	9,48	9,49
3	5,54	5,46	5,39	5,34	5,31	5,28	5,27	5,25	5,24	5,23	5,22	5,20	5,18	5,18	5,17	5,16	5,15	5,15	5,14	5,13
4	4,54	4,32	4,19	4,11	4,05	4,01	3,98	3,95	3,94	3,92	3,90	3,87	3,84	3,83	3,82	3,80	3,80	3,79	3,78	3,76
5	4,06	3,78	3,62	3,52	3,45	3,40	3,37	3,34	3,32	3,30	3,27	3,24	3,21	3,19	3,17	3,16	3,15	3,14	3,12	3,11
6	3,78	3,46	3,29	3,18	3,11	3,05	3,01	2,98	2,96	2,94	2,90	2,87	2,84	2,82	2,80	2,78	2,77	2,76	2,74	2,72
7	3,59	3,26	3,07	2,96	2,88	2,83	2,78	2,75	2,72	2,70	2,67	2,63	2,59	2,58	2,56	2,54	50,00	2,51	2,49	2,47
8	3,46	3,11	2,92	2,81	2,73	2,67	2,62	2,59	2,56	2,54	2,50	2,46	2,42	2,40	2,38	2,36	2,35	2,34	2,32	2,29
9	3,36	3,01	2,81	2,69	2,61	2,55	2,51	2,47	2,44	2,42	2,38	2,34	2,30	2,28	2,25	2,23	2,22	2,21	2,18	2,16
10	3,29	2,92	2,73	2,61	2,52	2,46	2,41	2,38	2,35	2,32	2,28	2,24	2,20	2,18	2,16	2,13	2,12	2,11	2,08	2,06
11	3,23	2,86	2,66	2,54	2,45	2,39	2,34	2,30	2,27	2,25	2,21	2,17	2,12	2,10	2,08	2,05	2,04	2,03	2,00	1,97
12	3,18	2,81	2,61	2,48	2,39	2,33	2,28	2,24	2,21	2,19	2,15	2,10	2,06	2,04	2,01	1,99	1,97	1,96	1,93	1,90
13	3,14	2,76	2,56	2,43	2,35	2,28	2,23	2,20	2,16	2,14	2,10	2,05	2,01	1,98	1,96	1,93	1,92	1,90	1,88	1,85
14	3,10	2,73	2,52	2,39	2,31	2,24	2,19	2,15	2,12	2,10	2,05	2,01	1,96	1,94	1,91	1,89	1,87	1,86	1,83	1,80
15	3,07	2,70	2,49	2,36	2,27	2,21	2,16	2,12	2,09	2,06	2,02	1,97	1,92	1,90	1,87	1,85	1,83	1,82	1,79	1,76
16	3,05	2,67	2,46	2,33	2,24	2,18	2,13	2,09	2,06	2,03	1,99	1,64	1,89	1,87	1,84	1,81	1,79	1,78	1,75	1,72
17	3,03	2,64	2,44	2,31	2,22	2,15	2,10	2,06	2,03	2,00	1,96	1,91	1,86	1,84	1,81	1,78	1,76	1,75	1,72	1,69

Graus de liberdade para o numerador (v1)

Graus de liberdade para o denominador (v2)

Continua

TABELA IV-E

Distribuição F com $\gamma = 0{,}10$ (continuação).

F_{γ,v_1,v_2}

Graus de liberdade para o numerador (v_1)

v_2 \ v_1	1	2	3	4	5	6	7	8	9	10	12	15	20	24	30	40	50	60	120	∞
18	3,01	2,62	2,42	2,29	2,20	2,13	2,08	2,04	2,00	1,98	1,93	1,89	1,84	1,81	1,78	1,75	1,74	1,72	1,69	1,66
19	2,99	2,61	2,40	2,27	2,18	2,11	2,06	2,02	1,98	1,96	1,91	1,86	1,81	1,79	1,76	1,73	1,71	1,70	1,67	1,63
20	2,97	2,59	2,38	2,25	2,16	2,09	2,04	2,00	1,96	1,94	1,89	1,84	1,79	1,77	1,74	1,71	1,69	1,68	1,64	1,61
21	2,96	2,57	2,36	2,23	2,14	2,08	2,02	1,98	1,95	1,92	1,87	1,83	1,78	1,75	1,72	1,69	1,67	1,66	1,62	1,59
22	2,95	2,56	2,35	2,22	2,13	2,06	2,01	1,97	1,93	1,90	1,86	1,81	1,76	1,73	1,70	1,67	1,65	1,64	1,60	1,57
23	2,94	2,55	2,34	2,21	2,11	2,05	1,99	1,95	1,92	1,89	1,84	1,80	1,74	1,72	1,69	1,66	1,64	1,62	1,59	1,55
24	2,93	2,54	2,33	2,19	2,10	2,04	1,98	1,94	1,91	1,88	1,83	1,78	1,73	1,70	1,67	1,64	1,62	1,61	1,57	1,53
25	2,92	2,53	2,32	2,18	2,09	2,02	1,97	1,93	1,89	1,87	1,82	1,77	1,72	1,69	1,65	1,63	1,61	1,59	1,56	1,52
26	2,91	2,52	2,31	2,17	2,08	2,01	1,96	1,92	1,88	1,86	1,81	1,76	1,71	1,68	1,66	1,61	1,59	1,58	1,54	1,50
27	2,90	2,51	2,30	2,17	2,07	2,00	1,95	1,91	1,87	1,85	1,80	1,75	1,70	1,67	1,64	1,60	1,58	1,57	1,53	1,49
28	2,89	2,50	2,29	2,16	2,06	2,00	1,94	1,90	1,87	1,84	1,79	1,74	1,69	1,66	1,63	1,59	1,57	1,56	1,52	1,48
29	2,89	2,50	2,28	2,15	2,06	1,99	1,93	1,89	1,86	1,83	1,78	1,73	1,68	1,65	1,62	1,58	1,56	1,54	1,51	1,47
30	2,88	2,49	2,28	2,14	2,05	1,98	1,93	1,88	1,85	1,82	1,77	1,72	1,67	1,64	1,61	1,57	1,55	1,55	1,50	1,46
40	2,84	2,44	2,23	2,09	2,00	1,93	1,87	1,83	1,79	1,76	1,71	1,66	1,61	1,57	1,54	1,51	1,48	1,48	1,42	1,38
50	2,81	2,41	2,20	2,06	1,97	1,90	1,84	1,80	1,76	1,73	1,68	1,63	1,57	1,54	1,50	1,46	1,44	1,44	1,38	1,33
60	2,79	2,39	2,18	2,04	1,95	1,87	1,82	1,77	1,74	1,71	1,66	1,60	1,54	1,51	1,48	1,44	1,41	1,41	1,35	1,29
120	2,75	2,35	2,13	1,99	1,90	1,82	1,77	1,72	1,68	1,65	1,60	1,55	1,48	1,45	1,41	1,37	1,34	1,34	1,26	1,19
∞	2,71	2,30	2,08	1,95	1,85	1,77	1,72	1,67	1,63	1,60	1,55	1,49	1,42	1,38	1,34	1,30	1,26	1,26	1,17	1,03

Graus de liberdade para o denominador (v_2)

Tabela gerada em software específico.

TABELA IV-F
Distribuição F com $\gamma = 0,25$.

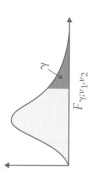

$F_{\gamma;v_1,v_2}$

							Graus de liberdade para o numerador (v1)										
$v_2 \backslash v_1$	1	2	3	4	5	6	7	8	9	10	12	15	20	24	30	40	50	60	120	∞
1	5,83	7,50	8,20	8,58	8,82	8,98	9,10	9,19	9,26	9,32	9,41	9,49	9,58	9,63	9,67	9,71	9,74	9,76	9,80	9,85
2	2,57	3,00	3,15	3,23	3,28	3,31	3,34	3,35	3,37	3,38	3,39	3,41	3,43	3,43	3,44	3,45	3,46	3,46	3,47	3,48
3	2,02	2,28	2,36	2,39	2,41	2,42	2,43	2,44	2,44	2,44	2,45	2,46	2,46	2,46	2,47	2,47	2,47	2,47	2,47	2,47
4	1,81	2,00	2,05	2,06	2,07	2,08	2,08	2,08	2,08	2,08	2,08	2,08	2,08	2,08	2,08	2,08	2,08	2,08	2,08	2,08
5	1,69	1,85	1,88	1,89	1,89	1,89	1,89	1,89	1,89	1,89	1,89	1,89	1,88	1,88	1,88	1,88	1,88	1,87	1,87	1,87
6	1,62	1,76	1,78	1,79	1,79	1,78	1,78	1,78	1,77	1,77	1,77	1,76	1,76	1,75	1,75	1,75	1,75	1,74	1,74	1,74
7	1,57	1,70	1,72	1,72	1,71	1,71	1,70	1,70	1,69	1,69	1,68	1,68	1,67	1,67	1,66	1,66	1,66	1,65	1,65	1,65
8	1,54	1,66	1,67	1,66	1,66	1,65	1,64	1,64	1,63	1,63	1,62	1,62	1,61	1,60	1,60	1,59	1,59	1,59	1,58	1,58
9	1,51	1,62	1,63	1,63	1,62	1,61	1,60	1,60	1,59	1,59	1,58	1,57	1,56	1,56	1,55	1,54	1,54	1,54	1,53	1,53
10	1,49	1,60	1,60	1,59	1,59	1,58	1,57	1,56	1,56	1,55	1,54	1,53	1,52	1,52	1,51	1,51	1,50	1,50	1,49	1,48
11	1,47	1,58	1,58	1,57	1,56	1,55	1,54	1,53	1,53	1,52	1,51	1,50	1,49	1,49	1,48	1,47	1,47	1,47	1,46	1,45
12	1,46	1,56	1,56	1,55	1,54	1,53	1,52	1,51	1,51	1,50	1,49	1,48	1,47	1,46	1,45	1,45	1,44	1,44	1,43	1,42
13	1,45	1,55	1,55	1,53	1,52	1,51	1,50	1,49	1,49	1,48	1,47	1,46	1,45	1,44	1,43	1,42	1,42	1,42	1,41	1,40
14	1,44	1,53	1,53	1,52	1,51	1,50	1,49	1,48	1,47	1,46	1,45	1,44	1,43	1,42	1,41	1,41	1,40	1,40	1,39	1,38
15	1,43	1,52	1,52	1,51	1,49	1,48	1,47	1,46	1,46	1,45	1,44	1,43	1,41	1,41	1,40	1,39	1,38	1,38	1,37	1,36
16	1,42	1,51	1,51	1,50	1,48	1,47	1,46	1,45	1,44	1,44	1,43	1,41	1,40	1,39	1,38	1,37	1,37	1,36	1,35	1,34
17	1,42	1,51	1,50	1,49	1,47	1,46	1,45	1,44	1,43	1,43	1,41	1,40	1,39	1,38	1,37	1,36	1,36	1,35	1,34	1,33

Continua

TABELA IV-F

Distribuição F com $\gamma = 0{,}25$ (continuação).

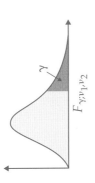

Graus de liberdade para o numerador (v1)

v_2 \ v_1	1	2	3	4	5	6	7	8	9	10	12	15	20	24	30	40	50	60	120	∞
18	1,41	1,50	1,49	1,48	1,46	1,45	1,44	1,43	1,42	1,42	1,40	1,39	1,38	1,37	1,36	1,35	1,34	1,34	1,33	1,32
19	1,41	1,49	1,49	1,47	1,46	1,44	1,43	1,42	1,41	1,41	1,40	1,38	1,37	1,36	1,35	1,34	1,33	1,33	1,32	1,30
20	1,40	1,49	1,48	1,47	1,45	1,44	1,43	1,42	1,41	1,40	1,39	1,37	1,36	1,35	1,34	1,33	1,32	1,32	1,31	1,29
21	1,40	1,48	1,48	1,46	1,44	1,43	1,42	1,41	1,40	1,39	1,38	1,37	1,35	1,34	1,33	1,32	1,32	1,31	1,30	1,29
22	1,40	1,48	1,47	1,45	1,44	1,42	1,41	1,40	1,39	1,39	1,37	1,36	1,34	1,33	1,32	1,31	1,31	1,30	1,29	1,28
23	1,39	1,47	1,47	1,45	1,43	1,42	1,41	1,40	1,39	1,38	1,37	1,35	1,34	1,33	1,32	1,31	1,30	1,30	1,28	1,27
24	1,39	1,47	1,46	1,44	1,43	1,41	1,40	1,39	1,38	1,38	1,36	1,35	1,33	1,32	1,31	1,30	1,29	1,29	1,28	1,26
25	1,39	1,47	1,46	1,44	1,42	1,41	1,40	1,39	1,38	1,37	1,36	1,34	1,33	1,32	1,31	1,29	1,29	1,28	1,27	1,25
26	1,38	1,46	1,45	1,44	1,42	1,41	1,39	1,38	1,37	1,37	1,35	1,34	1,32	1,31	1,30	1,29	1,28	1,28	1,26	1,25
27	1,38	1,46	1,45	1,43	1,42	1,40	1,39	1,38	1,37	1,36	1,35	1,33	1,32	1,31	1,30	1,28	1,28	1,27	1,26	1,24
28	1,38	1,46	1,45	1,43	1,41	1,40	1,39	1,38	1,37	1,36	1,34	1,33	1,31	1,30	1,29	1,28	1,27	1,27	1,25	1,24
29	1,38	1,45	1,44	1,43	1,41	1,40	1,38	1,37	1,36	1,35	1,34	1,32	1,31	1,30	1,29	1,27	1,27	1,26	1,25	1,23
30	1,38	1,45	1,42	1,42	1,41	1,39	1,38	1,37	1,36	1,35	1,34	1,32	1,30	1,29	1,28	1,27	1,26	1,26	1,24	1,23
40	1,36	1,44	1,41	1,40	1,39	1,37	1,36	1,35	1,34	1,33	1,31	1,30	1,28	1,26	1,25	1,24	1,23	1,22	1,21	1,19
50	1,35	1,43	1,41	1,39	1,37	1,36	1,34	1,33	1,32	1,31	1,30	1,28	1,26	1,25	1,23	1,22	1,21	1,20	1,19	1,16
60	1,35	1,42	1,49	1,38	1,37	1,35	1,33	1,32	1,31	1,30	1,29	1,27	1,25	1,24	1,22	1,21	1,20	1,19	1,17	1,15
120	1,34	1,40	1,39	1,37	1,35	1,33	1,31	1,30	1,29	1,28	1,26	1,24	1,22	1,21	1,19	1,18	1,16	1,16	1,13	1,10
∞	1,32	1,39	1,37	1,35	1,33	1,31	1,29	1,28	1,27	1,26	1,24	1,22	1,19	1,18	1,16	1,14	1,13	1,12	1,08	1,01

Graus de liberdade para o denominador (v2)

Tabela gerada em software específico.

.Anexo B

Intervalos de confiança para a proporção no caso de pequenas amostras

"Peace is liberty in tranquility."
Marcus Tullius Cicero

O Quadro B.1 mostra as etapas para a construção de um intervalo de confiança para a proporção de elementos de uma população que possuem alguma característica de interesse (p), **quando o tamanho da amostra é pequeno, de modo que não é válida a condição $np \geq$ 5 e $n(1 - p) \geq 5$**, necessária para a construção do intervalo baseado na distribuição normal apresentado no Capítulo 2.

O intervalo mostrado no Quadro B.1 é baseado na distribuição F, que já foi discutida na Seção 4.5.1, e é apropriado para qualquer tamanho amostral n.

Quando o tamanho da amostra é pequeno, de modo que não é válida a condição $np \geq$ **5 e $n(1 - p) \geq 5$**, um teste de hipóteses bilateral para a proporção p pode ser realizado por meio do emprego da relação existente entre intervalos de confiança e testes de hipóteses, apresentada na Seção 3.2.5.

Etapas para a construção de um intervalo de $100(1 - \alpha)\%$ de confiança para p

QUADRO B.1

1. Colete uma amostra de tamanho n da população de interesse.

2. Determine o valor de γ, em que:
   γ = número de elementos da amostra que possuem a característica de interesse.

3. Escolha o valor do coeficiente de confiança $1 - \alpha$.

4. Determine os valores de $F_1 = F_{\alpha/2;2(n-\gamma+1), 2\gamma}$ e $F_2 = F_{\alpha/2;2(\gamma+1), 2(n-\gamma)}$ a partir da tabela da distribuição F do Anexo A.

5. Calcule os limites do intervalo de confiança:

$$\frac{\gamma}{\gamma+(n-\gamma+1)F_1} \leq p \leq \frac{(\gamma+1)F_2}{(\gamma+1)F_2+(n-\gamma)} \tag{B.1}$$

6. Interprete o valor obtido.

.Anexo C

Curvas características de operação

Fonte: Montgomery D. C. & Runger, G. C.[1].

"Peace is its own reward."

Mahatma Gandhi

FIGURA I

Curvas características de operação para diferentes valores de n para o teste bilateral para médias (distribuição normal) para um nível de significância $\alpha = 0{,}05$.

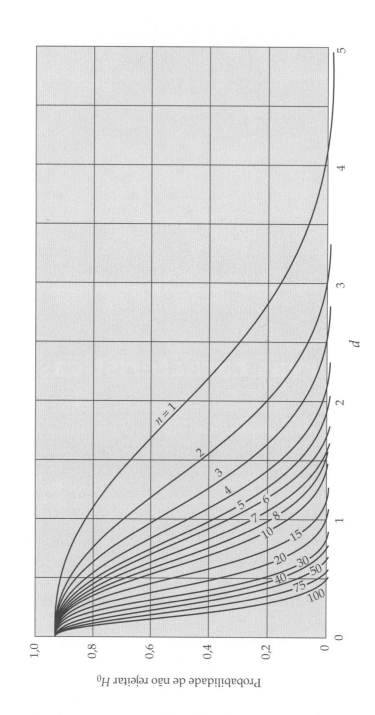

FIGURA II

Curvas características de operação para diferentes valores de n para o teste bilateral para médias (distribuição normal) para um nível de significância $\alpha = 0,01$

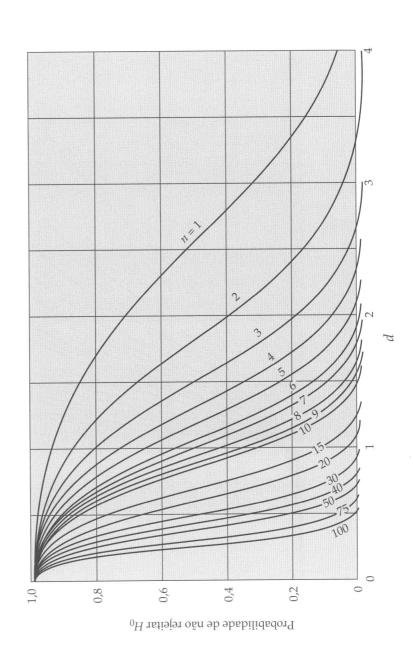

Curvas características de operação para diferentes valores de n para o teste unilateral para médias (distribuição normal) para um nível de significância $\alpha = 0{,}05$.

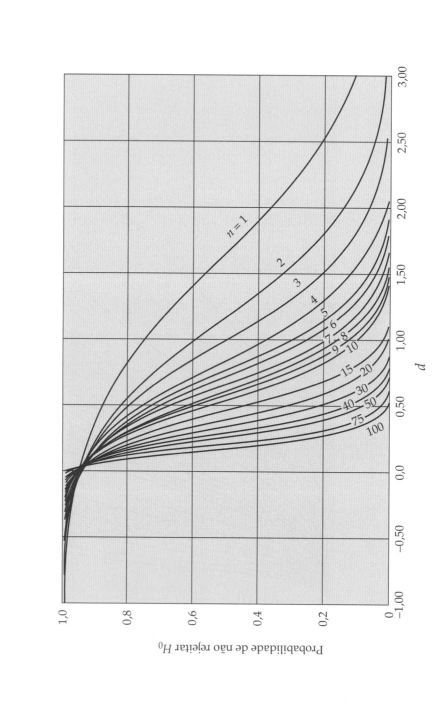

FIGURA III

FIGURA IV

Curvas características de operação para diferentes valores de n para o teste unilateral para médias (distribuição normal) para um nível de significância $\alpha = 0{,}01$.

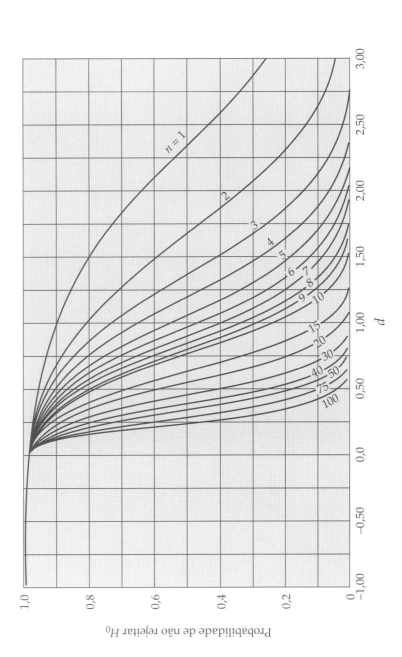

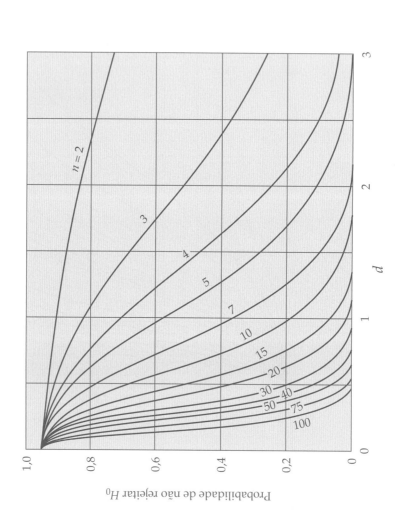

FIGURA V Curvas características de operação para diferentes valores de *n* para o teste bilateral para médias (distribuição *t*) para um nível de significância α = 0,05.

Curvas características de operação para diferentes valores de n para o teste bilateral para médias (distribuição t) para um nível de significância $\alpha = 0{,}01$.

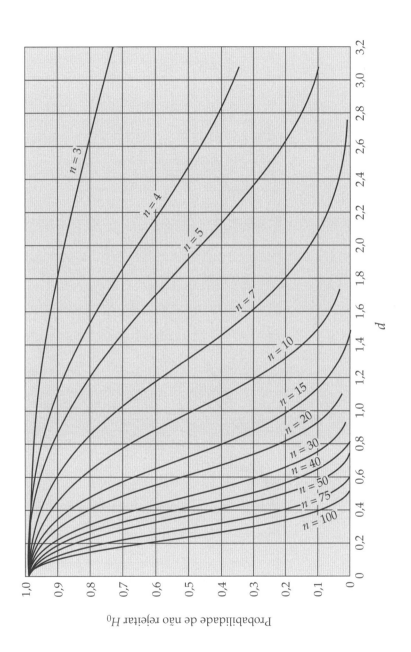

FIGURA VI

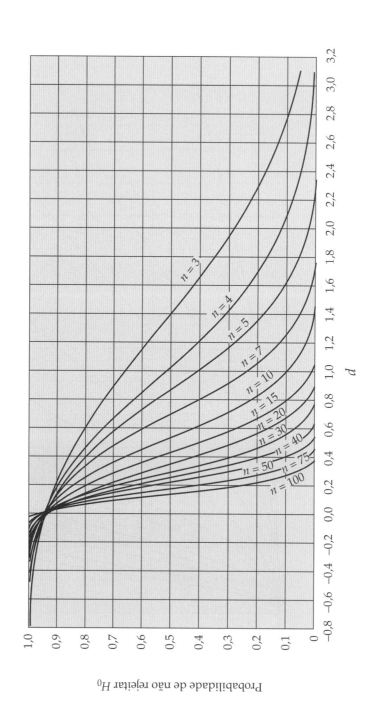

FIGURA VII Curvas características de operação para diferentes valores de n para o teste unilateral para médias (distribuição t) para um nível de significância $\alpha = 0,05$.

Curvas características de operação para diferentes valores de n para o teste unilateral para médias (distribuição t) para um nível de significância $\alpha = 0{,}01$.

FIGURA VIII

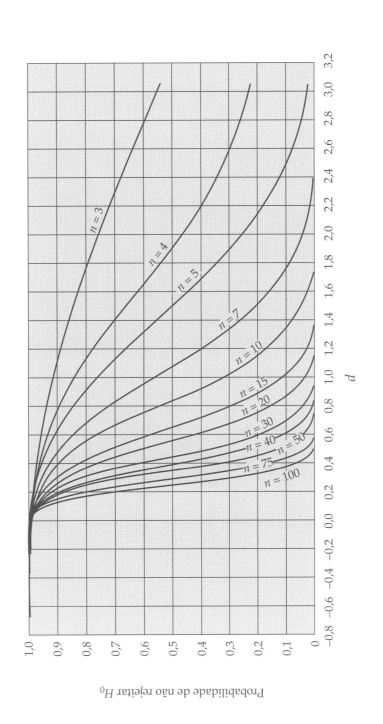

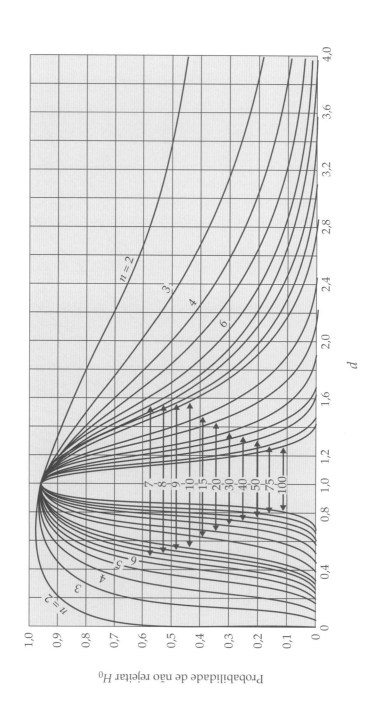

FIGURA IX Curvas características de operação para diferentes valores de n para o teste bilateral para variâncias (distribuição qui-quadrado) para um nível de significância $\alpha = 0{,}05$.

Curvas características de operação para diferentes valores de n para o teste bilateral para variâncias (distribuição qui-quadrado) para um nível de significância $\alpha = 0,01$.

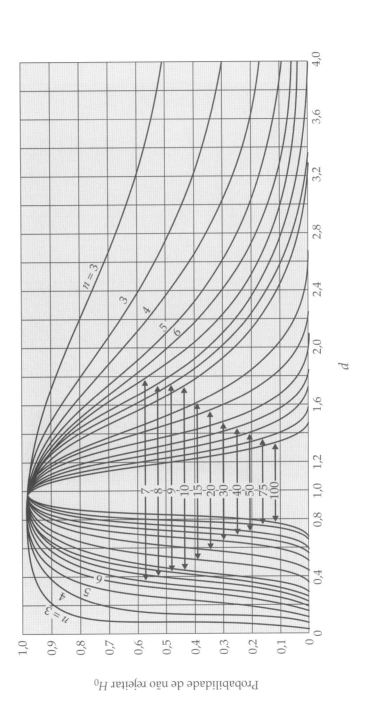

FIGURA X

FIGURA XI

Curvas características de operação para diferentes valores de n para o teste unilateral direito para variâncias (distribuição qui-quadrado) para um nível de significância $\alpha = 0{,}05$.

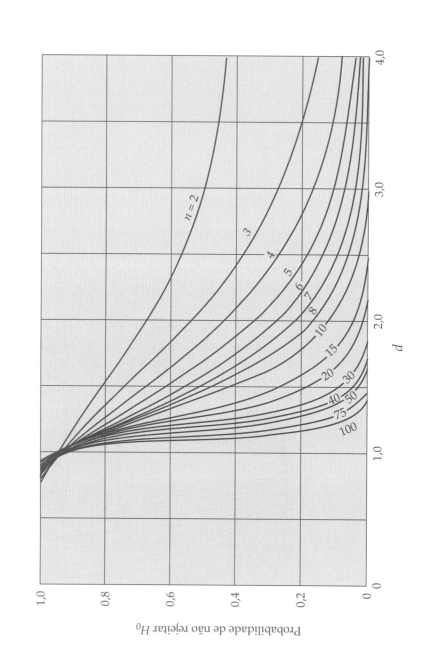

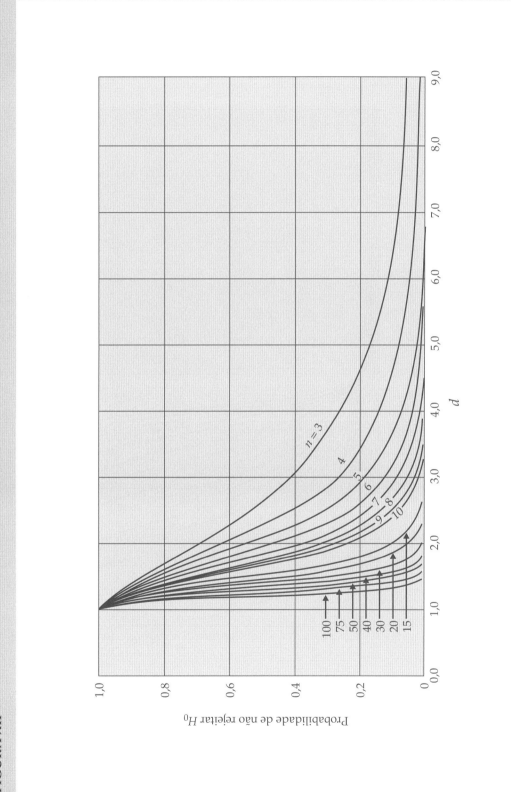

FIGURA XII Curvas características de operação para diferentes valores de n para o teste unilateral direito para variâncias (distribuição qui-quadrado) para um nível de significância $\alpha = 0{,}01$.

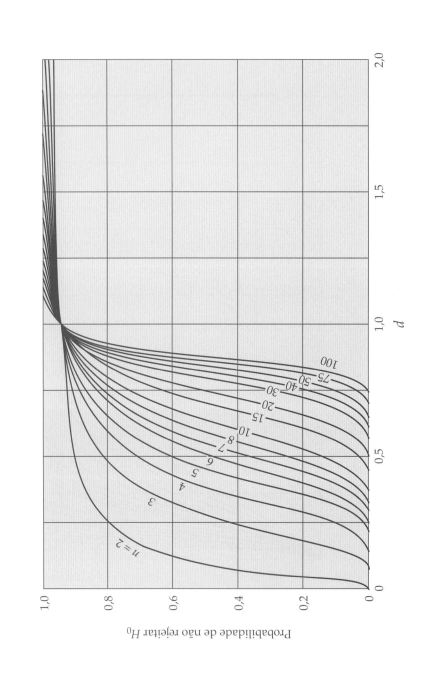

FIGURA XIII Curvas características de operação para diferentes valores de n para o teste unilateral esquerdo para variâncias (distribuição qui-quadrado) para um nível de significância $\alpha = 0{,}05$.

Curvas características de operação para diferentes valores de n para o teste unilateral esquerdo para variâncias (distribuição qui-quadrado) para um nível de significância $\alpha = 0{,}01$.

FIGURA XIV

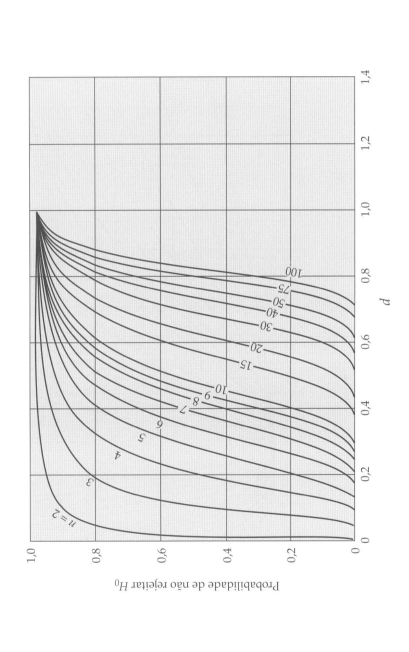

FIGURA XV

Curvas características de operação para diferentes valores de n para o teste bilateral para variâncias (distribuição F) para um nível de significância $\alpha = 0,05$

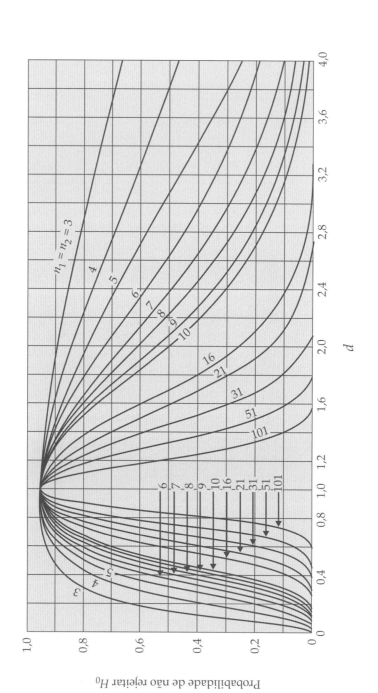

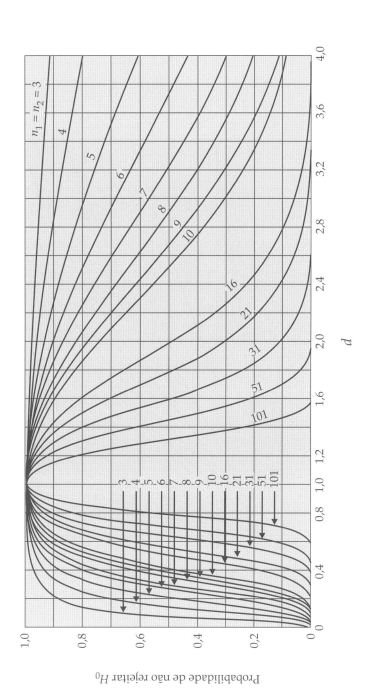

FIGURA XVI Curvas características de operação para diferentes valores de n para o teste bilateral para variâncias (distribuição F) para um nível de significância $\alpha = 0{,}01$.

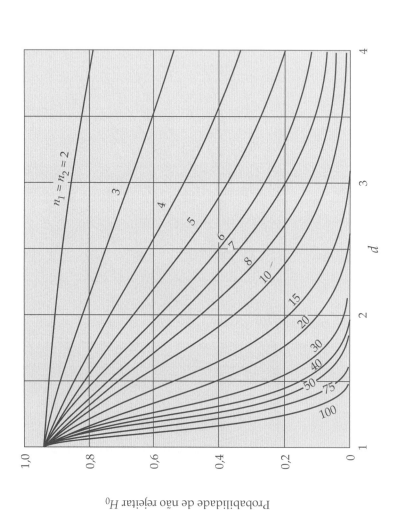

FIGURA XVII Curvas características de operação para diferentes valores de n para o teste unilateral para variâncias (distribuição F) para um nível de significância $\alpha = 0,05$.

Curvas características de operação para diferentes valores de n para o teste unilateral para variâncias (distribuição F) para um nível de significância $\alpha = 0{,}01$.

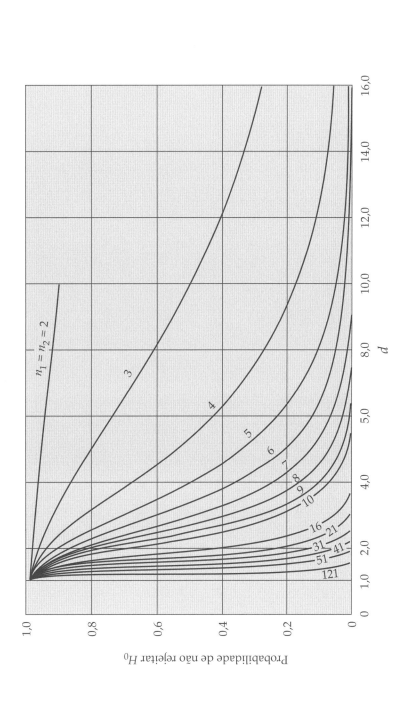

FIGURA XVIII

. Anexo D

O método *DMAIC* e sua correspondência com o Ciclo *PDCA*

"The most beautiful thing we can experience is the mysterious.
It is the source of all true art and science."

Albert Einstein

Um dos elementos da infraestrutura do Lean Seis Sigma é a constituição de equipes para executar projetos que contribuam fortemente para o alcance das metas estratégicas da empresa. O desenvolvimento desses projetos é realizado com base em um método denominado *DMAIC*.[1]

- O método **DMAIC** (Figuras I e II) é constituído por cinco etapas:

    - D - *Define* (Definir):
        Definir com precisão o escopo do projeto.

    - M - *Measure* (Medir):
        Determinar a localização ou foco do problema.

    - A - *Analyze* (Analisar):
        Determinar as causas de cada problema prioritário.

    - I - *Improve* (Melhorar):
        Propor, avaliar e implementar soluções para cada problema prioritário.

    - C - *Control* (Controlar):
        Garantir que o alcance da meta seja mantido a longo prazo.

Método *DMAIC*.

FIGURA I

Visão geral das etapas do *DMAIC*.

FIGURA II

DEFINE: definir com precisão o escopo do projeto.

Validar a importância do projeto.

Construir a equipe responsável pelo projeto.

Elaborar o *Project Charter*.

Voz do Cliente: Identificar as principais necessidades dos clientes/consumidores.

MEASURE: determinar a localização ou o foco do problema

Os dados existentes são confiáveis?

NÃO → Coletar novos dados.

SIM → Usar dados existentes.

Identificar os problemas prioritários.

Estabelecer a meta de cada problema prioritário.

ANALIZE: determinar as causas de cada problema prioritário.

Analisar processo gerador do problema prioritário.

Identificar e priorizar as causas potenciais do problema prioritário.

Quantificar a importância das causas potenciais prioritárias.

Visão geral das etapas do *DMAIC*.

FIGURA II *(continuação)*

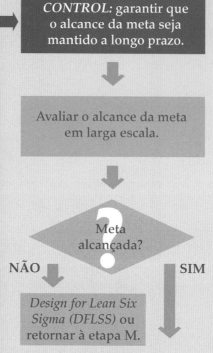

FIGURA III

Integração das ferramentas *Lean* Seis Sigma *DMAIC*.

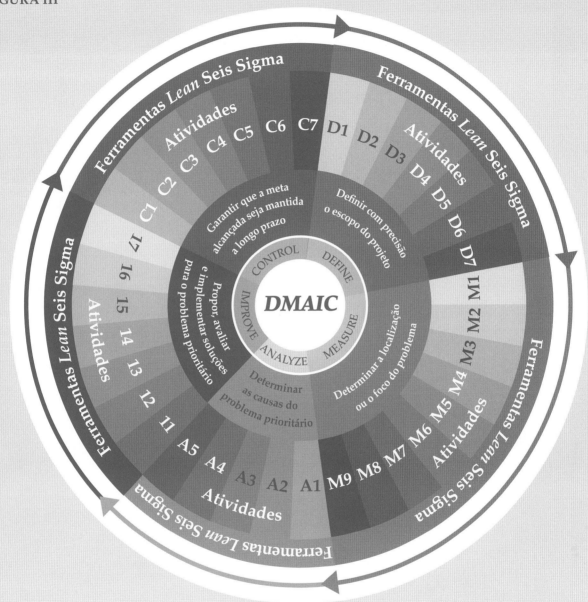

- Diversas ferramentas são utilizadas de maneira integrada às etapas do *DMAIC*, que se transforma, então, em um método sistemático baseado em dados e no uso de ferramentas estatísticas para se atingir os resultados estratégicos desejados pela empresa.
- O esquema de integração das ferramentas Seis Sigma ao método *DMAIC* utilizado para a melhoria do desempenho de produtos e processos, apresentado nesta figura[2], é discutido detalhadamente no livro *Criando a cultura Lean Seis Sigma*, da Série Werkema de Exelência Operacional.

Integração das ferramentas *Lean* Seis Sigma *DMAIC*.

FIGURA III *(continuação)*

D	**Atividades**	**Ferramentas**
Define: definir com precisão o escopo do projeto.		• Mapa de Raciocínio (Manter atualizado durante todas as etapas do *DMAIC*)
	Descrever o problema do projeto e definir a meta.	• *Project Charter*
	Avaliar: histórico do problema, retorno econômico impacto sobre clientes/consumidores e estratégias da empresa.	• *Project Charter* • Métricas do Seis Sigma • Gráfico Sequencial • Carta de Controle • Análise de Séries Temporais • Análise Econômica (Suporte do departamento financeiro/controladoria) • Métricas *Lean*
	Avaliar se o projeto é prioritário para a unidade de negócio e se será patrocinado pelos gestores envolvidos.	
	O projeto deve ser desenvolvido? → NÃO → Selecionar novo projeto. / SIM	
	Definir os participantes da equipe e suas responsabilidades, as possíveis restrições e suposições e o cronograma preliminar.	• *Project Charter*
	Identificar as necessidades dos principais clientes do projeto.	• Voz do Cliente - VOC (*Voice of the Customer*)
	Definir o principal processo envolvido no projeto.	• SIPOC • Mapeamento do Fluxo de Valor (*VSM*)

Integração das ferramentas *Lean* Seis Sigma *DMAIC*.

FIGURA III *(continuação)*

M	Atividades	Ferramentas
Measure: determinar a localização ou o foco do problema.	Decidir entre as alternativas de coletar novos dados ou usar dados já existentes na empresa.	• Avaliação de Sistemas de Medição/Inspeção (*MSE*)
	Identificar a forma de estratificação para o problema.	• Estratificação
	Planejar a coleta de dados.	• Plano para Coleta de Dados • Folha de Verificação • Amostragem
	Preparar e testar os Sistemas de Medição/Inspeção.	• Avaliação de Sistemas de Medição/Inspeção (*MSE*)
	Coletar dados.	• Plano para Coleta de Dados • Folha de Verificação • Amostragem
	Analisar o impacto das várias partes do problema e identificar os problemas prioritários.	• Estratificação • Gráfico de Pareto • Mapeamento do Fluxo de Valor (*VSM*) • Métricas *Lean*
	Estudar as variações dos problemas prioritários identificados.	• Gráfico Sequencial • Carta de Controle • Análise de Séries • Temporais • Histograma • *Boxplot* • Índices de Capacidade • Métricas do Seis Sigma • Análise Multivariada • Mapeamento do Fluxo de Valor • Métricas *Lean*
	Estabelecer a meta de cada problema prioritário.	• Cálculo Matemático • *Kaizen*
	A meta pertence à área de atuação da equipe? **NÃO** → Atribuir à área responsável e acompanhar o projeto para que a meta seja alcançada. **SIM**	

Integração das ferramentas *Lean* Seis Sigma *DMAIC*.

FIGURA III *(continuação)*

A	Atividades	Ferramentas
Analyze: determinar as causas do problema prioritário.	Analisar o processo gerador do problema prioritário (*Process Door*).	• Fluxograma • Mapa de Processo • Mapa de Produto • Análise do Tempo de Ciclo • *FMEA* • *FTA* • Mapeamento do Fluxo de Valor (*VSM*) • Métricas *Lean*
	Analisar dados do problema prioritário e de seu processo gerador (*Data Door*).	• Avaliação de Sistemas de Medição/Inspeção (*MSE*) • Histograma • *Boxplot* • Estratificação • Diagrama de Dispersão • Cartas "Multi-Vari" • Mapeamento do Fluxo de Valor (*VSM*) • Métricas *Lean*
	Identificar e organizar as causas potenciais do problema prioritário.	• *Brainstorming* • Diagrama de Causa e Efeito • Diagrama de Afinidades • Diagrama de Relações
	Priorizar as causas potenciais do problema prioritário.	• Diagrama de Matriz • Matriz de Priorização
	Quantificar a importância das causas potenciais prioritárias (determinar as causas fundamentais).	• Avaliação de Sistemas de Medição/Inspeção (*MSE*) • Carta de Controle • Diagrama de Dispersão • Análise de Regressão • Testes de Hipóteses • Análise de Variância • Planejamento de Experimentos • Análise de Tempos de Falhas • Testes de Vida Acelerados • Métricas *Lean*

Integração das ferramentas *Lean* Seis Sigma *DMAIC*.

FIGURA III *(continuação)*

I	Atividades	Ferramentas
Improve: propor, avaliar e implementar soluções para o problema prioritário.	Gerar ideias de potenciais soluções para a eliminação das causas fundamentais do problema prioritário.	• *Brainstorming* • Diagrama de Causa e Efeito • Diagrama de Afinidades • Diagrama de Relações • Mapeamento do Fluxo de Valor (*VSM* Futuro) • Métricas *Lean* • Redução de *Setup*
	Priorizar as potenciais soluções.	• Diagrama de Matriz • Matriz de Priorização
	Avaliar e minimizar os riscos das soluções prioritárias.	• *FMEA* • *Stakeholder Analysis*
	Testar em pequena escala as soluções selecionadas (teste piloto).	• Teste na Operação • Testes de Mercado • Simulação • *Kaizen* • Métricas *Lean* • *Kanban* • 5S • *TPM* • Redução de Setup • *Poka-Yoke* (*Mistake-Proofing*) • Gestão Visual
	Identificar e implementar melhorias ou ajustes para as soluções selecionadas, caso necessário.	• Operação Evolutiva (*EVOP*) • Testes de Hipóteses • Mapeamento do Fluxo de Valor (*VSM* Futuro) • Métricas *Lean*
	A meta foi alcançada? — NÃO → Retorno à etapa *M* ou implementar o *Design for Lean Six Sigma (DFLSS)*. / SIM	
	Elaborar e executar um plano para a implementação das soluções em larga escala.	• 5W2H • Diagrama da Árvore • Diagrama de Gantt • *PERT / CPM* • Diagrama do Processo Decisório (*PDPC*) • *Kaizen* • Métricas *Lean* • *Kanban* • 5S • *TPM* • Redução de *Setup* • *Poka-Yoke* (*Mistake-Proofing*) • Gestão Visual

Integração das ferramentas *Lean* Seis Sigma *DMAIC*.

FIGURA III *(continuação)*

C	Atividades	Ferramentas
Control: garantir que o alcance da meta seja mantido a longo prazo.	Avaliar o alcance da meta em larga escala.	• Avaliação de Sistemas de Medição/Inspeção (*MSE*) • Gráfico de Pareto • Carta de Controle • Histograma • Índices de Capacidade • Métricas do Seis Sigma • Mapeamento do Fluxo de Valor (*VSM* Futuro) • Métricas *Lean*
	A meta foi alcançada? **NÃO** → Retorno à etapa *M* ou implementar o *Design for Lean Six Sigma (DFLSS)*. **SIM**	
	Padronizar as alterações realizadas no processo em consequência das soluções adotadas.	• Procedimentos Padrão • SS • *TPM* • *Poka-Yoke (Mistake Proofing)* • Gestão Visual
	Transmitir os novos padrões a todos os envolvidos.	• Manuais • Reuniões • Palestras • *OJT (On the Job Training)* • Procedimentos Padrão • Gestão visual
	Definir e implementar um plano para monitoramento da performance do processo e do alcance da meta.	• Avaliação de Sistemas de Medição/Inspeção (*MSE*) • Plano p/ Coleta de Dados • Amostragem • Carta de Controle • Histograma • Índices de Capacidade • Métricas do Seis Sigma • Aud. do Uso dos Padrões • Mapeamento do Fluxo de Valor (*VSM* Futuro) • Métricas *Lean* • *Poka-Yoke (Mistake Proofing)*
	Definir e implementar um plano para tomada de ações corretivas caso surjam problemas no processo.	• Relatórios de Anomalias • *OCAP (Out of Control Action Plan)*
	Sumarizar o que foi aprendido e fazer recomendações para trabalhos futuros.	

O método *DMAIC* e sua correspondência com o Ciclo PDCA

Para que possamos fazer uma comparação entre o Ciclo *PDCA* e o método *DMAIC*, apresentamos novamente o *PDCA* na Figura IV, agora na versão publicada por Joseph M. Duran e A. Blanton Godfrey.[3]

A análise das Figuras de I a IV mostra que existe uma correspondência entre o método *DMAIC* e o Ciclo *PDCA*, que pode ser visualizada nas Figuras de V a VII.

Ciclo *PDCA*.

FIGURA IV

1. Em caso de sucesso, padronizar as contramedidas efetivas para impedir a recorrência do problema.
2. Em caso de insucesso, iniciar novamente o giro do PDCA.
3. Em caso de sucesso parcial, realizar 1 e 2.

1. Identificar o problema.
2. Analisar as causas.
3. Formular as contramedidas.

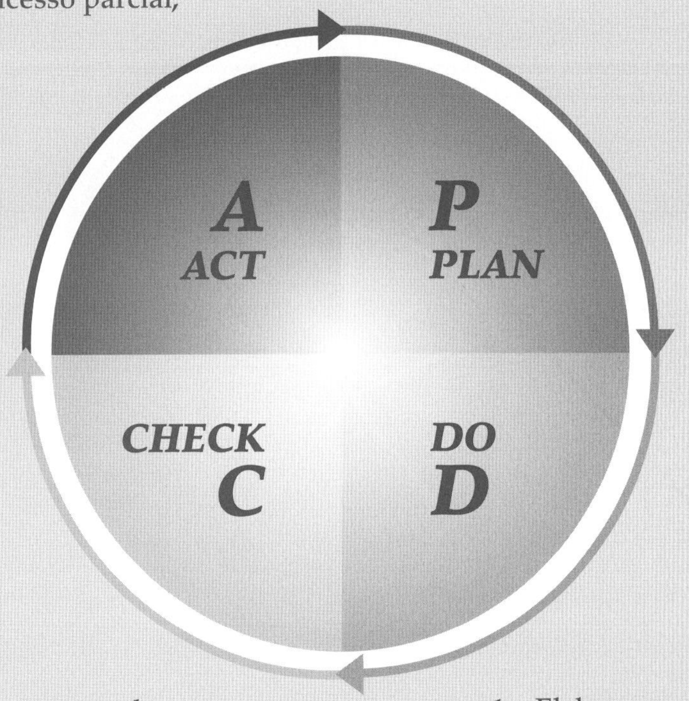

A ACT
P PLAN
CHECK C
DO D

1. Monitorar o progresso da implementação do plano.
2. Monitorar e avaliar os resultados das contramedidas.

1. Elaborar um plano para implementar as contramedidas.
2. Divulgar o plano.
3. Executar o plano.

Inferência estatística – como estabelecer conclusões com confiança no giro do PDCA e DMAIC ELSEVIER

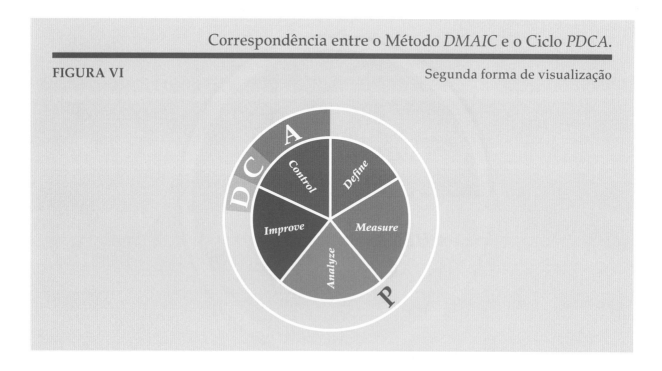

As Figuras VI e VII mostram claramente a **grande ênfase dada pelo método DMAIC ao planejamento**, antes que as ações sejam executadas. Os pontos fortes do DMAIC são sumarizados na Figura VIII.

Correspondência entre o Método *DMAIC* e o Ciclo *PDCA*[4].

FIGURA VII — Terceira forma de visualização

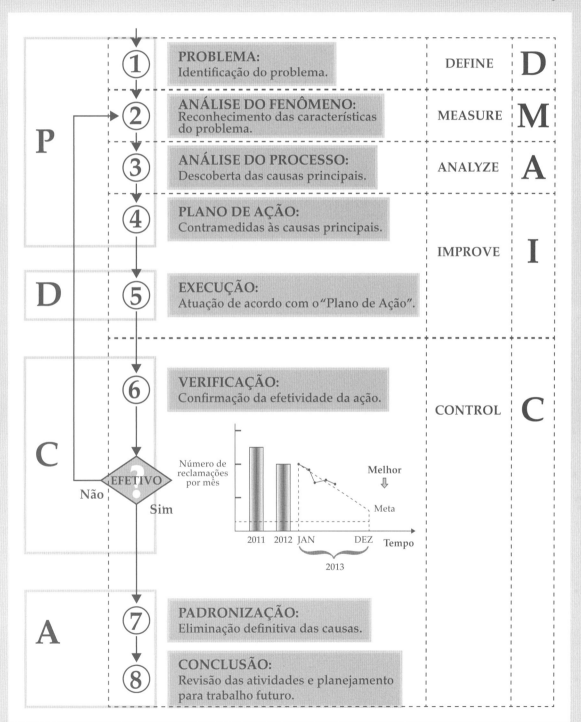

FIGURA VIII

Pontos fortes do *DMAIC*.

PONTOS FORTES

- Ênfase dada ao planejamento (*D,M,A* e maior parte da etapa *1*), antes que ações sejam executadas.
- Existência de um roteiro detalhado para a realização das atividades do método, o que gera análises com profundidade adequada, conclusões sólidas e manutenção dos resultados ao longo do tempo.
- Integração das ferramentas ao roteiro do *DMAIC*.
- Ênfase explícita dada aos seguintes elementos:
  - Voz do Cliente (por meio das Características Críticas para a Qualidade – *CTQs*).
  - Validação dos sistemas de medição (confiabilidade dos dados).
  - Validação do retorno econômico do projeto pela controladoria da empresa.
- Algumas atividades exigem a participação direta dos gestores (p. ex.: assinatura do *Project Charter* e entrega do projeto aos donos do processo).
- *Project reviews* realizadas ao final das etapas do *DMAIC* (*tollgates*) para avaliação do desenvolvimento do projeto.

Portanto, está evidente que não há conflitos entre o *DMAIC* e o *PDCA* e, sim, uma complementaridade, de modo que ambos podem ser utilizados em uma mesma empresa. O *DMAIC*, com seu roteiro detalhado e maior número de ferramentas analíticas, pode e deve complementar o *PDCA*, à medida que evoluem o sistema de gestão e o nível de capacitação das pessoas da organização.

.Anexo E

Comentários e Referências

"All I have seen teaches me to trust the Creator
for all I have not seen."

Ralph Waldo Emerson

Inferência estatística – como estabelecer conclusões com confiança no giro do PDCA e DMAIC **ELSEVIER**

Capítulo 1

1. CAMPOS, V. F. *Gerenciamento da Rotina do Trabalho do Dia-a-Dia*. Nova Lima: INDG Tecnologia e Serviços Ltda., 2004.
2. KUME, H. *Métodos Estatísticos para Melhoria da Qualidade*. São Paulo: Editora Gente, 1993.

Capítulo 2

1. NETER, J.; WASSERMAN, W.; WHITMORE, G.A. CAMPOS, V. F. *Applied Statistics, 4th ed*. Boston: Allyn and Bacon, 1993.
2. MONTGOMERY, D.C.; RUNGER, G.C. *Applied Statistics and Probability for Engineers*. New York: John Wiley & Sons, Inc., 1994.
3. MONTGOMERY, D.C. *Introduction to Statistical Quality Control, 2nd ed*. New York: John Wiley & Sons, Inc., 1991.

Capítulo 3

1. MONTGOMERY, D.C.; RUNGER, G.C. *Applied Statistics and Probability for Engineers*. New York: John Wiley & Sons, Inc., 1994.
2. SANDERS, D.H. *Statistics: A First Course, 5th ed*. New York: McGraw-Hill, Inc., 1995.
3. KANE, V.E. "Process Capability Indices", *Journal of Quality Technology*, Vol. 18. Milwaukee: ASQ, 1986.

Capítulo 4

1. MONTGOMERY, D.C.; RUNGER, G.C. *Applied Statistics and Probability for Engineers*. New York: John Wiley & Sons, Inc., 1994.

Anexo C

1. MONTGOMERY, D.C.; RUNGER, G.C. *Applied Statistics and Probability for Engineers*. New York: John Wiley & Sons, Inc., 1994.

Anexo D

1. Segundo Peter S. Pande, Robert P. Neuman e Roland R. Cavanagh, *The Six Sigma Way – How GE, Motorola, and Other Top Companies Are Honing Their Performance*. New York: McGraw-Hill, 2000, p. 410, "O *DMAIC* teve sua origem na GE Capital e, posteriormente, foi adotado por toda a

Comentários e Referências Bibliográficas

GE. O modelo original – ainda utilizado por algumas empresas – incluía apenas quatro etapas: *Measure-Analyze-Improve-Control*".

2. O esquema de integração das ferramentas *Lean* Seis Sigma ao método *DMAIC* foi elaborado a partir da experiência da autora na utilização de técnicas estatísticas e outras ferramentas da qualidade em seu trabalho como consultora de empresas.

3. A Figura D.4 foi elaborada com base em Joseph M. Juran e A. Blanton Godfrey, *Juran's Quality Handbook – Fifth Edition.* New York: McGraw-Hill, 1999, p. 29.19.

4. O Ciclo PDCA utilizado para o alcance de metas de melhoria mostrado na Figura D.7 foi extraído de CAMPOS, V. F. *Gerenciamento da Rotina do Trabalho do Dia-a-Dia.* Nova Lima: INDG Tecnologia e Serviços Ltda., 2004.

Certeza[1]

Quero
a certeza, a certeza
da fera
     que dispara,
abate a presa
e banqueteia
sobre a relva ou mesa.

A certeza firme,
embora peregrina,
dos que cegamente rezam
montanha acima.

A certeza
     do carrasco
na guilhotina. A certeza
desabalada
da manada
estourando na campina,
a certeza do mau poeta
com suas rimas.
A certeza
além da lógica formal.
A certeza industrial
que liga e desliga
os conceitos
     de bem e mal.

Ao contrário
– vacilante e intranquilo –
sou o caçador cujo gatilho
espanta a caça
antes do tiro,
dançarino de pés mancos
que desaba aos trancos
sobre o palco,
ladrão
que devolve em dobro
o roubo
      – antes do assalto.

A certeza, sei, é desumana,
é carapaça, couraça, verniz, mentira, máscara
e incapacidade
      – de viver o drama.
Mas, às vezes, gostaria
de ter a estúpida e feliz certeza
do ditador no trono.
A certeza, por certo, causa dano
mas é aspiração confessa
de quem, nietzschiano, se cansa
de ser humano,
      – demasiadamente humano.

Affonso Romano de Sant'Anna

---

1 "Certeza", poema extraído do livro "Poesia Reunida: 1965-1999", de Affonso Romano de Sant'Anna. Porto Alegre: L&PM, 2004. p. 146.